让教育点亮生命

教育研究论文集

Enlighten the life

钱巨波 ◎ 著

河海大学出版社
HOHAI UNIVERSITY PRESS
·南京·

图书在版编目(CIP)数据

让教育点亮生命：教育研究论文集／钱巨波著.
南京：河海大学出版社，2024.12. -- ISBN 978-7
-5630-9469-1

Ⅰ.G639.2-53

中国国家版本馆 CIP 数据核字第 2024YG8428 号

书　　名	让教育点亮生命——教育研究论文集
	RANG JIAOYU DIANLIANG SHENGMING——JIAOYU YANJIU LUNWEN JI
书　　号	ISBN 978-7-5630-9469-1
责任编辑	张陆海
特约校对	汤思语　朱梦楠　夏无双
装帧设计	李杨慧
出版发行	河海大学出版社
地　　址	南京市西康路 1 号(邮编：210098)
网　　址	http://www.hhup.com
电　　话	(025)83737852(总编室)　(025)83722833(营销部)　(025)83787602(编辑部)
经　　销	江苏省新华发行集团有限公司
排　　版	南京布克文化发展有限公司
印　　刷	广东虎彩云印刷有限公司
开　　本	718 毫米×1000 毫米　1/16
印　　张	20.75
字　　数	371 千字
版　　次	2024 年 12 月第 1 版
印　　次	2024 年 12 月第 1 次印刷
定　　价	88.00 元

作者简介

钱巨波，江苏省泗洪县人（祖籍安徽灵璧）。中学语文高级教师，江苏省小学语文特级教师。1982年毕业于淮阴师范学校和南京师范学院中文专科（函授）；1990年毕业于江苏教育学院教育管理系。先后任教师、中心小学校长、县教研室副主任、县教科室主任，江苏省教育学会会员，兼任江苏教育科学研究院基教所特聘研究员等。主持完成国家教育部规划课题1项、江苏省教育科学规划课题3项（重点课题2项），发表论文50余篇，获省市级奖20余项，出版《怎样修改作文》《热爱生命》《爱智慧》等著作8种，参编《教育领导学》《小学语文教育辞典》《小学语文自学辅导教学实验课本》等。语文教研成果入选江苏省教育厅组织编撰的《著名特级教师教学思想录·小学语文卷》。在我国内地（大陆），率先开展生命教育研究，其成果的开创性意义受到学界的关注和肯定。爱好文学，有诗和小说发表，出版诗集《痕》。

序一

十年前,我看到江苏教育厅组织编撰的《著名特级教师教学思想录·小学语文卷》中,有巨波同志的万字长文《让语文点亮生命——关于生命论语文教育的探寻》,颇感欣慰。他能为基础教育贡献如此有分量的教研成果,我自然喜不自胜。巨波同志是江苏教育学院教管系1988级(脱产)学生。在两年学习的过程中,巨波同志表现优秀,成绩突出,受到师生一致好评。他给我留下的印象,一是爱学习,爱读书;二是爱思考,爱研究;三是知行合一,积极参加教育实践和教育研究各项活动。这为他较早被评为特级教师奠定了坚实基础。多年来,我对巨波同志的教育研究工作是很关注的,他毕业后在教研的岗位上耕耘不辍、履践致远,在语文教育、生命教育和学校管理等多个研究领域都取得了可喜的成果。

这次,巨波同志嘱我为他的教育文集写序,我有幸成为该书的第一位读者,通读全书,感到钱巨波同志研究成果有以下几个特点:

第一,理论的探索性。近年,生命教育已经成为教育理论探索和教育实践改革的一种重要思潮和取向。巨波同志是我国内地(大陆)生命教育最早的研究者。1996年,他就启动"小学生命教育研究"课题,次年该课题在江苏省教育学会立项;1999年,他在《江苏教育研究》第3期发表理论成果《生命教育论纲》一文,这是我国内地(大陆)第一篇提出"生命教育",并对其系统论述的文献。文中观点在今天看来仍很有价值。巨波同志的上述研究,是我国内地(大陆)生命教育萌芽期具有开创意义的成果。此后,他对生命教育的理念的阐述,有助于对其内涵的丰富和拓展。此外,他对语感、修辞心理机制的解析,也具理论探索意义。

第二,实践的操作性。在生命教育研究方面,巨波同志带领研究团队在理论探索的同时,更关注实践层面的变革、落实与深化。课题组2002年即启动生命教育校本课程的开发工作,基于教育实验与研究,历经三年,开发了"热爱生命""爱智慧"两种校本课程,编写了相应的教材(2005年由江苏教育出版社出版),将生命教育理念转化为应用"样式",为开展生命教育活动提供了有效的实施途径。这是我国内地出版的第一种生命教育校本教材。巨波同志结合语文教学开展生命论语文教育的学理和实践研究,是独树一帜的,有广度、有深度、有温度,为我国生命教育学科教学研究作出了重要贡献。他经由实验研究,构建了语文阅读教学"引导自控发展"模式,具有创新性和操作性。笔者认为,这是语文教学模式研究领域的可喜成果。

第三,研究的综合性。科学发展的规律表明,科学在高度分化中又高度综合,形成一个统一的整体。目前,学科分化的趋势还在加剧,但同时各学科间的联系愈来愈紧密。因此,运用多学科的理论、方法和成果从整体上对某一课题进行综合研究(也称"交叉研究"),是近年来科学研究领域的一种重要的趋势。巨波同志在生命教育研究中,运用了哲学、文化学、心理学、教育学、生态伦理学等学科研究成果;在"语文阅读教学'引导自控发展'模式"研究中,他运用了哲学、思维场控制学、阅读心理学、汉语言学等学科的研究成果。这种跨学科的综合研究,给他的研究工作带来了新思路、新境界。

作为江苏较早评选的特级教师,巨波同志退休后仍然学习不息、研究不止,真正体现了习近平总书记所倡导的教育家精神,这值得我们学习和发扬。在教育家精神激励下,期望巨波同志的研究工作为宿迁以至全省基础教育事业作出更大贡献!

王铁军

二〇二四年八月十八日

(序作者王铁军系原江苏教育学院教育管理系主任、教授)

序二

特级教师不仅为基础教育事业的改革和发展付出了辛勤的劳动,对基础教育教学实践发挥了重要的引领作用,也为丰富现代教学思想提供了具体而生动的案例。江苏省语文特级教师钱巨波先生教育研究论文集出版,是一件很有益的事。

我和钱巨波先生相识,缘于我们一同"走进生命教育的新时代"。2004年4月,我看到《江苏教育研究》第3期刊登了一组研究生命教育的文章,知道钱巨波先生和我探讨同一个问题。6月中旬,他在实验学校泗洪县教师进修学校附属小学(省级实验小学)组织了一个生命教育研讨会,邀请我去。与会者有200多人,除了本市各县区的,还有南京、徐州和淮安的。会上,我听了4节研究课和实验情况介绍,看了研究资料,我感到他们的研究工作做得很扎实,也很有新意。此后,我们间或在生命教育论坛晤面,我还邀请他参加小学新生命教育教材的编写工作。我对钱巨波先生生命教育研究方面的成果是熟知的,但对他其他方面的研究成果知之甚少。这次,他嘱我为他的教育文集写序,我浏览了他发来的书稿,才知道他在基础教育多个领域都有建树。有幸成为该书的首批读者,通读全书,我感到钱巨波先生研究成果有以下特点:

第一,敏锐的学术眼光。目前,生命教育的重要性得到国人的共识,具有中国特色内涵的生命教育宛若一棵枝繁叶茂的生命之树,已在中国教育广袤大地上生根、开花、结果。钱巨波先生是我国内地(大陆)最早开展生命教育研究的学者。早在1996年,他就启动"小学生命教育研究"课题,在全国率先开展生命教育研究工作。1997年,该课题在江苏省教育学会立项;1999年,他在《江苏教育研究》第3期发表该项目理论成果《生命教育论纲》一文,明确提出"生命教育"概念,并对生命教育的意义、目的、原则和课程作了系统论述。这是我国内地(大陆)首篇提出和阐述"生命教育"的学术论文,具有开创意义。可见,钱巨波先生对理论和现实具有高度的敏感性。

第二,宽阔的研究视域。总体看,在基础教育界工作的研究者,其视域多限于某一学科,而钱巨波先生不仅研究语文教育,还将研究视点投向生命教育、课程和学校管理等多个领域。从他的语文教育研究成果来看，视野是很开阔的。例如，在语文教学心理方面，探讨了阅读心理、语感心理、修辞心理、预习心理、背诵心理等问题；就语文教学模式问题，既对现存的各种模式做比较研究，又借鉴哲学、思维控制学的研究成果设计了"引导自控发展"模式，进行实验研究；还独辟蹊径，从生命视角研究语文教育，从美学视角探讨学校管理等。各项研究都不是泛泛而谈，而能切中肯綮，深入浅出，颇有见地。

第三，可贵的探索精神。钱巨波先生的教育研究没有停留在理论思辨上，而是采取以推进教育变革为中心的研究思路，即"面向教育问题，着眼变革探究，理论与实践互动，推进双向建构"。1996年，钱巨波先生启动"小学生命教育研究"课题，就在学校开展实验研究。2002年，该课题被江苏省教育规划办公室批为省"十五"重点课题；2003年，全国教育科学领导小组将该课题列为全国教育科学"十五"规划教育部规划课题。在研究中，他带领课题组在理论探索的同时，还十分关注实践层面的研究。他的研究在理论上，对生命论教育理念的提炼，对教育的生命机制和学习机制的探析，有深度、有创见；在实践上，他开发了"热爱生命"和"爱智慧"两种校本课程，编写了相应的教材，构建了生命化学科教学策略等，颇具创新意义。

当前我国教育正走在高质量发展的路上，迫切需要更多的教育教学研究成果。钱巨波先生教育研究文集的出版，可喜可贺！

冯建军
二〇二四年八月二十日

（序作者冯建军系南京师范大学教师教育学院院长、教授、博士生导师）

前 言

　　为了适应社会主义现代化建设的需要，20世纪80年代以来，我国基础教育一直走在改革的路上。我曾是基础教育队伍中的一名小兵，跟着浩浩荡荡的队伍，在这条通向未来的路上行走了三十多个春秋。近期，我把在行走的途中所写的心得文本，从书橱里找出来，编成这个集子，算是对自己走过的教研之路的回眸和总结。我之所以以"让教育点亮生命"给文集命名，因为一则教育因生命而发生，生命因教育而精彩，我希望彰显教育对人成长和发展的重要作用；二则多年来我对生命论教育孜孜求索，集子中的文字散发着生命的气息。为了让读者一目了然，我根据内容，将文稿编为三辑。

　　第一辑，语文教育研究。主要探讨：一是语文教学心理，如语感心理、修辞心理、阅读心理、预习心理、背诵心理等。二是语文教学模式，对现存各种教学模式做比较研究，自主设计"语文阅读教学'引导自控发展'模式"并进行实验与研究。此模式立足人生命的自主自为性和大语文教育观，构建了一种由课堂教学模式和课外教学策略组成的全时空、立体化的教学体系。三是生命论语文教育，包括生命论语文的教育观、生命机制和课堂教学策略等。此外，还探讨了语文素质教育、诗词教学及作文教学等问题。

　　第二辑，生命论教育研究。对这一时代性课题，我们走过了15年的探寻之路。1996年春，我设计了《小学生命教育实验研究方案》，在泗洪县教师进修学校附属小学开展实验研究，次年，被省教育学会批为"九五"立项课题。1999年，在《江苏教育研究》第3期发表了理论成果《生命教育论纲》一文，对生命教育的含义、目的、原则和课程作了论述。2002年，该课题被江苏省教育科学规划办公室批准为省"十五"规划重点课题。2003年，全国教育科学领导小组将该课题列为全国教育科学"十五"规划教育部规划课题。2006年，该项目又申报"生命教育发展性研究"。2007年，江苏省教育科学规划办公室将其列为省"十一五"重点课题。在研究的过程中，我们在理论探索的同时，十分重视实践层面的落实与深化，在理论和实践两方面都取得可喜的成果。对于此辑中文稿须说两点：一是将本人在期刊上发表的研究成果与课题研究总报告等原样收录，其中部分内容存在重复的问题，这是课题研究的"原生态"，故不避重复之嫌将其保留；二是为了呈现本研究的全貌，特收录了实验老师的部分教学设计、课堂实录和生命教育活动实录及教育故事。这些文稿是实验老师将生命教育理念转化为生命教育实践的创造性成果，它不仅具有操作性，还鲜活地揭示了生命教育的意义和真谛，尤为值得珍视。还有一点要郑重说明：此项课题历经"九五""十五""十一五"，研究了十几年，县局领导给予大力支持，泗洪教师进修学校附属小学(现改名为泗洪县人民路小学)前后几任校长、课题组同仁和我携手攻关，全县各中心小学多位领导和老师也参与探索，因此，这项成果是泗洪教育界集体智慧的结晶。近年，生命教育的重要性得到国人的共识，并已经成为教育理论探索和教育实践改革的一种重要取向和潮流。我县在我国内地(大陆)最早提出生命教育，率先开展实验研究，所取得的具有开创意义的理论和实践成果，已得到学界的关注和肯定。能为全国教育改革做一回开路先锋，这是泗洪教育界很值得自豪的事，我乐在其中。

第三辑，学校管理研究。主要论及学校管理审美、活动课程、工作方法等方面。探讨学校管理审美化，旨在阐明它不同于学校管理的科学化、程序化和规范化，主要反映学校管理中的审美规律，期望学校管理进入审美境界。论述活动课程，因为当时许多人对此课程认识还比较模糊。1992年之前，我国学校只有学科课程，学科课之外的活动称"课外活动"。1992年国家教委颁布的《九年义务教育全日制小学初级中学课程计划(试行)》中，首次采用活动课的名称，并纳入学校课程体系。弄清楚活动课程功能、特点和教学原则，有助于它落地生根、开花结果。撰文谈校长与教育实践、做工作与尊重人和处理问题方法，意在将自己做校长的心得与同仁分享。至于其他短文，都是随时有感而发。

作为一个教研员，总希望热血浇灌的成果可期，虽不能至，然心向往之。集子中所收文章，得失寸心知。由于作者水平所限，不妥之处在所难免，恳请方家和读者诸君批评指正。

钱巨波

二〇二四年九月十六日

目录

| 前言 |

第一辑 | 语文教育研究

003· 让语文点亮生命——关于生命论语文教育的探寻

016· 关于小语"大纲"中语文学科性质表述的质疑

018· 语文素质教育的特征

023· 语感的心理机制与训练策略

027· 夏丏尊先生与"语感"

029· 语文教学必须依据汉语规律

031· 修辞的心理机制与古文教学三题

034· "阅读期待"的内涵、功能与教学策略

038· 语文素质教育的心理学原则

043· 背诵的理论依据与教学原则

047· "预习"的功能及教学策略

050· 关爱生命发展：语文教学改革取向——《语文课程标准》的"生命论"诠释

055· 诗词教学的叙事视角

059· 阅读教学模式改革现状研究

066· 语文"自学辅导"实验的现代价值与理论依据

071· 语文"学导式"教学实验的生命视野

074· 观照生命：语文教学改革的取向

079· 浅析语文教学模式改革的主体自控式

082· "语文阅读教学引导自控发展模式"研究

088· 拓展教学时空 引导学生全方位地学习语文

091· 展示思维过程 增强语言训练力度

094· 提问效果与等待时间

095· 好的细节是文章中的珍珠

096· 毕业班作文复习的策略

第二辑 ｜ 生命论教育研究

101· 生命教育论纲

109· 教育发生的生命视域

115· "小学生命教育实验研究"结题报告

125· 生命论的教育理念

132· 试论自组织学习

139· 课程改革:要听听生命怎么说

142· 重构课程理念:从"知识本位"到"生命本体"

147· 为学生的生命发展奠基——小学"热爱生命"教育校本课程的探索

155· "小学生命教育的理论和实践研究"总报告

171· 生命化语文课堂教学:微格模块与关系结构

177· 基于生态伦理学的生命道德教育探讨

186· 走向生命论教育

194· "热爱生命"教育的内涵与追求

199· 小学"热爱生命"教育活动课程纲要

205· 小学"热爱生命教育"活动课实录与评析

224· 小学"爱智慧"教育活动课程纲要

230· 小学"爱智慧"教育活动实录与评析

244· 实验教师撰写的生命教育故事

252· 小学生命化语文、数学课堂教学设计与实录

第三辑 | 学校管理研究

273· 学校管理审美化简论

278· 活动课程简论

- 284・略论校长与教育实践
- 288・处理问题方法三种
- 291・做工作与尊重人
- 294・学校思想政治工作的规律
- 297・校长须有教育意识
- 298・青年教师六忌
- 300・在教学实践中锤炼青年教师
- 302・略论我国古代爱国主义教育的特点
- 306・学生过重课业负担的现状与解决对策
- 308・话说赞许
- 309・精心组织　加强指导
- 312・从传授知识走向培养智慧

| 后记 |

语文教育研究

第一辑

让语文点亮生命

——关于生命论语文教育的探寻

时代呼唤语文教育回归生命。语文因生命而产生,生命因语文而精彩。生命是语文教育的出发点和旨归。然而,长期以来,实用工具主义教育观居于主宰地位,由此形成一种以掌握应试知识为目的、以"讲析-训练"为策略的语文教学范式,它不仅"费时多、效率低",还遮蔽、抑制和消解了人生命的自主性、完整性、智慧性和审美性,导致了语文教育的异化。生命既是语文教育的目的,又是语文教育的实现机制,换言之,语文教育必须高扬生命价值,遵循生命规律,才能走上健全与高效的正途。语文教育由"实用工具"向"生命本体"转型是一种必然选择。

一、生命论语文教育观

言语是人生命的存在方式。人的言语行为,源于生命的冲动与言说欲求。在古猿向人的长期演化过程中,因生活和劳动的言说需要而产生了语言及语言的生成与获得机制。人创造了语言,与此同时,语言也发展了人、塑造了人。言语活动,从人们为了生存,到为了生命的承传和弘扬、为了实现个体生命意义和价值,在人的生命历程中发挥了极为重要的作用。

1. 语文教育要让生命亮丽

语文是美丽的。语言既是人生存的工具,也是人生命的重要内涵。人依靠语言学习、交流和工作,实现人生价值,获得人生幸福。一个人如果缺乏这种能力,不仅难有成就,而且难以生存。语言是"人们所感知、所体现和理解世界的样式",人是"按照语言的形式来接受世界的"。这种样式决定了人的思维、情感、知觉、意识和无意识的格局。"语言"是人"存在的家"。语文不仅仅是一种交往、交流的工具,更是一种凝聚思想、敞开思想、解放思想和构造思想的力量。语文,让人的生命丰盈、灵动,富有智慧和魅力。

语文教育是美妙的。它对于学生的生命发展具有多重功能和奠基作用。作为一门母语教育课程,语文不仅要培养学生的听说读写能力,还是陶冶情操、建构灵魂、完善心智、促进生命成长的摇篮。潘新和先生认为,语文教育不仅要指向人的基本需求,培养学生的理解和运用语言文字的能力,更要指向人的发展需求与享用需求,即应指向人性、人心、人格的养育,顺应人的生命本性,张扬人的言语天性,指向自由、发展、创造的现实人生、诗意人生。语文教育要打破时空的界限,克服个人生命的有限,把学生引入民族与世界、古代与现代思想文化的宝库,与大师巨匠、与古今中外的优秀作品进行心灵的交流和精神的对话;让学生融会人间的大爱大恨、大悲大喜,在有思想有灵魂有韵味的语言世界里流连忘返,从而让学生变得更丰富更纯净,更聪明,也更天真——精神自由而开阔了,心灵变得更美好了,生命的内在智慧也就被开发出来了。语文教育不仅是语言技能训练的场所,更是学生感悟人生的地方。阅读一个文本,就是一次生命的感悟,一次心灵的洗礼,一次精神的探险;写作一篇文章,就是一次生命活动的过程,一次情感的体验,一次生命力的张扬。

2. 语文教育要以生命为本

人是以生命的方式存在的,没有生命的存在也就没有人的存在。生命存在是人的一切活动及其实现理想和价值的基本前提。教育是源于生命、为了生命的活动,其根本目的就是促进人的生命成长与发展。从这个意义上讲,教育的"以人为本"准确地说就是以人的生命为本,"将人的认识与理解置于生命之中,将对人的教育落实在促进每个鲜活的人的生命健康成长之中,才可能真正实现以人为本的教育"。

确立生命是教育之本的理念,对于语文教育具有本体论、价值论的意义。长期以来,我国语文教育存在着严重的应试倾向,在教学过程中表现为"三重三轻",即重灌输注入、轻主体感悟,重知识技能、轻情感意趣,重机械记忆、轻应用创造。这种实用工具型价值取向,其实质是把学生当作"物"来塑造和训练。面对生存环境,语文教育不能不重视提高学生的应试能力,但更应当追求其真义——尊重生命,唤醒生命,激扬生命,着力培养学生全面的语文素养,为他们的终身发展、终身幸福奠基。人的言语需求,既外在于生命,又内在于生命,归根结底是内在于生命的。满足学生生命发展的多元、多层次语言需求,是语文教育的价值所在和活动主题。语文教育以人的生命为本,才能把促进人的自由、全面发展作为最高目的,也才能改变功利主义教育观主宰、异化语文教育的不良局面,实现语文教育向"人"的回归。

确立生命是教育之本的理念,还具有方法论的意义,即从这一观点出发,获得思考、解决语文教育问题的思想方法。人的发展来自生命的内在逻辑。教育,是"人之自我建构的实践活动"。教育只有基于人的生命活动之上,尊重人的生命特性,让生命"在场",才能真正完成自己的使命。进一步说,语文教育只有遵循人的生命活动规律,由"实用工具"向"生命本体"转型,返回到内心和自我,返回到本体符号和生命意识,追求心灵的丰盈和思想的自由,追求言语创造,才能走出困境,焕发生机,提高实效。抓住生命,也就抓住了语文教育的根本。总之,语文教育应当立足于生命的自我实现,顺应人的言语才情,开发人的言语潜能,唤醒人的言语生命自觉。

3. 语文教育要开启生命智慧

为知识而"教",塑造有知识的人,是传统教学最鲜明的特征。以学生生命发展为本的现代教学观要求我们超越知识教育,为学生智慧的生长而教。随着信息时代的到来,近年来越来越多的有识之士指出,我国现存教育必须实现由传授知识向培养智慧的转变。

为什么要进行这种转变?其原因主要有三:第一,人们对"知识"和"智慧"的性质和功能认识的深化。培根有句广为流传的名言:"知识就是力量。"近年来,一些学者对这句名言提出了质疑。此类研究认为,知识是"人类思想或认识的结果或成果",是一种独立于个人世界和自然世界的外部存在,具有外在的、客观的、被动的属性;要真正发挥知识的力量,必须把知识的理论力量转化为主体的实践力量,即便有价值的知识,如果不被主体所运用,就不会产生力量。而智慧与知识不同。"智慧"是指人们运用知识、经验、能力、技巧等解决实际问题和困难的本领,是人们应对自然、社会和人生的一种综合能力系统,是每个人安身立命、直面人生、直面生活的一种品质、状态和境界。知识是智慧生成的不可或缺的重要材料,但不是唯一因素。知识的简单累加或简单套用,不能解决复杂的问题。"用智慧统率知识,让知识走向智慧",才能生成获取人生幸福的能力或本领。第二,从传授知识走向培养智慧是对教育真谛的追求。黄克剑先生认为:"知识若没有生命智慧烛照其中,即使再多,也只是外在的牵累。"给学生传授知识并不是教育的根本目的,通过传授知识,陶冶心灵,开发潜能,培养能力,形成智慧人格,这才是教育的真谛。由于智慧指向人的自觉性、价值性等"类本质"特征,智慧的道路通往人的自由发展和人性的解放,所以,实施智慧教育才能培养出具有本体论意义的自由个性和真、善、美统一的全面发展的人格。第三,由传授知识走向培养智慧是时代对现存教育的迫切要求。当前我国教育存在"复制有余,创新不足",过于注重知识灌输、记忆,而忽视智力开发和方法培养等弊端,主要是一种知识性教育,即一种"有知识、缺智慧"的教育。传统教育的内核是知识,未来教育的视野是智慧。让教育立场回归人的生命,超越知识本位主义,培养智慧活动主体,应该成为当代教育的内在逻辑和基本命题。

语文本应是一门充满思想、充满人文精神、充满智慧的学科,而当下的语文教育却恰恰缺少思想、缺少人文关怀、缺少智慧,让学生被动压抑、感到枯燥无味。语文教育由传授知识转向培养智慧,可从以下三方面着手:

一是要激发学生对智慧的热爱。爱智慧是一种对哲思、灵性的敏感,是一种高级的情趣追求和文化精神,是一种高度的生命自觉。怀特海说:"一个民族,只有热爱智慧,才能获得智慧。"一个人热爱智慧,就会主动地从书本中、生活中去汲取智慧、获得智慧。热爱智慧—获得智慧—优化智慧是人生成智慧的三部曲。要充分挖掘语文教材中能引发学生爱智慧的因素,引导学生感悟智慧的作用,从而使他们喜爱智慧、追求智慧。例如,课文《草船借箭》写周瑜妒忌诸葛亮的才干,要诸葛亮在十天内造好十万支箭,想以此陷害他;诸葛亮用妙计向曹军借来了"箭",既为取得战争胜利创造了条件,又破解了周瑜的暗算,表现了诸葛亮有胆有识、才智过人。在这篇课文的教学过程中,教师可以有意识地渗透智谋价值的教育,让学生感悟智慧的神奇和魅力。

二是要让语文课堂成为学生生成智慧的舞台。语文课堂不仅要传授知识,更要开启智慧。课堂上,要有灵气、有沉思、有疑问、有挑战,要采取多种方式激发学生的探究欲望。要创设生活情境、问题情境,鼓励学生大胆地质疑问难,自主地评判选择,引导学生运用所学的知识去创造性地解决问题。教师可精心设疑,或设计一连串的、步步深入的问题,或引导学生自己发现问题、提出问题,以唤起他们的探究意识,让他们在问题的引领下,以渴求的心态去阅读文本,从而走进文本的精神世界。要组织有思维价值的讨论,让学生通过对文本个性化解读的表达和交流,碰撞出智慧的火花。

三是要重视培养学生的学习智慧。古人说:"授人以鱼,不如授人以渔。"教育不仅要让学生"学会知识",更要让学生"会学知识"。要引导学生掌握系统高效的学习方法,能自主自觉、全时空、多方位地吸取语文营养。首先,在教学中要渗透学法指导。阅读教学,要引导学生掌握分析文章结构(思路)、把握文章中心、抓中心句和关键词、发现和品味鉴赏"美点"以及背诵、积累等方法,并养成边读边思和圈、画、批的习惯;作文教学,要引导学生掌握审题、选材、构思、过渡、描写、议论、开头、结尾及修改文章等方法。其次,给学生介绍一些普适、高效的学习方法,如计划法、自我监控法、尝试回忆法、分类整理法等,让他们运用、体验。最后,设置警语唤醒。可让学生用纸抄写一些名言警句,贴在课桌右上角或挂在自己的房间,以自我提醒和自我激励。古人设座右铭,其意义即在于能经常唤醒、激活人的学习和发展意识。例如,"读书是人类进步的阶梯""读一本好书,就像交了一个益友",这些名言能唤起学生的阅读欲望;"读书有'三到':心到、眼到、口到""学而不思则罔,思而不学则殆",这些名言能引发学生对读书方法的省思;"我读书,我受益""我能行""我能成功",这些话语能唤醒、激发学生的学习自信心和主动性。

二、生命论语文教育的实现机制

言语现象的发生与发展都基于生命的需要。个体的语文学习依赖于他的生命活动。生命特征是语文教育活动的依据。语文教育要回归本真、提高实效,必须遵循人的生命规律。其实现机制主要包括学习者的自觉性与超越性、语文学习的内化与外化、有效的感悟与对话三个相互联系、相互作用的层面及其整体优化。

1. 自觉性与超越性:语文学习动力的核心要素

教育是以课程内容为中介的师生双方教与学的共同活动。凡是活动,都必须有一定的动力。在教与学这一对关系中,教师的教是为了学生更好地学,任何教都不能代替学。因此,学生的学习动力是语文有效教学的根本所在。学生的语文学习动力来自哪里?

首先,人的自觉性和超越性是人言语现象发生的根源。一方面,人的生命是一种自觉的存在。马克思指出:"人的类特性恰恰就是自由的自觉的活动"。在这里,"'作为人的人'的存在是自主、自觉、自为的生存,惟此才具有人的存在的意义"。这意味着人是创造自己、主宰自己命运的存在物。另一方面,人还是超越性的存在。人是不确定的、是可能的存在,他生活在希望之中。"人无时无刻不为超越生存的局限以及成为一个'创造者'的愿望所驱使,无时无刻不在内心激荡着一种超越自我的力量、热情和憧憬""人是超越的意向和姿态"。言语上的自我实现和言语创造欲望,使语言产出人、给出人,人所以为人。尽管人的语言学习也有外在的诱因,但外因必须通过内因才能起作用。学习者的内在动力是根本性的。

其次,人生命的自觉性和超越性是语文教学目标的实现机制。从阅读来看,"语文理解不是被动地接受语言刺激的过程,而是一个主动加工过程"。从表达来看,写作是作者根据题目的要求,主动从记忆中提取关于文章的体裁和主题内容信息,并把这些知识进行合理的组织的行为。作者具有强烈的创作欲望和热情,才能获得创作灵感,并经过积极主动的写作活动,最终写出好的作品。总之,无论什么有价值的知识或教学要求,如果没有唤起主体内在的语文学习需求与欲望、没有主体的能动性,都将是无效的。实践证明,唤醒、激发学生的学习自觉和超越意识,并使之养成主动学习的习惯,是提高语文教学质量的一条根本途径。

这里需要注意两点:一是学生语文学习的自觉性和超越性不仅是语文教学的实现机制,还应当把促进其发展作为语文教学的重要目标。自觉性和超越性与人的德性、创造性有着内在的正相关,因此它是人性的精华,是人素质中的核心部分。一个人的自觉性和超越性愈强,其保持和产生新功能的能力也就愈强。唤醒、激活、发展人的自觉性和超越性,对于培养人的语文自学能力、开发其生命潜能、实现全面发展,具有极为重要的现实意义。二是语文学习的自觉性和超越性是一种多种心理的、文化的因素有机构成的复合体,它包括"语文动机、情感(语文情趣)和态度、语文习惯及语文行为意志"等。认识上述两点,在语文教学过程中,我们才能抓住"根本"(自觉性、超越性),激活学习动力,也才能避免对"学习主体"作简单化和过于功利化的处置。

2. 内化与外化:语文素养生成的心理方式

人类的学习,其实质是依凭其特有的精神性的自组织机制,借助人类特有的符号,吸收和使用文化,积累经验,创造新的经验,不断丰富、完善和发展自己。人是怎样完成吸收和使用文化,实现生命发展的呢?心理学认为,"文化的传递,社会对个人的心理影响,是通过外化和内化而实现的";"前人通过动作和动作的产品把心理外化,后人通过使用和复制前人的产品,可以把产品中所凝结的前人的心理内化,转化为自己的心理"。内化和外化是人类文化传递的生成机制,是个体吐故纳新,实现精神建构的基本形式,是个体获得和生成语言能力以及创造语言产品的基本心理方式。正是在内化和外化的作用下,"我们创造了语言,语言创造了我们"。从语文教学来看,"听读教学在本质上是课文言语向学生文化心理结构的内化,说写教学在本质上是学生的文化心理结构在言语层面的外化"。

语言知识的内化,是指外部的语言知识结构转化为学生主体头脑内的语言认知结构(或称"图式"),即学习主体对语文知识、技能及内在意义、精神、情感的吸纳——通过听、读,"搜集处理信息,认识世界,发展思维,获得审美体验",吸取语言营养。个体吸纳外部语言营养生成语文素质,建构精神世界,是自身的先天遗传的语言获得和生成机制在外部环境的语言信息刺激下经由"内化"来完成的。内化有两种方式:一是同化,即头脑中已有的认知结构同将要接纳的认知结构基本一致时,会直接把它纳入已有的认知结构之中。例如,学生已掌握"首尾呼应"此种写作方法,读文章时,遇到"首尾呼应"便可理解其作用,并将其纳入已有的认知结构,使之进一步丰富。另一种是顺应,即当原有的语言认知结构为便于与新的语言信息"合模",并因新的语言信息的加入而有所改变。例如,学生未掌握"借代"这一修辞格,有些学生读借代句便难以确切理解;通过学习,个体掌握了"借代"的特点,这一新的语言信息即被他接纳,同时他也生成了新的语言认知结构。这两种内化方式,前者是量的扩充,后者是质的改变。学习者的认知结构就是在这种平衡的打破与重构的过程中丰富、发展起来的。产生内化的必要条件有二:一是个体内在的自觉性、超越性和先天遗传的语言获得机制,这一内源性要素前面已论述。另一个是外部的语言信息刺激。即便是婴儿,若无外部语言信息的刺激,连乔姆斯基所说的"普遍语法"能力也不可能形成,即最简单的语词听说能力也不会产生,著名的"狼孩"一例即可说明这一点。

学生把获得的语言知识应用于实践活动,表达自己的欲求,便是外化,即学习主体运用语文知识、技能及意义表达自己的需求、欲望,其主要形式是说和写。外化的意义不只是对其内存知识的复制,更是生成新的语言能力,发展全面素质。具体地讲,说话、写作等表达活动,是主体内在的语文知识、思想、感情的外化,在这一过程中,主体倾吐所感所想所得,才华得以展示,灵性得以生成,语言表达能力得以提升。

语言的内化和外化是相互作用的统一体,二者相辅相成、密不可分。一方面,没有语言内化便不会有语言的外化,内化是外化的基础。大诗人杜甫的名句"读书破万卷,下笔如有神"即揭示了内化对外化的作用。另一方面,外化可以使内化成果得以巩固与升华。外化能激发主体产生新的阅读需求和冲动,同时外化所生成的对语言文字的感悟及表达能力,从某种意义上又丰富了主体解读文本的认知结构。有效的语文教学应当是内化和外化的有机统一,即听、说、读、写紧密结合,互为促进。

3. 感悟与对话:有效教学发生的实践样态

因为"人的生命实践是内、外因作用于个体发展的聚焦点,也是推动人发展的直接与现实的力量",所以,在语文教学中,学生对"语言能量"的"内化和外化"发生、实现于个体的语文实践。有效的语文实践"样态"主要体现为教学过程中学生的语文感悟与对话。

所谓"感悟"是指有所感触而领悟,本文指对语言文字的感知、领会和体验。儿童认识一定数量的字后,就能够阅读和写作,所依靠的内在的核心因素,不是记忆的知识,而是语文学习中生成的语感和情感。这种底蕴产生于主体的感悟活动。在言语实践过程中,当言语主体面对言语对象,"以身体之,以心验之"的时候,产生的那种兴奋、激动、陶醉、沉思、敞亮、豁然开朗等状态,就是言语实践中的感悟。朱光潜先生对人朗读时的感悟状态有过精彩描述,他说:"朗读时心情是振奋的,仿佛满腔热血都沸腾起来了……调子就震颤起来,胸襟也开阔起来,仿佛自己胸中也有无限的豪情胜慨,大有低徊往复,依依不舍之意。"此时,言语主体的生命融入语言所展现的意义世界,同时,语言所包容着的那个世界也融入言语主体的生命体验之中,此时"意义瞬间生成"(内化发生)。读和听是个体语文学习的外部形式,但读和听如果不发生深切的感悟,则这种读和听是没有意义的。说和写也必须在个体"感悟"的基础上进行才可能是有效的。学生如果对所写之物和语言、构思缺乏感悟,写出来的文章必然是空洞无物、枯燥乏味的。感悟(内化过程)是认知、情感和知识、经验、能力等多种因素协同作用的过程,它始发于"某一端",即主体在内容上或形式上(某触点)品出"语文味",所生成的一种美学的领悟能力。

主体对语言的感悟是在对话中发生的。对话意味着主体是一个开放的系统,意味着主体在与外界交换能量,即他们在一个语言的世界里展开心灵交流,在语言的沟通、融合中扩充着自己的视野,生成语文素养,提升精神世界。例如,某学生阅读文本,有所感悟(内化),这是他与文本之间的对话;他将自己对文本的感悟表述出来(外化),别人听了产生感悟(内化)而有所得。对话的过程,应当是感悟发生、发展的过程。这里需要指出的是,在同一平面上的对话只是量的补充,不可能实现质的跃迁,"如果有一方超越对方水平的认知和理解的水准,则对话就会发生实质性的变化"。因此,在语文教学中,教师应当组织相对有深度的对话,鼓励学生说出对文本独特的感悟和体验。

感悟与对话是一种相互依存和相互促进的关系。一方面,个体感悟是对话的基础。从阅读看,对话的主体必须对文本具有一定的感悟,否则,主体就不会存在一个"问题视域",缺乏有对话价值的内容。另一方面,在对话中,个体对文本的感悟才能产生并丰富或深化。如果个体不认真阅读文本,即未发生与文本的对话,不倾听他人对文本的见解,那么,他就不可能对外部的语言营养有所感悟,也就不可能实现对外部语言及其承载的思想、精神的内化。基于对感悟与对话关系的科学认识,有经验的教师总会先让学生自学文本,读通读懂文本,经由与文本的对话,即让他们对文本有了一定的感悟,然后再组织讨论、交流,就文本中的精彩的语言、精彩的细节、精彩的结构及哲思、形象、意境等进行师生、生生的对话,达成学生对文本的深层解读。灌输式阅读教学之所以低效,其根本原因在于,它难以使主体在文本解读过程中产生有深度的感悟和对话,主体也就不可能实现对外部语言信息的有效内化。

三、生命论语文教育课堂教学策略

笔者以人的生命特征、认知模块特性和汉语言学习规律为依据,构建了语文课堂阅读教学"微格模块与关系结构"策略,在小学中高年级使用,经两轮六年实验,效果较为显著。

1. 微格模块:构建具有独特功能的微型教学操作单元

所谓微格模块,指在语文课堂阅读教学中引导学生进行有效学习的微型教学操作单元。这种操作单元不是简单的教学步骤或环节,而是由多种要素优化组合构成的、相对独立的微型教学操作系统。建立教学操作模块有其心理学依据。首先,"阅读是一种由多种心理因素组成的复杂的智力活动",它包括思维、情感、动机、兴趣、想象、注意等;其次,儿童认知"存在着多样功能上独立的、具有内在决定的功能的单元(模块),并且彼此最小地发生相互作用","儿童的认知过程可以分解为一组功能独立的模块";最后,"儿童的认知是一个领域一个领域逐个获得的"。总之,儿童阅读理解机制是由认知、兴趣、动机、情感等多种因素构成的、一组功能独立的心理信息模块。由此我们推测,在语文阅读教学中,使用与儿童认知阶段和阅读理解机制相适应的微型教学操作单元(微格模块),能有效地提高学生的学习质量。基于此,我们研制了以下六种分别适用于语文课堂阅读教学不同阶段的"微格模块"。

(1) 激发启动。激活、唤起学生的阅读期待是阅读教学的首要环节。所谓阅读期待,指人对阅读审美探究的生命欲求和冲动。具体地说,读者在阅读文本之前所具有的认知结构及由此产生的阅读欲求支配着阅读全过程,是影响阅读质量的重要的心理因素。阅读期待包含阅读主体的知识、经验、情感、兴趣、动机等因素,并有机生成"读者在阅读前所拥有的指向文本及文本创新的预期结构",它是读者阅读活动的动力和理解文本依赖的心理机制。如果没有外部特殊刺激,阅读期待常"潜藏于人的意识的深处",处于"沉睡"状态,因此,有经验的教师往往设置"激趣导入"环节,以激发学生的阅读欲望。经常采用的方式有问题唤起、知识激活、迁移诱发等。

(2) 自读初探。阅读是人吸纳文化营养、滋养心灵、发展生命力的重要方式。学生须"自能读书",才能有效地从书籍中获取语言营养和精神力量。由于人的阅读能力主要在阅读实践活动中生成，所以"阅读是学生的个性化行为，不应以教师的分析来代替学生阅读实践"，要把阅读的自主权还给学生，"让他们在阅读实践中逐步学会精读、略读和浏览"。儿童是天生的学习者、探究者，有巨大的学习潜能，要相信他们自己能够读通、读懂课文。因此，阅读课在激活学生的阅读期待之后，要给学生充足的时间，让他们静下心来读书、思考、揣摩，使他们切实感知课文，"由字词到句，由句到段，由段到篇，逐步弄懂，形成意义联系"，理解课文主要"写什么"，初步整体把握课文，并发现问题、找出疑问，为自由对话做准备。教学中，要注意四点：①营造宁静的读书氛围，让学生专心凝神地自读课文；②自学课文之前，可引导学生自定学习目标，也可让他们"非指示性"自探；③要给学生充足的时间，让他们读通、读懂课文；④培养学生边读边思、随想随记，以及点、圈、画等读书习惯。

（3）自由对话。这一教学模块是指在学生自读感悟、初步理解课文的基础上，引导学生用对话方式，自由表达自己对课文的感悟和理解。这一教学模块体现了当代教学观的一个重要转型，即教学主体关系由教师绝对权威转向师生对话合作。需要注意的是，这种"对话"不同于传统教学中检验性、应答性的对话，而是师生双方作为自由自主的人投入其中，各自独立而又相互理解与回应。对话的目的不完全是为了寻求一致或共识，而是为达到理解和沟通，分享和启发，形成批判意识和建构能力。就语文教育活动而言，对话是在倾吐、倾诉和相互启发、共享中使"双方共同拥有一个辉煌瞬间"，从而生成语文素质和精神力量。由于"意义产生于主体间的敞开、交流和视界融合"，因此，民主、合作和理解是形成对话的基本条件。其中，民主是对师生关系的要求；合作是对学习方式的要求；理解是指对话者对文本感知、领悟的程度，唯有交流者对共同话语有一定的理解，才可能就某些问题进行对话。教学中，要注意以下几点：①鼓励学生畅谈、交流自读课文的体验和收获；②引导学生学会倾听，注意从他人的发言中得到启示；③启发学生质疑、答疑；④教师要注意引导，适时点拨。

（4）品赏深探。这一教学模块可分为两类：一是在自由对话之后，学生初步理解课文的基础上，从整体感知转向部分深探，引导学生细读、精读课文，体悟、欣赏、探究课文的精要之处，将语文学习引向深入。二是从部分深探到整体品赏。语文教材中的文章内容丰富，文情并茂，值得欣赏的东西很多。要启发学生品出课文的"美味儿"来，才能使其真正获得审美体验，生成语文素养。教学中，需要注意两点：一是启发学生发现"哪些地方写得好、写得精彩"，即让学生体悟、寻找、发现"美点"；二是引导学生运用多种方式体悟、品味、欣赏课文的美妙之处。常用的方法有：①品读法。让学生自由诵读、体悟，在多次和多种方式的诵读中逐步加深对课文的理解和体验。②聚焦法。此方法适用于课文某一方面特别值得学习的教学，即让学生集中于精华之处，细细品味，欣赏探究。③冥想法。此方法是教师为学生营造一种氛围，引导学生进入文本的情境，达到"物我两忘"，感受文本之美。

(5) 展示表现。此教学模块旨在鼓励学生充分表达对课文的感悟、理解。儿童都有展示表现的欲望。儿童的表现，蕴含着他们对自然与社会的无限好奇和对自身生命力量的一种尝试检验。就语文学习而言，展示表现"是人的言语生命冲动和欲求的自由表达"，其意义在于，一方面学生通过展示满足了表现欲望，确证自己生命的力量，唤醒、发展了自主、自立、自强精神，培养创新个性；另一方面，展示表现是知识的外化，即学生把从阅读中获得的领悟、体验应用于语言实践活动。学生在设计(构思)表现方案和实际表现活动中，实现了语文内化与外化的互动和统一，提高了理解和表达能力。教师要积极创造条件，提供展示平台，鼓励学生表达自己阅读课文的收获。教学中，需要注意三点：①要引导学生从整体上理解、欣赏文章之美，让他们感受收获和成功，这是展示的基础；②要启发学生选准展示内容，用自己喜欢且擅长的表现方式进行展示；③在别人展示时，要认真倾听、欣赏，共享成功的快乐。

(6) 反思评价。反思评价是对自我学习活动的回顾和检视，即作为主体立足于自我之外，认识、考察、判断自己学习行为的活动。它是学习者巩固知识和深入理解知识的有效途径，是优化学习过程和思维方式的关键环节。吴也显、刁培萼先生指出，因为"学习最终是学生自我需求、自我处理的过程"，所以，他们必须"能意识和体验到自己的认识过程、学习能力水平，已掌握知识的程度……从而能根据自己的情况作出改进自己学习的决策"。反思评价是一种主动思考，是学生充分发挥学习自主性的过程。在这一过程中，学生的主体性得以有效生成。反思评价的内容包括：一是对自己学习和掌握知识情况的检视；二是对自己学习过程和方法的回忆与分析；三是在自我评价的基础上对学习活动进行改进。这一教学模块旨在引导学生对自己本节课的学习情况进行小结，因此，它适合用在"品赏展示"之后、一堂课结束之前。其做法是：①创设反思情境。让学生身体放松，静心而坐。②提出反思的问题。如：这节课学习了哪些内容？我有什么收获？还有什么不懂的问题？我是怎样学的？哪些地方(方面)需要改进？等等。初始阶段，主要由教师提出"静思"的问题，以后逐步过渡到由学生自己提出问题。③要引导学生自己对照问题，逐一回忆、思考,还可以让学生相互交流反思的收获。

2. 关系结构:运用"模块"组合课堂教学的时空框架

人的生命活动是一个过程,历经了一系列时间与空间的流动。教育活动,是一个生命意义的生成过程。"教育的过程属性具有转化与生成、情境化与关系结构、确定性与不确定性的统一等特征。"从教育的过程属性出发,"今日主导教育领域的线性的、序列性的、易于量化的秩序系统——侧重于清晰的起点和明确的终点——将让位于更为复杂的、多元的、不可预测的系统或网络"。由于"教育实践是在一定的时空中具体地、情境地和多样地展开的",因此,现存单一的、线性的课堂教学程序已不能适应人生命发展的需要,必须构建生命性、多样性的课堂教学结构系统,才能满足学生学习的需要,有效地提高语文教育质量。据此,我们根据教学需要,运用上述六种微格模块组合成多种可操作的课堂教学结构系统。这些课堂教学结构不是线性的、单向的教学程序,而是全息的、多向的、互动的教学系统。不同的组合结构具有不同的教学功能,分别适用于不同的课堂教学要求。例如,结构一"激发启动—自读初探—自由对话—反思评价"组合适用于一篇课文的第一课时的教学,结构二"激发启动—品赏深探—展示表现—反思评价"组合适用于一篇课文的第二课时的教学,结构三"激发启动—自读初探—自由对话—品赏深探—展示表现—反思评价"组合可用于一节课学完一篇课文的教学,结构四"激发启动—自读初探—自由对话"组合适用于文章片段的教学。

上述课堂阅读教学组块结构,体现了阅读教学过程的"全息的、多向的、互动的"复杂关系,它有以下特点:一是自组织性。法国哲学家埃德加·莫兰把生命体的自组织特征概括为"自我的—通过环境—反复进行的—组织活动"。人生命的自组织特征,与哲学视域中人的自主、自觉、自为性有共通性。教育和学习作为人构建自身的活动,具有高度的自组织性。在上述几种组合结构中,学生的自组织学习活动贯穿课堂阅读教学的始终,体现了对人生命自主、自觉、自为性的尊重,从而保证了学生成为语文学习和发展的主人。二是完整性。深入阅读、精读一篇文章一般需要经历"整体—部分—整体"的过程,据此,阅读教学应是一个螺旋推进的关系过程。上述几种课堂阅读教学结构遵循了这一规律,体现了阅读教学的完整过程。如"激发启动"模块旨在唤起学生的阅读欲望,表现了教师、学生、文本三者的驱动关系;"自读初探"模块其功能是引导学生充分感知课文,懂得"主要写什么",初步整体理解课文;"品赏深探"模块意在引导学生在初步整体理解课文之后,对课文进行部分探究;

"展示表现"和"反思评价"模块既是立足于整体理解文本的学习环节,又是促进语文学习的内化与外化、巩固与提高的有效形式。每种组合结构都体现了阅读教学过程、关系的阶段性或整体性。三是时空性。每种组合结构力求体现阅读教学过程的时空关系。从历时性看,它们是适应不同教学要求的课堂阅读教学流程;从共时性看,每种"微格模块"不是简单的教学步骤或环节,而是由多种要素优化组合互动构成的、具有独立功能的、占据一定空间的微型教学关系操作单元。四是灵活性。可根据教学实际需要,运用"微格模块"组合成多种课堂阅读教学结构操作系统。其灵活性正体现了"教学有法、教无定法"的意蕴。总之,语文课堂阅读教学组块结构较好地体现了生命性、科学性、艺术性三者的有机统一。我们的教学实践表明,在课堂阅读教学中,运用组块结构策略有助于发挥学生学习的主动性、创造性,有助于增强教学的适切性、生成性,从而使语文课堂唤醒生命、走向智慧、提高实效,进入新的境界。

[本文引自江苏省教育厅组织编撰的《著名特级教师教学思想录·小学语文卷》(该书由江苏教育出版社于2012年1月出版)一书201~214页,钱巨波篇]

关于小语"大纲"中语文学科性质表述的质疑

《九年义务教育全日制小学语文教学大纲》(1992年版)中有一句很重要的话,它规定了语文学科的性质:"小学语文是义务教育中的一门重要的基础学科,不仅具有工具性,而且具有很强的思想性。"我认为,这句对小学语文学科性质的表述是不妥当的。

首先,语文学科的"工具性"和"思想性"不应该是一种递进关系。"不仅……而且……"是典型的表示递进关系的关联词语,"后面的分句的意思是比前面的分句的意思更进一层,一般由轻到重,由小到大,由浅到深,由易到难"[1]。由此,这句话应理解为:语文学科的"思想性"比"工具性"要"更进一层"。这种说法妥当吗?让我们来看一看关于语文学科性质的几种观点。概括起来主要有三种:一是统一并存说。叶圣陶先生指出:"思想是一方面,表达思想内容的工具又是一方面……这两方面都要正确对待"[2]。袁微子先生认为,语文"是对小学生进行语言文字的工具的训练、思想性很强的基础学科"[3]。二是主从说。北师大张鸿苓、张锐两先生认为,语文有一个基本属性——工具性,两个从属的属性——思想性、知识性。三是纯工具说。田本娜先生认为,"小学语文是工具学科、是基础工具学科、是表情达意的工具学科","语文学科也应该成为对青少年一代进行思想品德教育的工具,成为发展学生思维能力的工具"[4]。吴立岗先生认为,"小学语文学科是进行社会交往的工具学科"[5]。

从上述这三种具有代表性的观点来看,无论哪一说,都没有"思想性"比"工具性"要"更进一层"的意思。可见,语文学科的工具性和思想性不应是一种递进关系。

其次,这种递进式的表述,与小语"大纲"文本的整体精神也不一致。其一,小语"大纲"在说明小学语文教学目的时,把语文学科特有的目的——"指导学生正确地理解和运用祖国的语言文字"和各学科共有的目的——"进行思想品德教育,发展学生的智力"用分号分开表述,这里显示的语文学科的"工具性"和"思想性"是并列关

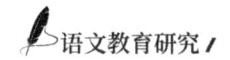

系。其二,在小语"大纲"的"说明"中语文的工具性和思想性也不是递进关系,《关于〈九年义务教育全日制小学语文教学大纲〉(试用)的说明》中指出:"工具性和思想性都是语文学科的根本性质,是缺一不可的。"十分明显,这句话中的"工具性"和"思想性"是统一并存关系。

最后,这种递进式的表述,会造成对语文学科性质认识的混乱。据我揣测,小语"大纲"的作者之所以运用递进句式,是为了强调语文学科思想性的重要。在语文学科性质的表述上,坚持文道统一原则,强调其思想性是必要的,这样做有利于克服在语文教学中忽视思想教育的倾向。但采用这种递进式的表述,不但取消了"工具性"作为语文学科第一属性的地位,而且连与"思想性"并列也成了问题。任何理由都无法否认这种语言事实和客观效果!这实在是对语文学科根本属性认识和表述的倒退。这种表述,显然会给语文教学带来这样的导向:在语文教学中,思想教育比语言文字训练重要。这将把语言教学引向何方呢?

综上,小语"大纲"中这句关于语文学科性质的表述是不科学的。我认为,对语文学科性质的表述,即使按叶圣陶先生的统一并存说,也应改用并列关系的关联词语,可表述为:"小学语文是义务教育中的一门基础学科,既具有工具性,又具有很强的思想性。"句子中的"很强的"已经起到了强调"思想性"的作用。

小语"大纲"是语文教学的纲领性、指导性文件,关于语文学科性质的表述影响深广,故不顾浅陋,直陈所见,诚望方家指正。

参考文献:

[1] 黄伯荣,廖序东.现代汉语:下册[M].增订四版.北京:高等教育出版社,1991:158.

[2] 叶圣陶.叶圣陶语文教育论集[M].北京:教育科学出版社,2015:138.

[3] 苟辛生.小学语文学科的根本属性[J].小学语文教学,1995(10):3-5.

[4] 田本娜.小语教学论稿[M].北京:首都师范大学出版社,2013.

[5] 吴立岗.对加强语言文字训练的两点意见[J].小学语文教学,1995(4):14-16.

(本文发表于《小学教学研究》1996年11期,此次出版略有修改)

语文素质教育的特征

如何在语文教学中落实素质教育已成为亟待探讨解决的课题。语文素质教育与应试教育在教学思想、教学目标、教学内容、教学方式诸方面有着本质的不同。研究和把握素质教育的学科特点，对深化语文教学改革、提高语文教学质量具有重要意义。笔者认为，语文素质教育除了具有素质教育的一般特征（全体性、全面性、主体性、基础性、发展性等）之外，还应具备以下特征：

1. 统合性

语文素质教育的统合性需要从两方面来认识。一方面，语文素质教育目标具有综合性。当语言传递一种信息过来时，人的大脑会立即对这种信息进行迅速地辨析、确认；与此同时必然会滋生感情相关的因素影响着这一过程，然后选择自以为较恰当的语言方式做出反应。可见，语言素质是人在语言活动中认知、情感和行为等因素共同参与、交互作用的结果。语文学科的基本特点是工具性和思想性，二者缺一不可。诚如叶圣陶先生所说，"思想是一方面，表达思想的工具又是一方面。学习语文，这两方面都要正确对待"[1]。所以，语文教学的目的是：教会学生正确地理解和运用祖国的语言文学，培养学生的听、说、读、写能力；在听说读写训练的过程中，进行思想品德教育，陶冶情操，发展智力，培养良好的学习习惯。另一方面，要在语言文字的训练中实现其综合性。语言文字是表情达意的工具。思想感情为里，语言文字为表。课文是思想内容和语文形式的统一体。教学中完全可以发挥课文所固有的德育、智育乃至美育的作用。语文教学要把握语文工具性、载体性的特点，力求把思想教育与语言文字训练有机结合，使学生思想上受教育，情感上受熏陶，语文能力获得有效的提高，从而发挥其教文育人的综合效应，实现学生素质的全面发展。

目前，语文教学存在着两种误区：一是重知识灌输和技能的反复操练，忽视学生的心理素质的发展。这是语文应试教育的典型表现。二是思想内容讲析多，语言文字训练少，语文教学耗时多、效率低。要实现语文素质教育，必须要走出这两种误区。

2. 过程性

无论是认知方式,还是情感态度,都不可能通过"告诉"的方式获得。它们需要主体通过全身心地投入实践,通过认知过程、情感体验过程、意志行为过程的综合参与和共同作用而获得。语文素质教育的过程性需要从语言认知能力和语言情感态度的形成机制上来阐释。

首先,语言认知能力形成于认知的过程之中。语言是思维的工具,没有语言的思维是不存在的;思维是语言的内容,没有思维就不可能有语言。著名语文特级教师于漪认为,语文教学"要以语言和思维训练为核心","学生要学好语文,提高语文能力,取得综合效应,思维方面要进行扎扎实实的训练"[2]。乌申斯基指出:"谁要想发展学生的语言能力,首先应该不断发展他的思维能力。"可见,发展思维对发展语言具有极大的重要性。而思维方式(或认知方式)的形成是一个过程。研究表明,思维方式来源于人的行为本身,而不是客体本身。活动过程的抽象是认知方式形成的源泉。正因为如此,布鲁纳强调:"认知是一个过程而不是一个产品。"[3]据此,在语文教学中要展示和优化学生学习语文的思维过程,才能增强语言训练的力度,提高学生语文学习的内化和外化水平,有效地发展学生的语言认知能力。其次,语言情感态度形成于情感体验的过程之中。认知是情感发生的前提,但情感主要不是从认知加工系统获得的,而是从有机体在同环境相适应过程中的生存和需要的满足与否的感受状态发展来的,如果没有感受、体验现象,就不存在情感发生的机制。阅读是读者生活与作者生活的联系,是读者、作者之间的无声对话,是跨时空的生活体验和情感活动。体验是艺术的感受的主要形式。对语言文字的审美"领悟",培养"语感",陶冶情操,不仅需要理性思维,更重要的是提高学生的体验水平。因此,语文素质教育要求把启发学生思考与指导朗读、吟诵、品赏等体验方式紧密结合起来,优化其语言认知和语言体验过程。

应试教育因重视知识目标,决定了它必定重结果轻过程,知识以定论的形式呈现给学生,同时它还忽视情感的感受、体验。这样,既不利于发展学生的语言认知能力,也不能有效地陶冶学生的情操。这是语文素质教育应着力克服的。

3. 开放性

现代社会本身是一个巨大的开放系统,教育要培养现代社会所需要的人才,就必须实施与之相适应的开放式教学。而应试教育向学生传授的知识局限于课本、课堂,多采用传递-接受教学模式,信息交流单一。这种教学模式具有很大的封闭性,所培养出来的人高分、低能,缺乏主体精神和创造能力。语文素质教育需要开放式的教学,营造平等合作、生动活泼的学习氛围,让学生做学习的主人,自觉地全方位地学习语文。

首先,要树立"大语文"教育观。语文学科有很强的社会性和实践性。人的生活离不开语言活动,人的语言活动在生活中发生。据此,美国教育家科勒涅认为,"语文学习的外延和生活相等"[4]。时代在前进,社会在发展,环境在变化,我们的教育对象、语文教育的内容也在发生变化。面对这样一个信息大世界,语文教学只有更新观念,走出课本、课堂,才能使学生富有成效地学习语文。其次,要构建开放式语文教学模式。语文素质教育要以课堂为轴心,向学生的各个领域开拓延展,包括以下几方面:(1)以培养学生语文自学能力为教学目标。在语文素质教育的教学过程中,学生应是学习的主体、认识的主体、发展的主体。没有学生的主体性,便不会有学生的积极性和创造性。要善于激发学生的学习兴趣,让学生乐于学习语文,在学习语文方面积极投入。要尽量提供条件或创造条件,让学生积极地、创造性地进行语言实践活动,培养学生做语文学习的主人。(2)坚持教学民主,采用讨论式教学形式。杜威认为,传统教学强调教师的绝对权威,力图让学生在行为方式、思维方式上都机械地服从指挥。在这样的教学中,学生的好奇心、活泼性以及联想性都不能发挥。在语文素质教育教学中要建立师生之间、学生之间平等合作的关系,引导学生读、思、议,加强多向、多边的信息交流;教师不是"全盘授予"而是"相机诱导",使学生的能动性和创造性得以有效发挥。(3)拓展教学时空,引导学生全方位地获取语言营养。母语教育具有全方位、多层面的语文学习环境。近年来,大众传媒的发展使教育的场域从学校迅速向社会发展,语文教学不能光停留在课本、课堂上,要向课外、校外拓展教学时空。要引导学生在课外、校外做语文学习的有心人,广泛地摄取语文营养,自觉地进行听、说、读、写训练,如从书刊、广播、电视以及日常生活中都可汲取语言精华。要摒弃封闭式的教学,向课外开放,向社会开放,重视实际运用,由封闭式的教学变为多种多样的语言生活的学习,为语文教学注入新的活力。

4. 训练性

"训练"是指学生为获得特长或技能在教师的指导下进行的操作实践。叶圣陶先生指出:"学生须能读书,须能作文,故特设语文课以训练之"[5]。掌握语文工具的能力,只有在反复的训练中才能形成并达到熟练。语文素质教育要求在语文教学中必须强化语言文字训练,即强调学生的语言实践活动。吕叔湘先生指出:"从某种意义上说,语言以及一切技能都是一种习惯,凡是习惯都是要经过多次反复的实践养成的。观察儿童说话的过程,完全可以证明这个论断。"[6]杜威在《我们是怎样思维的》一文中也认为,学习语言需要活动,需要练习。从心理学看,语言技能是在语言活动中形成的。思维技能和操作技能共同构成语言技能。思维技能(对语言的感知、分析、综合、判断和推理)的形成依赖于人机体运动的反馈及语言信息传入,二者相辅相成、互为作用,其统一性在语言实践活动中完成。这就是语文教学要加强语言文学训练的心理学依据。

如何进行语言文学训练呢?叶圣陶先生有一系列十分精辟的见解。他说:"阅读跟写作不会比走路跟说话容易,一要得其道,二要经常历练,历练成了习惯,才能算成了能力"[7]。这就告诉我们,培养语文能力,必须重视两件事:一是"要得其道",二是"要经常历练"。所谓"得其道",就是要使学生掌握学习语文、运用语文的方法,即让学生"学会学习"。叶老认为要使学生掌握学习语文的方法最要紧的是让学生"动天君",即"动脑筋",还要让学生掌握一些具体的可操作的学习语文的方法,如回想法、设问法、翻查法、标记法、美读法、速读法、诵读法、笔记法等。所谓"要经常历练",是指要经常指导学生进行学习语文、运用语文的尝试、练习和锻炼。教师不仅要让学生"知",更重要的要引导学生"行","要经常历练"才能形成自学能力,养成良好的习惯。叶老指出"经常历练"须达到"习惯成自然",他说:"无论哪一种能力,要达到了习惯成自然的地步,才算我们有了那种能力。"[8]可见,语文素质教育的训练性与应试教育的死记硬背、大量重复的机械性"练习"有着根本的不同。语文素质教育要求语言文字训练与思想教育、情感陶冶相统一,语言发展与思维发展相统一。

5. 审美性

审美性是语文素质教育的又一重要特性。这是因为:其一,语文素质教育的审美性是其教育目标的审美性所决定的。教育美学认为,教育是人类按照美的规律进行自我塑造的实践活动之一。语文作为一门人文性基础学科,它集工具性、思维性、知识性、艺术性于一体,在整个学校美育中具有重要的地位。叶圣陶先生认为,教师不仅要授予学生多种知识,尤其重要的是要启发学生、熏陶学生,使他们衷心乐意在求真、崇善、爱美的道路上昂首前进。只有实现语文教学的审美化,学生的知、情、意才能得到和谐发展,他们的完美人格才能得以有效塑造。其二,语文教育审美化是提高教学效率的需要。语文教学审美化,既是一种最佳的教学境界,又是一种有效的教学途径。语文教材大多是文质兼美的文字。教师只有挖掘教材中蕴含的美,运用各种教学手段,启发学生感受美、追求美、创造美,才能实现语言文字训练与思想教育、情感陶冶相统一,达到最佳的教学效果。实践告诉我们,一堂好的语文课,应给人以美的享受;一堂语文课上得很美,效果也必然好。其三,语文教育审美化是减轻学生课业负担的重要途径。目前,许多教师在语文教学中重知识灌输,重大量的机械性训练,轻学习兴趣的激发,轻审美体验,学生学习枯燥乏味,这是学生感到课业负担重的原因之一。美,则能给人带来欢乐和满足。如听李吉林、于漪等老师的课之所以轻松愉快,正是因为她们把教与学的过程变成了审美过程。

语文素质教育的审美性,要求教师把教学的科学性和艺术性统一起来,挖掘教材中的审美因素,运用美的教学手段,创造美的情境,引导学生在听、说、读、写的训练中,感受美、鉴赏美和创造美(表达美),使学生能和谐地展示自身的"本质力量",塑造美的人格,实现素质的全面提高。

参考文献:

[1] 刘国正,毕养赛.叶圣陶语文教育思想研究[M].南京:江苏教育出版社,1990:128.

[2] 刘国正.中国著名特级教师教学思想录:中学语文卷[M].南京:江苏教育出版社,1996:12.

[3] 华东师范大学教育系,杭州大学教育系.现代西方资产阶级教育思想流派论著选[M].北京:人民教育出版社,1980:411.

[4] 杨斌.语文教学美育的困境和出路[J].中学语文教学,1995(7):12-16.

[5] 叶圣陶.叶圣陶语文教育论集[M].北京:教育科学出版社,1980:117.

[6] 吕叔湘.吕叔湘论语文教学[M].济南:山东教育出版社,1987:52.

[7] 刘国正,毕养赛.叶圣陶语文教育思想研究[M].南京:江苏教育出版社,1990:209.

[8] 叶圣陶研究会.叶圣陶研究论文集[M].北京:开明出版社,1981:83.

(本文发表于《南京师大学报(社会科学版)》1998年第1期;获1997—1998年度江苏省哲学社会科学优秀成果奖)

语感的心理机制与训练策略

语感是语文的基础和衡量语文能力的重要标志。随着语文教学改革的深化,语感又成为近年来研究的热点。笔者试从心理学的角度,对语感做一些探讨。

一、语感的心理实质

1. 语感是对语言文字的直接理解能力

语感,字面上可以理解为对语言的感知,但若这样理解会大错特错。因为语感的含义在语文界已约定俗成,或指对语言的感受能力,或指对语言的一种敏锐、准确的感受能力,后者运用较多。叶圣陶先生认为,语感是对语言文字一种"正确、丰富的了解力"。郭沫若认为,"大凡一个作家或诗人总要有对于言语的敏感,这东西如水在口,冷暖自知"。语感这种对语言文字"正确丰富的了解力"同一般的语言感知活动有何区别呢?一般语言感知的对象可以是初次的、生疏的,但语感的对象在感知之前已经得到深刻理解(甚至是多次的),以至在以后的阅读过程中已经达到了自动化的水平,只需要直接感知,便可对语言材料有"正确丰富的了解"。由于这种直接理解与知觉过程已融合在一起,在瞬息之间实现,所以感觉不到任何中介性的思维参与。人对熟知的词句都是这样理解的。根据乔姆斯基的语言双层结构的观点,语言的理解是由表层结构向深层结构转换。语言理解的难易、理解的快慢,与表层结构向深层结构转换的步骤有关,转换的步骤越多,理解起来越慢,如果理解一个熟悉的句子,转换步骤就可以大大简化。可见语感之所以是对语言文字的直接理解——正确、敏锐、丰富的了解,是因为旧经验(已有的认知结构)使认知过程大大简化了。

2. 语感能力的结构

语言知识与语言智力技能是语言感受能力结构中的基本构成要素。语言的形成发展的依据是语言知识与语言智力技能的获得及类化。从非智力因素来看,语感的形成还有情感的参与,情感对语感的形成起着重要的影响,或者促进或者阻碍。

从语感功能的角度分析,可包括语音感、语义感、语法感、语情感、语境感、语艺感等。可见语感内涵丰富,综合性强。

二、语感的心理机制

1. 语感包含的主要心理因素

语感能力的心理成分包括感觉、知觉、记忆、思维、想象、情感等,主要成分是思维、想象和情感。

(1) 思维的参与。思维是智力的核心,对语言文字有所"感受",必有思维的参与。例如,对文字所表达的本质意义的概括,对文字美的欣赏与吟味,对文字正误、优劣的辨析等,都渗透着思维的分析、综合、抽象、概括、判断、推理等活动。如读苏东坡的《题西林壁》,头脑中既出现描绘的山峰的形象(具象),又可悟出"当局者迷"的哲理(抽象)。

(2) 情感的激发。当我们阅读有感情色彩的语言文字时,会引起感情上的共鸣。读王维的"劝君更尽一杯酒,西出阳关无故人",会为作者所表达的依依惜别情而感动;读"正是江南好风景,落花时节又逢君",能体会杜甫动乱中重逢老友,溢于言表的喜悦之情,读者会与作者一同欢愉。这是语感形成过程中,由语言文字激发起来的情感活动。再者,读者对语言形式的好恶,听、读时的心境,都会影响语感能力水平。

(3) 想象、联想活动。特别是在感知描写性的语言文字时,能准确而迅速地在头脑里呈现有关表象,并进行必要的想象、联想。对语言文字有敏锐感受力的人,读马致远的《天净沙·秋思》,就会在再造想象的基础上产生丰富的联想,由"枯藤"等一连串的特写镜头,想象出一幅凄凉萧瑟的图画,感受到作者远在天涯的孤寂。缺乏语感的人,充其量只能对文中所描绘的枯藤、老树等在头脑中产生一些模糊的表象而已。

2. 语感形成的心理过程

语感能力的形成是年轻一代获得语言理解和语言生成能力、积累语言知识的过程。这个心理过程的基本形成包括内化和外化。语感能力的有效形成,有赖于内化与外化的有机统一。

(1) 内化。把外部的东西转化为内部的主体的东西,叫作内化。语感的形成首先依赖于语言知识的内化,若无语言知识的内化,连乔姆斯基所说的"普遍语法"能力都不可能达到,就是说连最简单词语的听说能力都不会形成,著名的"狼孩"一例可说明这一点。语言知识的内化,是指外部的语言知识结构转化为学生主体头脑内的认知结构。内化有两种方式:一是同化,即头脑中已有的认知结构同将接纳的认知结构基本一致时,便直接把它纳入已有的认知结构之中。如学生已掌握古文中"者"字的用法,读古文时,遇到"者"字便可理解其作用,即纳入已有的认知结构。二是顺应,即当语言认知结构与将要接纳的认知结构不一致时,那就要改变语言认知结构,接纳新的认知结构。如学生未掌握借代辞格,读借代句便不可能确切理解。通过学习,掌握了借代的特点,新的认知结构即被主体接纳。这便是内化的顺应方式。内在需要以外部的实际操作转化为学生主体的头脑内的智力操作,即达到智力内化,才能形成能力。语感教学中的听、读、分析、推敲、体味都是内化形式。

(2) 外化。有内化必有外化,二者是同一过程的两个不同的方面。内部的主体的东西转化为外部的客体的东西称为外化。学生把获得的知识应用于实际活动,或是按照智力操作的规律去进行实际操作以解决实际问题,便是外化。语文教学中的说、写是外化性训练。没有内化便没有外化,内化是外化的基础;没有外化也不会有优质的内化,外化可以使内化成果得到巩固与加深。由内化和外化的关系可知,在语感训练中,要做到听说读写有机结合,使之相辅相成。

三、语感训练的策略

根据语感的心理机制和汉语言的规律,语感训练的策略应有以下几条:

1. 读诵体味。 朗读是语文教学的基本方法。朗读,既是语感的基本训练,又是美感的经验积累。作品特有的情趣和韵味,往往是难以用讲解的方法传给学生的,常常需学生自己通过高低、强弱、缓急的语调反复吟读,才能准确而深刻地体味、领略。读,要做到眼到、口到、耳到、心到,好的句段应熟读成诵。还要进行听的训练,要注意收听广播,观看对白精彩的影视剧,聆听演讲、报告等,向生活学习语言。

2. 分析推敲。 乔姆斯基认为,语言绝不可能靠一句一句地学习。那么应该怎么学呢?通过分析比较,使之类化,应是重要的学习方法。要使学生理解作品说(写)什么,怎么说(写)的,不这样说(写)行不行,有没有更好的表达方式等,必须对语言文字进行分析、比较、推敲、揣摩,才能达到语言知识的类化。好作品的每个字每个词,都渗透着作者的心血,如果把它换成其他意思相同的字词,就不及作品中所用的字词传神有韵味,因此,训练语感采用分析比较常会收到"一点即破"的效果。如王安石名句"春风又绿江南岸",若将句中的"绿"改为"到"或"过",此诗将会黯然失色。通过分析比较,对诗的"炼字"便可有深切的认识。

3. 触发联想。 叶圣陶先生指出"读书贵有所得、作文贵有所味,最重要的是触发联想的功夫"。阅读好的作品若只限于文字所及的范围,所得的是肤浅的、有限的;若采用触发联想的方法,就能进入高一层的境界。要把词语所概括的东西变成具体形象的东西,才有可能触景生情、浮想联翩,对这个词语有具体确切的感受,从而产生语感。

4. 听说读写结合。 听、读是主体语言知识的内化,说、写是主体语言知识的外化。有效的语感训练是内化和外化的有机统一,即听说读写紧密结合、互为促进。语感是在长期的语言实践、反复的语言操作中习得的。语感训练必须既重视听、说,又要重视读、写。目前,对说写重视不够是语感训练效率低的一个重要原因。强化说写,既要鼓励学生多说多写,又要提高说写质量。

5. 注重积累。 从文化学的角度来看,语感是个人语言文化的心理积淀。语感能力的形成,不能一蹴而就,而是一个逐渐聚集、逐步消化吸收、潜移默化的过程。积累包括生活经验的积累、思想认识的积累、语言材料的积累。就语言材料的积累而言,可以积累词汇、佳句、句式、精彩语段等。要让学生认识到积累的重要,学会积累的方法,养成积累的习惯。

(本文发表于《语文教学与研究》1997年第9期)

夏丏尊先生与"语感"

近年来,随着语文教学改革的深化,语感成为语文教学研究领域的热点问题之一。语文教学中的语感问题是我国现代著名文学家、语文教育家夏丏尊先生于20世纪30年代最早提出来的,后经叶圣陶先生专门著文阐发,为语文教学改革开拓出一片新天地。重温夏老关于语感的论述对我们今天的语感教学研究有着重要的指导意义。

夏老为什么提出"语感"问题呢?早在"五四"时期,夏老就在从事中学、师范的国文(即今天的语文)教学,不断进行国文教学改革,后又研究文章学,与叶圣陶、陈望道等编撰中学国文教材。夏老在语文教学的理论和实践领域做了多方面的辛勤探索。然而,结果呢?正如他自己所说:"无论如何设法,学生的国文成绩不见显著的进步。"重视了语法和作文法的讲授,"学生在结构上形式上,虽已大概勉强通得过去,但内容总是简单空虚";奖励课外读书,或是在读法多选内容充实的材料,"结果往往使学生增加了若干一知半解的知识,思想愈无头绪,文字反益玄虚"。就在"山重水复疑无路"的情形下,他忽然悟到了培养"语感"的重要。他说:"无论是语是句,凡是文字不过是一种寄托某若干意义的符号。这符号因读者的经验能力的程度,感觉不同,有的感觉百分之一二,有的或者感受得多一点;要感受全体,那是难有的。"普通学生,"收得既浅,所发表的也自然不能不简单空虚"。这种对文字符号所表达的内容的灵敏的感觉,夏老称之为"语感"。关于语感教学,夏老认为,老师的任务就在"自己努力修养,对于文字,在知的方面,情的方面,各具强烈敏锐的语感,使学生传染了,也感得相当的印象";"见了'新绿'二字,就会感到希望、自然的化工、少年的气概等等说不尽的旨趣,见了'落叶'二字就会感到无常、寂寥等等说不尽的意味",以此作为"理解一切文字的基础"。

夏老关于语感问题提出及其论述影响深远,是对语文教学理论的一个重要贡献。总观夏老有关"语感"的论述,我们对以下两个问题有更为明确的认识:一是关于语感的含义。若从字面上理解"语感",可解释为对语言文字的感知或感受,但从夏老的论述看,这种对语言文字的感受已经到了"如水在口,冷暖自知"的程度,因此,语感具有特定的含义,即对语言文字敏锐的感受和正确丰富的了解力。二是语感的功能。语感是理解语言文字的基础,缺少语感的人,对语言文字的理解只能是简单的、肤浅的、片面的,甚至是不正确的。语感又是表达的基础,缺少语感的人,语言文字的表达"也自然不能不简单空虚"。因此,语感训练在语文教学中有十分重要的地位,任何语法、文章的作法之类的教学都不能取代语感的培养。

(本文发表于《教学研究报》1996年01月25日)

语文教学必须依据汉语规律

我们的语文教学即母语教育,是引导学生学习具有鲜明民族特色的汉语的教育。这是我们探讨语文教学的逻辑起点。从这个逻辑起点出发,语文教学必须依据汉语规律。但当前语文教学中违背汉语规律现象并不少见,如片面强调说结构完整的话。训练学生说完整的话是必要的,但不顾汉语特点和语言环境要求学生说结构完整的话就未必恰当。在听课中我们发现,学生按口语习惯说省略句,教师却认为没有把话说完整,要学生把省略的成分补出来。省略是汉语的重要特点,只有把可以省略的省略了,语言才能简练,否则就会使人感到累赘。翻阅学生的作文,语言重复冗杂的现象较为严重,与上述训练不无关系。显然,不考虑汉语特点、用西化的语法规范进行语文训练有碍于语文教学效率的提高。再如,古诗教学。在听课中我们看到,不少教师对诗句往往是枯燥的串讲,不注重朗读,不注意抓住诗眼作精彩的分析和引导学生品味,没能把学生带入诗的意境,把一首首优美的古诗教得支离破碎,味同嚼蜡。这与教师没能把握古诗的特点有关。

若要有效地进行语文教学改革,提高语文教学效率,就必须重视研究和把握汉语文的规律。汉语的以下特点应予重视。一是汉语的思维特点。汉民族有机整体的思维方式,表现在语文上是"以神统形""以意役法",讲究融会贯通,整体把握字、词、句、篇。这是语文教学民族文化心理层面的依据。二是汉字和词语的特点。汉字具有集约性,它以表意为主,集音、形、义于一体。其信息量之大,世界上任何文字都无法与之相比。汉语的词语功能具有发散性和灵活性。它像一个个多功能的螺丝钉,可以灵活使用,只要语义上配搭,事理上明白,就可以粘在一起,不受形态的约束。对于如何把握汉语的字、词特点,提高语文效率,大有文章可做。三是汉语句型特点。汉语句子的根本性质及使其成立的要素不是结构形式而是"语气"。广义的"语气"包括"语义"和"语势"。汉语句子的格局是随着韵律的节奏流动转折按逻辑事理顺序展开,于音节铿锵之中传达交际意念。句型是随文义走的。教学中,用冷漠的知性分析取代辩证的人文和语文感受显然会不得真谛和事倍功半。总之，遵循汉语的规律应是语文教学的一条重要原则。

（本文发表于《教学研究报》1995年02月10日）

修辞的心理机制与古文教学三题

一、列锦与想象、联想

古代文学作品里,有一种颇为奇特的句式,即以名词或用以名词为中心的词组构成,里面没有形容词谓语,却能写景抒情;没有动词谓语却能叙事述怀。这种语言现象不是语法所能解释得了的,它是一种修辞手法,称之为"列锦"。例如:

枯藤老树昏鸦。小桥流水人家。古道西风瘦马。夕阳西下,断肠人在天涯。(马致远《天净沙·秋思》)

前三句分三组,每句都是三个名词性词组。"枯藤""老树""昏鸦""小桥""流水""人家""古道""西风""瘦马"诸词各是一个特写镜头,这些镜头的连贯出现,就给人展示出一幅浑然一体的图画,渲染出一种凄凉萧瑟的氛围,创造出一种荒僻冷寂的艺术境界。

构成列锦的心理基础是想象和联想。从阅读的心理机制来看,对列锦文字的解读,首先是一种再造想象,即根据语言(文字)描述在头脑中形成有关事物的形象的想象;再者,它又是在再造想象的基础上产生的联想。经过一定的组织,几个反映局部或片段内容的词语串联起来,便可以使人产生种种联想,从而达到抒发复杂情感、描述复杂事物或过程的目的。

组织列锦辞格教学活动的关键是在感知列锦文字时,能准确迅速地在头脑里呈现有关的表象,引发学生的联想。可注意三点:一是运用语言描述、幻灯、配乐朗诵等教学手段,创设课文情境,造就想象和联想的氛围。二是指导学生默读、朗读课文,让学生充分感知课文、准确地理解课文。再造想象是以对语言文字的理解为前提的,所以必须对词语的表达达到理解,才能建立再造想象、产生联想。三是引导学生读与思结合,想与说结合,将"局部或片段"联系起来,展示、体会课文描绘的意境。如柳永《雨霖铃》中"今宵酒醒何处?杨柳岸晓风残月"的教学,可先让学生反复吟读、想象、体味,然后说说作者描绘的意境。

二、偏语与思维、情感

偏语即讲述中故意偏离客观实际或事之常理,以不合理但合情的方式来表达某种感情的修辞手法。偏语中的不合理并不是作者认识上有偏失,这种"乖理"是知错错说,有意为之,目的是借助这种方式来表达某种感情,而且可以把感情表达得具体生动。例如:

飒飒西风满院栽,蕊寒香冷蝶难来,
他年我若为青帝,报与桃花一处开。

(黄巢《题菊花》)

诗的后二句用的是偏语。菊花是永远不能与桃花一起在春天开放的。若从常理来看,这一誓语是永远不能实现的,但这样表达,却再好不过地表达出黄巢改造乾坤的宏愿大志。

偏语的心理机制是思维的逆向性和情感的倾向性。从思维的角度来看,当作者处在特定的情境中,认识的多侧面有时会产生逆向思维,其主观认识可出现与常理或客观实际相反的结果;从情感的角度来看,"情绪总是和需要紧密结合的,当某种强烈的需要引起强烈的情绪时,往往会使认识受到这种需要的局限,从而产生认识上的片面性"[1]。这样,形诸文字便是偏语表达方式。

进行偏语辞格教学的关键是使学生了解造成偏语的客观的和心理的原因以及偏语表达的优点。可注意两点:一是讲清作品的历史背景、特定的情境,使学生把握作品的认识基础和情感倾向。如,不了解黄巢其人其事,何以理解他的《题菊花》?二是将原作改写成常理式与原作比较,看看哪种表达效果好。通过分析比较,学生可认识到偏语表达方式的妙处。

三、互文与分析、综合

互文是古代文学作品中常见的修辞方式。互文即上文省却下文出现的词语,下文省却上文出现的词语,参互成文,合而见义。汉代的训诂学家郑玄在注释经典的过程中就注意到"互文"现象,并最早提出命名为"互文"。以后唐代学者贾公彦、清代学者俞樾等都有论及。钱锺书认为,"貌似相同的两句,互相补充,说出彼此各涵的言外之意",称之为"'互文相互'之法更可了然"[2]。互文的修辞作用在于:简洁凝炼,含蓄丰富,富有节奏。

例如:迢迢牵牛星,皎皎河汉女。(《迢迢牵牛星》)

上句写"迢迢"而不写"皎皎",下句写"皎皎"而不写"迢迢",用词省俭,语义互为

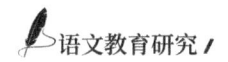

补充,合起来构成一个完整的意思。全句的意思是:光明洁净的牵牛星和织女星,隔着银河遥遥相望。

再如:悍吏之来吾乡,叫嚣乎东西,隳突乎南北,哗然而骇者,虽鸡狗不得宁焉。(柳宗元《捕蛇者说》)

上句中的"南北"与"东西"是互文,意为"到处""四处"。意思是:到处叫嚷吵闹,到处冲撞骚扰。

互文辞格是汉民族整体性的思维方式在语言组织方略上的一种典型的反映。汉语句子的组织方略讲究"意会",讲究整体把握,因此,只能参与到这个整体中去,从修辞与环境的普遍联系中感受和认识修辞的意义。互文辞格"不仅使文句意义互相映射、互为补充,甚至'互文见义',而且使结构关系互为对比,交相印证。它所产生的不是简单重复的'词'效应,而是'相辅相成'的'和'效应。所以,汉语文句的理解机制主要是语句意义相互映衬而引发的一种'意合'作用"。其思维过程为:综合—分析—综合,即理解策略为:先立足于整体(综合),再到部分(分析),最后还要进行更高层次的整体理解(综合)。

读解互文辞格的关键是立足于整体,分析句义及其修辞效果,在教学中可注意三点:一是引导学生从整体上把握"参互成文,合而见义"的特点,如上文"叫嚣乎东西,隳突乎南北"句,若不立足于整体,"参互见义",就会误解句义。二是引导学生对互文与对偶、排比进行区别。互文在语言上或语义上相对成互补,而对偶、排比无此特征。三是引导学生运用分析对比,认识互文的简约性和丰富性。在教学中可让学生把上下文省略的内容添进去,同原文进行比较,互文的修辞作用便显而易见。

参考文献:

[1] 张述祖,沈德立.基础心理学[M].北京:教育科学出版社,1987.
[2] 钱锺书.钱锺书论学文选:第二卷[M].广州:花城出版社,1990.

(本文发表于《中学语文教学参考》1995年第11期)

"阅读期待"的内涵、功能与教学策略

"阅读期待"支配着阅读全过程,是影响阅读质量的重要心理因素。本次语文课程改革珍视其教学价值,并在《语文课程标准》中予以强调:"利用阅读期待、阅读反思和批判环节,拓展思维空间,提高阅读质量。"鉴于此,本文试对"阅读期待"的内涵、功能及教学策略做些探讨。

一、"阅读期待"的内涵与功能

"阅读期待"是人有关阅读的生命冲动和个体欲求,可从两方面理解其内涵:一是综合性,它由阅读主体的知识、经验、情感、兴趣、动机和希望等多种心理因素构成,各种因素相互联系、互为作用,形成一个统一的整体;二是基础性,它是阅读理解发生的心理基础。接受理论认为,阅读是在读者期待视野和文本召唤的互动中完成的,读者和文本的对话即读者期待视野和文本视野的碰撞,在交汇中,你中有我,我中有你,构成了视野融合,意义随之而生[1]。语言心理学认为,"阅读理解不仅依赖于外部输入的信息,而且依赖于人们自己的知识组织、认知结构,依赖于内部心理图式","语言理解是由语言感知提供的输入信息与已有的认知结构相互作用的结果"[2]。没有"阅读期待"参与,读者和文本无以"对话"。"阅读期待"对读者的阅读有以下功能:

1. 动力功能。阅读兴趣是阅读期待中所包含的一种重要的心理因素。皮亚杰认为,有效的活动须以某种兴趣作为先决条件。推动学习活动的动力因素很多,其中学习兴趣是最直接、最活跃的动力。最直接是指兴趣可直接推动学习活动而不需要其他中介因素。现实中一个人如果对某篇文章具有浓厚的兴趣,便不需要学习动机的引发,就会兴致勃勃地去阅读。最活跃是指兴趣可使大脑皮层处于优势兴奋状态。对阅读产生强烈的兴趣时,读者感知敏捷、记忆牢靠、思维活跃、想象丰富、不断将认识深化,故阅读效率高、质量好。实践表明,在阅读课上,教师采取有效措施激发了学生的阅读期待,学生学习兴致高,往往对课文的理解有深度、有创新。

2. **预期功能**。"阅读期待"是"读者在阅读前所拥有的指向文本及理解文本的预期结构",这种结构是阅读理解的驱动机制。图式理论能较好地解释这个问题。阅读心理学认为,阅读期待是一种心理图式,图式是认知的基石,阅读理解发生的心理机制即图式的活动。当图式被激活后,人们对即将要阅读的内容便会产生一种预期。图式活动存在两个基本源:从上到下和从下到上的驱动,即概念驱动和材料驱动。如,"一个图式活动起来,并使一个下一级图式也活动起来,那么,这个下一级图式的活动就源于一种预期",反之亦然。这两种预期驱动,使阅读理解得以发生,即是说阅读理解发生于图式活动的预期作用的推动[3]。教学经验丰富的教师都很重视激发学生的阅读预期。如,有位老师教《展示华夏文化魅力》,在导入新课时,运用多媒体将著名美籍华人建筑师贝聿铭在世界各地设计的优秀建筑作品图片展示给学生,激发了学生阅读课文、走近贝聿铭的强烈欲望。这一导入的意义在于,不仅为学生理解文本提供了背景知识,还引发了有关课文的"图式活动",培育和启动了阅读理解机制。

3. **导向功能**。"阅读期待"内在规定着读者的阅读需求,引导着读者的阅读指向或目标。阅读期待导向有不同的类型,如功利性导向和非功利性导向、整体性导向和重点性导向、内容性导向和表达性导向等。教师可根据教学需要,在激发学生的阅读期待时将学生的阅读导向某些目标。一位教师教《散步》一文,其导入语是:"幸福的家是美好的、温馨的,幸福家庭生活细节也往往渗透着深情的爱。进入《散文》的牧歌式的情景,你会感受到这一点。这篇课文很美,今天我们学习这一课,要注意在理解课文的基础上对课文进行美点寻踪。"这一充满着情感的导语既有效地激发了学生的阅读欲望,又将学生引向阅读教学的重点目标,即引导学生理解、体悟、品味课文的美。

二、激发"阅读期待"的教学策略

1. **设计"问题"唤起学生的"阅读期待"**。问题中的未知意蕴与学生已有知识之间的冲突能激发其阅读期待。现实教学中,许多老师在导入新课时,经常设计一个与课文密切相关的问题以引发学生阅读探究的兴趣。如有位教师教《七根火柴》,导入新课时会精心设疑:"请你以讲解员的身份,用讲解员的口吻,根据这篇课文的内容,向你的观众简要介绍这六根火柴的来历。"于是引起学生的一些疑问:"老师你讲得不对,题目是七根火柴,您怎么讲成六根火柴呢?"由此,学生产生了阅读课文来弄清"疑问"的急切心情。激发阅读期待需要注意两点:一是不光在学生阅读文本之前注重激发兴趣,在教学过程中也要注意激发,这样,学生的阅读期待才能得以保持;二是激发学生阅读欲望,要克服过于功利的倾向。阅读的最高境界是审美性阅读,"人正是最为根本、最为原初、最为直接地生存在审美活动之中,才最终地成为人"[4]。笔者几年前在某校听课,教学内容是《岳阳楼记》,执教老师导入新课时特别强调"这篇古文考试时经常考到,大家一定要认真学",这种提醒可以引发学生的动机(功利化),但难以唤起学生审美性阅读的欲望,其阅读质量可想而知。

2. 运用"背景知识"激活学生的"阅读期待"。读者了解文本的背景知识对更好地理解课文具有重要意义。一方面文本的背景知识能有效地激发学生的阅读兴趣。心理学研究表明,"具有某种知识领域中的实际知识的积累,达到一定水平时,才能产生对这一领域的兴趣"[5]。另一方面,文本的背景知识能促进读者对文本的理解。背景知识是心理图式的重要内容,"由于图式集合了关于某一定型事物的知识,它能为人们理解语言材料提供一种积极的准备状况"。当图式被激活后,人们对即将要叙述的内容便会产生一种预期。当预期同材料所叙述的内容一致时,图式将促进对材料的迅速理解。正因为如此,有经验的教师在教学一篇课文之初,都很注意让学生掌握有关此文的相关知识,如作者、写作背景、课文的评价等相关信息。例如,一位特级教师教《晋祠》一文,上课伊始,先让学生说"你所知道的山西省的名胜古迹",引出"晋祠",然后让学生听《中国名胜词曲》中有关"晋祠"的介绍,这一导入,既激发了学生阅读《晋祠》的欲望,又为学生理解课文提供了知识支撑。

3. 营造"阅读场"诱发学生的"阅读期待"。任何阅读活动都是在一定的"阅读场"中完成的。"阅读场"是指影响人们阅读活动的环境氛围,它看不见摸不着,但人们的阅读行为不知不觉地受到它的影响。阅读场具有感染性,例如,一个人走进阅览室,看见大家都在静静地读书,他也会情不自禁地产生阅读欲望。阅读场既是保证阅读活动顺利进行的环境氛围,又是"阅读期待"产生的土壤、温床。然而,长期以来,语文教育在应试教育和功利主义的主宰之下,作为教学主阵地的课堂变成了"灌输场""机械训练场",学生学得被动,学得枯燥乏味,逐渐失去了阅读的兴趣。当下,新课改的公开课,讨论、交流、表演、游戏使学生学得生动活泼,这是一种好现象,但遗憾的是一些阅读课总是"热热闹闹",不给学生静心阅读的时空。读书需要心静,心静方能细细读书、细细品味,方能真切感悟、理解课文。由于教学中的对话交流须在学生自读课文、初步理解文本的基础上进行,因而,阅读首先要为学生创设宁静和谐的读书氛围,引导学生静心读书。要先静——让学生静心读书、静心思考,再动——书声琅琅以致议论纷纷。

参考文献：

[1] 曹明海,陈秀春.语文教育文化学[M].济南:山东教育出版社,2005:243.

[2] 彭聃龄,谭力海.语言心理学[M].北京:北京师范大学出版社,1993:141.

[3] 张必隐.阅读心理学[M].北京:北京师范大学出版社,1993:247.

[4] 潘知常.生命美学论稿[M].郑州:郑州大学出版社,2002:198.

[5] 朱作仁.语文教学心理学[M].哈尔滨:黑龙江人民出版社,1984:28.

（本文发表于《江苏教育》2007年06期）

语文素质教育的心理学原则

随着素质教育的深化,语文素质教育已成为亟待探讨的课题。人的语言素质是人在语言活动中认知、情感等心理因素共同参与、交互作用的结果,同时语文教学对人的思维发展、人格完善都有着重要的作用,因此,语文素质教育必须遵循心理学规律。笔者认为语文素质教育应遵循以下心理学原则。

一、语言文字训练与情感陶冶相统一

语文,作为一门基础性人文学科,它既具有工具性,又具有很强的思想性。语文教学要熔思想、品德、情感教育于一炉,即做到语言文字训练与思想、情感陶冶相统一。

语言文字是表情达意的工具。一篇文章,具备一定思想、情感的表达形式,思想、感情是其内容,语言文字是其形式。思想、情感和语言文字是不可分割的,内容和形式是紧密结合的,这就是所谓的"文道统一"。中小学语文教材中的课文,有的歌颂中外伟大人物的业绩和伟大创造,有的描绘祖国的壮丽河山和大自然的美景,有的阐明哲理和科学知识等等,都表达了丰富的思想感情。语文阅读教学要凭借这些"例子",引导学生"品语明道",披文入情,体悟课文中的"道"和"情"是怎么表达出来的。只有这样做,才能实现学生语言文字能力和美好情感的和谐发展。语言表达能力和思想认识、情感也有着极为密切的关系。刘勰说,"情者文之经,辞者理之纬,经正而后纬成,理定而后辞畅,此立文之本源也"。语文教学,若仅从语言着眼,不重视学生的思想认识和情感,学生是写不出好文章的;反之,若不训练语言表达,即使有材料、有认识、有情感,也难以表达出来。

需要指出的是,多年以来,我们语文教学一度把语文课上成政治课,忽视语言文字训练,而一度强化语文学科的工具性,淡化其思想性,忽视情感陶冶,这两种做法都是不足取的。从阅读心理来看,阅读教学要完成一个完整的过程,即从感知、理解语言文字到理解课文的思想内容,再从思想内容回到语言表达形式,也就是说,阅读一篇文章,必须寓思想、情感教育于语言训练之中,使学生在掌握语言文字过程中,受到思想、情感教育。语言训练与思想、情感教育相统一,关键是"言"与"情"的问题。这里要注意两点:一是要引导学生"入情",教师须先"入情";二是要从语言文字入手披文品理、披文入情,再由理、由情品文。

二、语言发展与思维发展相统一

语言和思维密不可分。一方面,语言是思维的物质外壳,语言的存在依赖于思维。另一方面,人的思维是"语言思维",思维要借助语言来进行。形象思维是语言具体、形象、鲜明、生动的基础,逻辑思维是语言准确、概括和有条理的基础;反之,形象思维必须借助具体、鲜明、生动的语言来展开,而逻辑思维也必须依赖抽象的语言来进行。所以,乌申斯基指出:"谁要想发展学生的语言能力,首先应该不断发展他的思维能力。离开了思维单独地发展语言是不可能的;在发展思维之前先发展语言甚至是绝对有害的。"

随着时代的发展,人们普遍认识到必须重视开发智力、发展思维。语言既是一门语言学科,同时又是一门思维学科,语文学科更深层的本质是语言和思维的辩证统一。这一认识使人们明确了语文教学中应当实行语言训练和思维训练相结合的原则,应当以语言训练和思维训练为核心去提高学生的听说读写能力。有的学者认为,我国当前语文教育正由过去的"文字-语言"型向"语言-思维"型转变。素质教育要求我们加快这一转变的进程。

在语文教学中有两种倾向值得注意:一种认为抓住语言的双基训练(基础知识、基本技能)就能自然地发展学生的思维能力。如某省编教材,小学一二年级"课例"后的练习设计,只有写字、背诵,基本上没有启发学生思考的问题。另一种是教师虽然注意了启发学生思考,但提的问题多是属于内容方面的分析,结果学生只能明白这一课主要讲了什么内容,而在语言和结构方面所得甚少。前者忽视思维训练,后者忽视语言训练,都没有把发展语言和发展思维统一起来。读、思结合是我国语文教学的优良传统,学会读书的本质是在阅读中学会思考。教学中以下三点值得注意:一是鼓励学生提出问题;二是问题要有启发性和一定难度;三是要展示理解和品赏词、句、篇的思维过程,使学生学会科学的思维方法。

三、语言内化与言语外化相统一

语文素质的形成,是年轻一代获得语言理解和生成能力、积累语言知识的过程。从心理学的角度看,这个过程的基本形式是内化和外化的双重建构。文化的传递,社会对个人心理的影响,是通过内化和外化而实现的。把外部的东西转化为内部的主体的东西,叫作内化。个体语言素质的形成首先依赖于语言知识的内化,若无语言知识的内化,就连普通语法能力都不可能达到,就是说连最简单语词的听读能力都不会形成,"狼孩"一例即可说明这一点。语言知识的内化,是指外部的语言知识结构转化为学生主体头脑中的知识结构。内化需要以外部的实际操作转化为学生主体的头脑内部的智力操作,即达到智力内化,才能形成能力。语文教学中的听、读、分析、综合、比较、体味等都是内化形式。内部主体的东西转化为外部的客观的东西称之为外化。学生把获得的知识应用于实际活动,或是按照智力操作的规律去进行实际操作,以解决实际问题,便是外化。外交家的发言、作家的写作,都是他们心理(包括思想、情感、知识、能力)的外化。语文教学中的说、写,是学生主体的语言学习的外化性训练。

语文学习的内化和外化是相辅相成的。没有内化就没有外化,内化是外化的基础;没有外化也就没有优质的内化,外化可以使内化成果得到巩固与加强。如作家由于大量写作强化了言语外化,促进他们去吸收语文营养,所以,作家一般都有较强的语感能力。由内化和外化的关系可知,在语感训练中,要做到听、说、读、写有机结合,使之相辅相成,才能收到良好的效果。顾黄初先生对此有过精辟的论述,他说:"阅读和写作实际上是吐和纳互相制约、互相促进、辩证统一的过程。阅读中为了吸收,就必须倾吐。倾吐得越充分、越活跃,吸收得就越充分、越深切。写作中,为了倾吐,就必须吸收。吸收得越丰富、越充足,倾吐得也就越酣畅淋漓、越发人深思。"目前语文教学存在的问题是:①教师讲得多,对内容的分析多,学生听、说、读、写的训练少。②各种单项训练的质量低。如在听课中我们发现,读的训练大都是初读(默读、自由读)和齐读,很少有初读→细读→精读→诵读这种层层推进的教学设计。③读与写脱节。教师往往不能把阅读与写作紧密结合起来,读与写变成了两张"皮"。新教材的编排很重视读与写的结合,一些教师往往把它忽视了。上述现象,都是违背语文学习的内化和外化相统一的心理学规律的。这里须注意两点:一是要提高语言(言语)内化和外化的质量,二是语言(言语)内化和外化要紧密结合。

四、语言认知和语言体验相统一

语言素质是人的认知、情感和表达诸因素的综合体现。由语言素质构成要素的主要形成途径可把人的语言学习分为认知和体验两种主要方式。语言认知的心理形式(或称心理阶段)主要是感知、表象、回忆和概念、判断、推理的过程。人们阅读文章,首先通过"看"对语言文字产生直觉印象,由感而知,唤起对语言文字所表达的事物的表象。语言感知有四个心理层次,即出现、辨别、认同和再认。在感知中获得意象,必然引起在大脑中储存的相关意象参与分解和组合,这时阅读就进入了理解阅读的核心。语言认知表现在阅读上,是透过语言及联系认识文章的思想内容和语言形式的过程。语言认知的途径,主要是依据文章,凭借思考,充分运用逻辑思维能力,对语言文字进行分析、综合、抽象、概括、归纳、演绎。认知心理学认为,语言理解就是借助语言材料建构意义的过程,这种意义建构是对语言的一种理性认识,这里的"理解"指的是"逻辑-认知"层面。

人们在阅读或表达过程中,绝不只是冷静的思考,即不仅仅是进行理性思维,阅读是读者生活与作者生活的联系,是读者、作者之间无声的对话,是跨越时空的生活体验和思想情感的双向交流。严肃而富有哲理的人生经验,使读者倍加折服而肃然起敬;英雄人物的壮举,会使人意气风发;优美的意境,会使人心旷神怡。凡此种种,都说明读者在阅读中常常将自己的生活体验融进所阅读的文本,而且伴随着情感活动。读者只有在阅读中把作品所涉及的生活,主动与自身体验或类此情境熔于一炉,设身处地去感受、体会,才能提高阅读效果,有效地培养阅读能力。所以,阅读不只是语言认知活动(思维的),还有语言体验活动(情感的)。阅读中通过感受、体会等体验方式,才能使人展开想象,激发情感,进入意境,从而提高对语言文字的审美能力。刘勰说"情动而辞发",说话和写作中也伴随着情感体验。可见,人的语言活动始终存在一个"情感-体验"层面。

人的情感不仅仅可以在"入境"中去感受、体察,而且又发生于认知过程之中。就是说,在阅读理解中,阅读者就会因文起兴,缘物生情。而人们在阅读体验中产生了情感,又可加深对文章的理解。当人脑对语言信息进行迅速辨析、确认的同时,必然会滋生一种感情因素影响着这一认知过程。可见,阅读中的认知和体验是交互作用、相辅相成的共存关系。一般说来,"理解"是指用脑子进行一种思考活动;而对艺术的审美"领悟"虽然离不开脑子,但更重要的却要用身心去体验、去品味。教学中,教师要把启发思考与指导朗读、吟诵、体味、品赏等方式紧密结合起来,使学生在语言活动中,认知、情感、表达等因素共同参与、相互作用,从而提高语文教学质量和教学效果。叶圣陶先生指出:"文字语言训练,我认为最重要的是语感训练。""语感",包含的心理因素主要有思维、想象、情感。只有把语言认知和语言体验密切结合,才能有效地培养学生的语感。

(本文发表于《宿迁教育》1997年第3期,同年获中国教育学会语文教学法研究会一等奖)

背诵的理论依据与教学原则

随着语文教学改革的不断深化,近年来背诵日益引起了人们的重视。《九年义务教育语文教学大纲》强调要"重视背诵",新教材中要求背诵的课文(或语段)有显著增加。重视背诵,是语文教学的返璞归真,是对我国语文教学优秀传统的继承。但是也要看到,传统的背诵教学是一种耗时多、效率低的混整认知,这显然不能适应信息化、快节奏的现代社会的需要。现代语文背诵教学,应当是科学理论指导下的高效运作。可是,我们目前对背诵教学缺乏科学阐释,背诵教学理论研究明显滞后,这种状况制约着背诵教学质量的提高。本文试图从语言学、心理学的视界,对背诵教学做些探讨。

一、背诵教学的理论依据

1. 从汉语文的特点,看背诵的教学价值

若把人类语言作二元分割的话,那么一端是形态语言,即具有丰富形态的语言,如印欧语系语言(英、德、俄等);另一端是非形态语言,即缺少丰富的形态、以意相合的语言,如汉语。王力先生指出,西洋的语言是法治的,中国的语言是人治的。惟其是法治的,所以西方人的行文是建立在形态变化上面的,为文皆有定法,沿着语言结构规则森严的甬道进入他的言语世界。总之,西方人是严格按语法规则进行阅读和表达的,因此,西方的语文教学特别重视学生对语法的掌握。惟其是人治的,所以汉语文的行文不是建立在形态变化上的,而是建立在"意合"机制上,"汉语结构的确立、句子意义的理解要通过语境(上下文和语言背景)去分析、去揣摩[1],读者正是从这种生气盎然的场效应中把握住语法脉络,完成'意合'的理解过程,因此,汉语文的读解以直觉、顿悟和启示性见长。背诵之所以成为汉语文教学重要的和有效的形式,正是适应了汉语的组织方略和读解机制。背诵的意义在于:不仅使学习者积累了语言材料,还把他们引导到诗文中去吟咏、去体味、去活生生地感受语言文字,融会贯通文章的精义、脉络、文采、语势,从而有效地把握住汉语文的建构机制,形成语

感能力。如果说,传统语文教学采取的是"感受—领悟—积累—运用"的途径,那么背诵便包含了前面的三个环节,并且还为"运用"奠定了坚实的基础。

2. 从语文学习的心理机制,看背诵的教学价值

心理学认为,学生获得语言理解和生成能力心理过程的基本形式是内化和外化。内化是把外部的东西转化为内部的主体的东西;外化是把内部的主体的东西转化为外部的客观的东西。语文学习中的听、读是内化性训练,说、写是外化性训练。高效的语文学习是高质量的内化(听、读)和外化(说、写)的有机统一,背诵既是熟读的过程,又是熟读的结果和深化,所以它是一种高质量的语文学习的内化性训练。

我们可以从内化的两种方式来说明背诵的语文学习机制。一是同化,即头脑中已有的认知结构同将要接纳的认知结构一致时,便直接把它纳入已有的认知结构之中。从同化的视角来看背诵,它为思维和表达积累了材料,提供了更多的范型。一方面,背诵为学习者的记忆仓库积累了语言材料,学习者的记忆仓库中,丰富的语言材料的储备是提高心智活动水平的基础,也是言语理解和表达能力发展的必要条件;另一方面,学习者通过熟读背诵,课文里精词佳句和谋篇布局以及修辞手段等,就逐步在脑子里形成各种表达的"范型",一旦需要口头或书面表达,就会得心应手,挥洒自如,意到笔(口)随。二是顺应,即当头脑中已有的认知结构与将要接纳的认知结构不一致时,那就要改变已有的认知结构,以接纳新的认知结构。从顺应的视角来看背诵,它可以使学习者的语言认知结构得到改造和更新。学生在背诵精彩的课文(或语段)的过程中,文章的风采格调、逻辑脉络、语言表达方式以及作者的思想感情都会对其起着潜移默化的作用,不仅可陶冶其性灵,还能使其语言认知结构得到重建和优化。因此,背诵对于丰富和更新学习者的语言认知结构具有重要作用。

我们还可以用乔姆斯基的语言"双层结构"理论来探讨背诵的语文学习机制。乔姆斯基认为,语言可分为表层结构和深层结构。语言的表层结构是指语言的形式,语言的深层结构是指句子所陈述的意义[2]。一般的阅读,过一段时间只能说出其大意,句子形式就记不清了,换而言之,就是说只能回忆其深层结构。背诵则不然,它可以使学习者将语言的表层结构和深层结构一同储存在于头脑中,有助于提高语言的内化水平。这种内化,既包含语言的意义,也包含语言的形式。背诵不仅使学习者积累了语言材料,还有助于他们领悟语言的表层结构(语言形式)与深层结构(语义)的特点、关系及其转化规律。因此,同一般阅读相比,背诵对于语文学习者,其语言内化程度更高、更完全。

3. 从对语文能力发展的作用,看背诵的教学价值

背诵是一项综合性训练,对学生语文能力的发展具有多方面的意义。首先,背诵有助于发展学生的记忆能力。学生在背诵课文时,有强烈的要背下来的意识,注意力高度集中,这对发展他们的有意注意能力是很有好处的。同时,在背诵过程中,学生逐渐知道怎样记得快、记得牢,这就逐步掌握了记忆的规律。其次,背诵有助于提高学生的理解能力。学生背诵课文,每读一遍都是一个感知过程,对以前没有理解或理解不深的地方,现在就会理解了或理解得更进一步,所谓"书读百遍,其义自见",便是这个道理。背诵的过程,也是理解的过程。最后,背诵有助于提高学生表达能力。背诵可使学生积累大量妙词佳句,融会贯通文章的脉络、文采、语势,一旦说话或作文,这些东西就会自然而然地流露出来。另外,背诵文质兼美的文字,可使学生获得美感,陶冶情操,有助于提高他们的学习兴趣。

二、背诵的教学原则

1. 理解性原则

有效背诵的一个重要心理前提是学习者对背诵材料的理解。心理学证明,机械识记在效果上比意义识记差。经验告诉我们,理解了的知识容易记住,而且理解越深刻记得越牢。因此,教师应要求学生在理解课文的前提下背诵。在教学实际中,我们发现,在没有进行某篇课文教学之前,有些教师便要求学生背诵这篇课文,这样做,不仅增加了背诵的难度,而且使学生产生了对语文的厌学情绪。

2. 情趣性原则

学生对背诵材料充满情趣,可以大大提高背诵效率。心理学认为,情趣对人的认识活动具有增力性或减力性的作用。一个人在情趣高涨时,他的各种认识器官都会充分调动起来,因而能提高活动效率;而当情趣低落时,就会降低注意的广度、思维的深度,影响记忆效果。有经验的老师,在要求学生背诵之前,往往运用朗读、品味等手段,使学生处于审美活动的激动、兴奋和愉悦之中,产生强烈的背诵欲望,从而提高背诵效果。

3. 精当性原则

背诵教学的精当性原则主要包括两方面:一是选择的背诵内容要有背诵价值。教材中的课文并非都有背诵价值,即使是名篇也不是处处都值得背诵。以往的教材中,存在着精彩的语段不要求背诵、并不精彩的语段却要求背诵的情况。因此教师要选择那些精彩的课文(或语段)让学生背诵。二是教师布置的背诵量要适宜。新

编语文教材要求背诵的总量有很大程度的增加,需要指出的是,背诵的量也有个适度性的问题。学生的学习时间是个定数,要求背诵的内容量过大,势必会挤占他们学习其他学科的时间。有些语文教师布置学生大量的背诵内容,这对他们提高语文成绩也许是有益的,但从学生的整体学习效果着眼,就未必有益了。

4. 效率性原则

现代教学应有强烈的效率观念。教给学生科学的背诵方法,防止死记硬背,提高背诵效率,是教师的重要任务。为此,教者对背诵要有时间上的要求,使学生具有效率意识,还要引导学生科学地安排自己的记忆过程,自觉地寻求科学的背诵方法,提高背诵效率。要给学生介绍一些科学的背诵方法,如"尝试回忆法""寻找支点法"等,让他们不断总结背诵的经验,优化记忆过程。

5. 巩固性原则

夸美纽斯形象地比喻不巩固的教学就像"把水泼到一个筛子里一样"。已经背会的课文,若不复习巩固也会遗忘。教师要科学地组织学生对会背的课文进行复习。心理学揭示的遗忘规律是先快后慢,因此,对刚会背的课文要经常复习,已经能较长时间记住的课文也要进行阶段性复习。复习的方式要多样化,可采取对背、竞背、默写、填空等不同方式,还可创设情境,让学生再现背诵材料。复习方式的多样化,能使学生具有新鲜感,保持背诵的积极性,避免因单调重复而引起抑制状态。

参考文献:

[1] 邢福义.文化语言学[M].武汉:湖北教育出版社,1991:217.

[2] 彭聃龄.语言心理学[M].北京:北京师范大学出版社,1993:24.

(本文发表于《淮阴教育研究》1996年第1期)

"预习"的功能及教学策略

叶圣陶先生十分重视学生的"预习",他说,"不教学生预习,他们就经历不到在学习上很有价值的几种心理过程"。九年义务教育小语中高年级教材(苏教版)吸取了近年来语文教改经验,将"预习"提示编入"课例",使"预习"成为阅读教学过程的起始环节,对提高阅读教学质量具有重要意义。因此,我们要充分认识"课例"前"预习"揭示的教学功能,认真研究其教学规律。

一、"预习"的教学功能

1. 激趣功能

孔子说:"知之者不如好之者,好之者不如乐知者。"皮亚杰认为,有成效的活动须以某种兴趣作为先决条件。诱发和培养学生的学习兴趣,是教学得以成功的重要条件。"预习"提示中注重对学生阅读兴趣的激发,且形式多样。如,《趵突泉》一文的"预习":"山东济南市的泉水全国闻名,所以济南又称'泉城'。据记载,济南有名泉72眼,趵突泉为第一泉。"读了这段文字,学生必会产生阅读《趵突泉》的强烈愿望。这是运用"新奇"激趣。再如,《大森林的主人》一文的"预习":"在森林里,你不能像个客人,得像个主人。"这句话是谁说的？他为什么说这样的话？这话中包含着什么意思？读了这段文字,学生必会产生探究心理,积极地去阅读课文。这是设置悬念激发学生的阅读兴趣。

2. 导向功能

在阅读课文之前,引导学生明确学习目标,选择恰当的阅读方法,使学生的阅读活动具有一定的指向性,有助于提高阅读效果,在阅读过程中培养阅读能力。"预习"提示中的阅读导向作用主要体现在三方面:一是思路导向。如,"想一想'观潮之前''观潮之时''观潮之后'的情景是怎样的"(《观潮》)。再如,"想想哪几个自然段的内容是作者看到的和听到的,哪几个自然段是他想到的……"(《峨眉道上》)。学生读了"预习"提示中的这些文字有助于理清课文叙述、描写的思路。二是学法导向。如"请你先把这两首诗朗读几遍,注意读正确,读流利,再看看注释,试着说说每句诗的意思;然后连起来想一想,诗人为我们描绘是怎样的画面"(《古诗两首》)。这就教给了学生自学古诗的基本方法。三是学习重点和学习习惯养成的导向。如,"认真读课文,想想每个自然段的意思。再把描写爬山虎脚的特点的句子用曲线画下来"(《爬山虎的脚》)。学生读了"预习"提示中的这些指令性的文字,有助于他们把握学习重点和文章精要,养成圈、画、记的读书习惯。

3. 预期功能

"预习"提示对学生阅读课文还有一种重要的作用,即它的心理"预期"功能。经过整理、类化的知识,形成了一定的心理组织,心理学家称之为"图式"。由于"图式"集合了关于某一定型事物的具体构成概念,它能为人们理解语言材料提供一种积极的准备状态。当"图式"被激活后,人们对即将要阅读的内容便会产生一种预期。预期既是理解语言材料的重要心理条件,又是理解语言材料的重要策略。儿童在理解课文时要受到知识的影响。"预习"提示中介绍了有关课文的知识,有助于学生理解课文。如,"深圳,原来是广东省宝安县一个荒凉破旧的村庄,1979年党中央决定开辟深圳特区,仅仅几年,这里就耸立起一座生机勃勃、如花似锦的现代化城市"(《昨天,这儿是一座村庄》)。再如,"1958年,最后一批中国人民志愿军离开朝鲜回国。中朝两国军民依依惜别。这激动人心的情景,通过作家魏巍的描述展现在我们面前"(《再见了,亲人》)。这些文字不仅使学生了解了有关课文的背景知识,更有助于他们理解课文内容,无疑起到了良好的"预期"作用。

二、"预习"的教学策略

1. 注重培养阅读"预习"的兴趣,使学生爱读"预习"

要充分发挥"预习"提示对学生理解、欣赏课文的作用,首先必须培养学生喜爱阅读"预习"的习惯。教学时可从以下两方面着手:一是可运用朗读、范读、品读等手段,激发学生喜爱"课例"前的"预习"提示文字,如选择"预习"中一些优美的词句、特殊的句式让学生品读;二是引导学生充分认识阅读"预习"对学好课文的意义,可以组织学生交流读书体会,让他们联系阅读实际谈谈"预习"提示对理解、欣赏课文的作用。

2. 引导学生认真阅读"预习",明确"预习"中提出的阅读要求

教给学生读书方法,培养学生良好的学习习惯,是"预习"提示的重要内容。让学生通过阅读"预习"明确这些具体内容和要求,对培养学生的阅读能力是十分重要

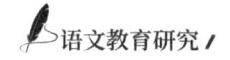

的。教学时,可采以下措施:①要求学生默读"预习"提示,或指名学生朗读"预习",通过"读"使学生了解"预习"提示内容。②提出问题让学生思考:"预"有几层意思?"预习"中提出了哪些"预习"要求?

3. 引导学生把阅读"预习"与预习课文紧密结合起来

编排"预习"提示的根本目的是为了学生更好地阅读理解课文。只有把阅读"课例"前的"预习"提示与阅读课文紧密结合起来,才能真正发挥"预习"提示的作用。教学时应注意:①要让学生在认真阅读"预习"提示的基础上预习课文。②预习指导要落到实处。如,"想一想课文主要讲了雪猴的哪几件事;再把描写雪猴外形特点的一个句子画下来"(《雪猴》)。"预习"提出的这些要求,要让学生在预习的过程中实实在在地去做,教师可用提问或学生汇报预习收获等形式进行检查。③重视"预习"提示教学的因材施教。"预习"提示中有"注意读准字音,不理解的字词查查字典""把不懂的地方画下来"等要求。由于学生是千差万别的,从教学实际来看,学生阅读中出现的问题也会很不相同,因此检查预习时须注重教学反馈,加强个别指导。

(本文发表于《淮阴师训》1997年第2期)

关爱生命发展:语文教学改革取向

——《语文课程标准》的"生命论"诠释

从生命的视角来看,语言是人生命的重要组成部分,具有鲜活的生命性质;语文不只是人们进行交际的工具,还对人生命的整体发展产生重要影响。因此,语文教学理应尊重生命、唤醒生命、激扬生命。《语文课程标准》(以下简称《课标》)将课程目标及实施、评价由"知识层次"提升到"生命层次",渗透着对人生命规律的尊重和生命发展的关爱精神,必将推动语文教学由机械论向生命论的转变。笔者对此谈几点认识,以就教于方家。

一、关爱生命的整体发展

人的生命具有整体性。促进人生命的整体生成,才是"以人为目的"的教育,才是全面发展的教育。从学生个体的生命发展来看,真正的学习不仅是知识的获取和技能的增强,它应该是参与生命的整体生成。《课标》将语文教学由"认知(知识)领域"调整到"生命全域",这是语文教学观念的一场深刻变革。由此出发,必将使语文教学进入一个新的境界。

首先,《课标》对语文课程的性质的界定,体现了对人生命意义和价值的关注。以往的语文教学曾出现过两种不良倾向:一是过分强调思想性;二是过分强调工具性。前者是"教育为政治服务"在语文学科上的表现,后者导致了各种名目的"语言训练"(机械训练),其结果是把语文丰富的育人功能简单化、低俗化。从实质上看,上述两种倾向都是教育工具论的反映。把教育目的定位于为社会政治经济服务、为个人的谋生做准备,这种定位对社会、对个人确定很现实,也似乎很容易见效,可是它忘记了教育的真义——对人的终极关怀。当代教育着力于教会人的是"何以为生"的知识与本领,却忽视了"为何而生"的教育,即人盲目地热衷于各种外在目的追求,却忘记了关心自己的灵魂,忘记了"人是目的"的意义,不能让人们从人生的意义、生存的价值等根本问题上去认识和改变自己。《课标》指出"工具性与人文性的统一,是语文课程的基本特点"。语文课程丰富的人文内涵对学生精神领域的影响是深广的,具有"多重功能和奠基作用"。这就要求语文教学既关注人的知识和能力的层面,又要关注人的精神世界,并使二者互为作用,促进学生健康、和谐的发展。

其次,课程设计体现了对人生命发展的整体关注。人的生命有多方面的需要:生理的、心理的、社会的、物质的、精神的、行为的、认知的、价值的、情感的、信仰的。人生命是多层次、多方面的整合体。狄尔泰认为,人是整体的人,是"有意志、有情感、有想象的存在物"在"人这一整体事实中","精神生活与人的心理-物理(灵与肉)生命统一体完美融合"[1]。基于对人生命的上述认识,有些学者认为,必须使教育目标不仅反映时代要求,而且顾及生命整体的各个层次和方面,使教育是对整个人的健全教育,而不是只关注某一方面发展的畸形的教育[2]。当下的语文教学,关注的是学生知识、技能的掌握,这种以"应试"为目的功利性教学,忽视生命主体精神、智慧、意义和价值的生成,导致人的发展的片面性。《课标》中强调"课程目标根据知识和能力、过程和方法、情感态度和价值观三个维度设计。三个方面相互渗透,融为一体,注重语文素养的整体提高"。这样,使语文教学关注了作为生命完整个体发展的三个领域:认知、情感与动作技能,而不仅仅是知识方面的要求。《课标》的这一设计思路立足于生命整体观,对学生素质全面而和谐的发展具有十分积极的意义。

二、关爱生命的自由发展

"自由自觉的活动恰恰就是人类的特性。"[3]马克思把自由活动看作人的本质,从根本上揭示了人和其他自然存在物的不同。自然存在物的存在是固定、封闭、单一和静止的,只能消极被动地服从物种的规定而不能自由地超越本身去选择另一种不同的存在方式。而人不同,人不仅是先天因素与环境作用的产物,人也是自我选择的产物。人的自由本质使人永远处于生成之中。因此,教育目的是为了一个自由主体的产生,教育即自由。在教育教学中,给学生充分的自由,学生主体性、能动性和创造性才能得到充分发展。《课标》既体现了对人生命自由本质的尊重,又力求为人生命的自由生长提供适宜的教学。

第一,《课标》强调"学生是语文学习的主人"。学生只有成为"学习的主人",才能在教学活动中实现充分自由的发展。传统的教育学把人类的个体成长与发展归因于外部环境塑造的结果,由此形成了外铄式教育教学模式,其基本理念是环境决定论和"白板说",在教学中表现为"以教师为中心""以知识为中心"。在这样的教学中,学生总是在被动地接受教师传授知识,失去了学习的自主性和能动性。《课标》不仅明确提出"学生是学习和发展的主体"的观念,而且在师生关系、教学活动全过程中给予充分保证。首先,《课标》强调"语文教学应在平等对话的过程中进行"。"平等对话"的师生关系将取代不平等的陈旧的师生关系。在对话的交互关系中,教师和学生双方将会自由地思考、想象和创造。这样的教学就可以帮助一个人以一切可能的形式去实现他自己,使他成为发展变化的主体……实现他自己潜能的主人。[4]其次,《课标》对学生在教学过程中的自主性提出了具体要求。如强调学生"有主动的愿望,学习独立识字";"阅读是学生个性行为,不应以教师的分析代替学生的阅读实践";"要为学生的自主写作提供有利条件和广阔空间,提倡学生自主拟题";综合性学习"主要由学生自己设计和组织活动"。这些要求,其实质是把学习者从外部环境运转的工具转换到自身生存和发展的目的上来。

第二,给学生以选择的自由。生命哲学认为,在活动中不是按照自己的意志行动,而是服从于他人意志的强制,仍然不能算是真正的自由主体。《课标》在学习内容方面给学生以选择的自由。如:"教材要有开放性和弹性……为学生留出选择和拓展的空间,以满足不同学生学习和发展的需要;鼓励学生自主选择阅读材料";"减少对学生写作的束缚,鼓励学生自由表达和有创意的表达,提倡学生自主拟题,少写命题作文"。《课标》在学习方式方面也给学生选择的权力。如,要求"尊重学生的个体差异,鼓励学生选择适合自己的学习方式";"根据表达的中心,选择恰当的表达方式"。上述要求,一方面有利于学生自主意识和能动性的发展,使学生在教学活动中的主体地位得到了"法"定的、具体的保证,另一方面有利于学生生命个性化和创造性的发展。

第三,对生命个体的差异给以充分的尊重。生命是具体的、独特的,而不是抽象的、同一的,每一个生命都有其不同天赋、兴趣与气质、冲动等。生命是独一无二的,每一个生命都有其独特的价值。教育就是要"帮助每一个人打开眼界看到自己,使他看见、理解、感觉到自己身上的人类自豪感的火花"。《课标》对生命个体差异性的尊重体现在两个方面:一是对学习者个人的意愿、兴趣的关注,如"积累自己喜欢的成语和格言警句""写自己想说的话""讲述自己感兴趣的见闻"等;二是对学习者生命素质发展个性化的关注,如要珍视学生独特的感受、体验和理解。

三、关爱生命的智慧发展

智慧是人生命潜能的最佳展示,是人生存能力、创新能力的最重要的体现,是人能力素质中的最有价值的部分。所谓智慧,是指利用知识、技能、能力创造性地解决疑难问题的才智。知识经济时代,要求人不仅要有知识,更重要的是必须有智慧。传统教育的内核是知识,未来教育的视野是智慧。从传授知识走向培养智慧,是当代教育教学改革的一个重要趋势。《课标》中要求引导学生"认识中华文化的丰厚博大,吸收民族文化智慧",并在课程目标、实施及评价中对学生的智慧发展给予多方面的关注,要求教师在教学中,引导学生亲近智慧、追求智慧、发展智慧。

一是注重培养学生的学习智慧。我国古代学者早就认识到,"授之以鱼"不如"授之以渔"。现代不少学者强调,"方法"比"知识"更重要。面对科学技术日新月异、知识更新周期不断加快的现状,人们要更好地生存和发展,必须掌握获取新知识的方法,具有很强的学习能力,即"学习智慧"。联合国教科文组织提出"学会学习"的口号之所以被国际所普遍认同,其意义就在于此。

二是注重培养学生的语文实践智慧。同以往《语文教学大纲》相比,《课标》特别关注学生语文教学的实践环节,强调在实践中学习、运用语文,除在识字与写字、阅读、写作三方面提高语言实践的要求外,还将"口语交际""综合性学习"列为课程目标的重要组成部分。语言是人生命的一部分,语言实践是人生命的需要,学生只有在自己的语言实践中才能享受语言的魅力,更好地生成语言智慧。在语言实践活动中,存在着主、客双向对象化和彼此融合的生成机制。在主体性语言实践活动中,既存在主体将自身现有的精神、语言素质对象化到客体中的过程(主体的客体化),同时也存在外部语言营养(客体的)及活动过程以形象、符号、感受等心理形式进入主体的内心世界的过程,此即客体的主体化(内化)。正是在这一过程中,人的一般语言能力和更高层次的语言智慧得以生成。《课标》强调了语文的实践性是语文教学向"本真"的回归,从生命的意义上说,这是语文教学对人生命性的尊重,对人生命活力的张扬。

三是注重培养学生的创新智慧。人的创新智慧孕育着生命的辉煌之美,是人智慧的最高层次。《课标》对学生创新智慧的发展给予高度关注。一方面,强调在语文教学中培养学生的创新个性。如:要求培养学生"对周围事物有好奇心""在交流和讨论中,敢于提出自己的看法,做出自己的判断"。"好奇心""判断力"是创新人才必备的心理品质,语文教学若能关注这一维度,对改善民族文化心理中守旧、盲从的弱点将大有裨益。另一方面,在语文教学中注重培养学生的创新能力。《课标》要求,在阅读教学中,"逐步培养学生的探究性阅读和创造性阅读的能力,提倡多角度的、有创意的阅读";在作文教学中,要"激发学生展开想象和幻想,鼓励写想象中的事物,减少对写作的束缚,鼓励自由的表达和有创意的表达";在"综合性学习"中,要"鼓励学生运用多种方法,从不同的角度进行多样化的探究",能"提出学习和生活中感兴趣的问题,共同讨论,选出研究主题……独立或合作写出简单的研究报告"。显然,按照上述要求实施语文教学,必将有效地促进学生创新能力的发展。

参考文献:

[1] 邹静.现代德国文化教育学[M].太原:山西教育出版社,1992:26-27.

[2] 叶澜.时代精神与新教育理想的构建——关于我国基础教育改革的跨世纪思考[J].教育研究,1994(10):5.

[3] 马克思.1844年经济学——哲学手稿[M].北京:人民出版社,1979:50.

[4] 联合国教科文组织国际教育发展委员会.学会生存——教育世界的今天和明天[M].华东师范大学比较教育研究所,译.北京:教育科学出版社,1996:197.

(本文发表于《徐州教育科研》2003年第3期)

诗词教学的叙事视角

中国古典诗词,向来被人们作为抒情文学作品看待,人们普遍认为诗词的主要功能和特色在于诉说和抒发作者的情感。由此,长期以来古典诗词及其教学研究大都在抒情传统下展开。实际上,"即使是以纯抒情方式写出的诗词作品,也都与一定的事有关,它们总是因某种'事'而触动了'情',激发了灵感,产生创作冲动,然后借助对某些事与物的描述咏叹以表情达志"。在诗词的创作和阅读过程中,"事"的促动和被叙述、被解读一直处于枢纽的位置上。"事"是诗词的谋篇布局,是构成节奏感、意象、意境的重要因素。因此,"叙事"应当是古典诗词教学研究的一条重要思路。教学中,要引导学生从作品中读出这些"事",并分析、体悟作者是怎样来表现这些"事"的,才能使他们深切感受作品的意蕴和情感。本文将从叙事视角探讨诗词的教学策略。

一、研析叙事方式,把握文本结构

写诗填词,十分讲究构思布局。李渔在《闲情偶寄》里说,"填词首重音律,而予独先结构者","胞胎未就,先为制定全形"。由于"事"的场景、片段及叙述形式,既可营造典型意象,形成义脉文气,还可以为多种抒情手段提供容量较大的表现空间,所以,诗词作者往往从谋篇布局的高度苦心经营作品的叙事结构。诗词的叙事结构取决于作者采用何种叙事方式。诗词的叙事方式主要有两类:一是单一顺叙式,即按时间先后叙事。如张先的《天仙子》(水调数声持酒听)从"中午饮酒"写起,写至深夜,随着时间的推移叙事写景,将郁结于心的伤春、惆怅之情表达得幽婉动人。用这种方法叙事的好处是由头至尾,脉络清晰。二是复合叙述式,即一首作品中运用了顺叙、倒叙、补叙、想象等多种叙事方式。这类作品的内容中常常错综着事实与幻想、时间与空间,这两者都有"追述过去""直叙现在""推想未来"三式。如苏轼的《念奴娇》(赤壁怀古),先写眼前江景,联想三国时的英雄;其次写赤壁景物,由江山引发感叹、思考；接着怀古、感慨；最后又回到眼前。采用此种叙事，既可扩大作品的表现时空，还可使行文波澜起伏、婉曲多姿。

在教学中，引导学生分析、理解作品中的叙事方式，有助于他们更好地感悟作者的情感、妙思和谋篇布局艺术。一是对单一顺叙式，可让学生从作品中找出表明时间的词语以便理出叙事脉络。如教学张先的《天仙子》（水调数声持酒听），学生通过找出"午醉""临晚""池上暝""云破月""密遮灯"等词语，使自己不仅明晰了叙事写景之序，还知道了作者从中午至深夜都沉浸在自伤、惆怅之中，从而体会其深深的伤春情绪。二是对复合叙述式，要引导学生弄清作品中的叙事方式是如何转换的。作品中叙事写景往往今昔往复，虚实相间，读诗词时，需要注意：哪几句是说"过去"，哪几句指"现在"，哪几句指"未来"？哪些句是写现实情景，哪些句是写想象的情境？要明白这些关键，需要留心领字领句。如教学柳永《八声甘州》（对潇潇暮雨洒江天），在让学生自学课文之后，可以提出这样的问题：词中，哪些是写眼前的景与事？哪些是想象（推想）？从哪些词句可以看出来？让学生通过自读课文查找、小组或全班讨论，理清词中的叙事写景脉络（眼前景事—想象故乡佳人—回到眼前），可为进一步感受词的意境、体会情感和研讨表达技巧打下基础。

二、借助叙事"留白"，开掘文本蕴含

采用跳跃性叙事是诗词的一个重要特征。由于古典诗词受篇幅、格律的限制，不能完整详细地叙事，只好采用浓缩式叙事，即叙事省略一些枝节，大量借助跳跃与留白，营造出可诱发读者联想的叙事时空。词是叙事时间最短的文体，但其所叙的故事时间却未必短。诗词也能写很长时间的事，但必须截取片段，选择细节，跳跃地叙述，"突然而来，悠然而去，数语曲折含蓄，有言外不尽之致"。如杨炯《从军行》写投笔从戎、出塞参战的全过程，采用跳跃性叙事，诗中第三句刚写了辞京，第四句就已包围了敌人，接下又展示了激烈的战斗场面，其中留下多处"空白"。又如辛弃疾《鹧鸪天》（壮岁旌旗拥万夫）中"往事"和"今吾"之间跨越了约四十年，留有大量"有意味的空白"。像这种虽然故事叙述不甚精细而所提供的场景、细节却颇鲜明的跳跃与留白之作，在诗词中是很多的。

"格式塔"心理学认为，人们在面对不完整或缺陷，即有"空白"刺激物时，就会情不自禁地产生一种急于要改变它们并使之完美的倾向，从而引起追索的内驱力，并积极主动地填补和完善"空白"。教学中，要抓住诗词中的"留白"，引起学生心理上

追求完整的倾向,让他们"透过聚焦部分,去窥探聚焦以外的部分,去寻找和解读有意味的空白",从而进入作品的妙境。这样可有效地激发学生的想象力、思维力。需注意两点:一是要抓住作品中的"留白",启发学生在理解文本的基础上结合自身的经验,充分展开想象。作品中"留白"处,教师不宜多讲,要留给学生去填补。"教育的最终目的不是传授已有的东西,而是要把人的创造力量诱导出来,将生命感、价值感唤醒。"学生自己去想象,填补作品中的"留白",才能有效地激发他们与文本之间的深度对话,从而更好地理解、体验、内化文本所潜隐的情感、理趣、美感。二是对于学生缺少知识、经验的作品,教师可在学生获得作品的背景知识后,再让他们去进行想象和补充。如辛弃疾《鹧鸪天》(壮岁旌旗拥万夫)中的"留白",由于作者有自己的人生故事,这里的想象就不能过于随意,必须让学生了解作者的生平事迹(教师讲或学生说)后,结合故事理解诗句的丰富蕴含,再去想象。这样,学生才能更深切地体悟作者的英雄气概和一腔热血而无处报国的忧愤之情。

三、细品叙事片段,感悟文本意境

采用片段性叙事是诗词的另一个特征。诗词受篇幅所限,往往"通过截取一个或几个内涵丰富、生动形象的画面(场景),推出作品的主人公,讲述与他有关的故事片段,勾勒与其有关的典型细节,营造出一种隐含着某个更大更复杂故事的诗意氛围"。这种叙事"多用白描手法,即将事情的关键部分、典型的细节(场景)或人物的内心活动直接写出,使读者如见如闻",起到烘托环境气氛、刻画人物性格和揭示主旨的重要作用。诗词中的片段与细节饱含着作者的情感和旨趣,是作品的有机组成部分,具有强烈的艺术感染力。如孟浩然《过故人庄》中"开轩面场圃,把酒话桑麻",这一片段描写,朋友真情、田园之乐跃然纸上。又如晏殊的《破阵子》(春景)的下片:"巧笑东邻女伴,采桑径里逢迎。疑怪昨宵春梦好,元是今朝斗草赢。笑从双脸生。"这一片段(场景)形象生动地展示了少女的纯洁心灵,表现了作者对平静自由生活的向往。

教学中,教师要引导学生品赏、涵泳诗词中的精彩片段与细节叙事,感悟其精妙。一是让学生在整体感知、初步理解作品之后,找出其中精彩的叙事片段或细节,培养他们发现美的能力。二是让学生通过细读、想象这些叙事片段或细节,进入作者创设的意境。三是组织讨论交流,展开深度对话。引导学生在对话中,深切揣摩品味这些叙事片段或细节的语言美、形象美、情感美,从而培养语感,积累写作方法。

如教学欧阳修《蝶恋花》(庭院深深深几许),在学生初步理解作品后,先让他们找出其中的精彩的叙事片段,如"泪眼问花花不语,乱红飞过秋千去";接着,让学生品读、想象这个片段,感悟其"一若关情,一若不关情,而情思举荡漾无边"的妙境和曲折有致、形象真切的叙事手法;然后,让学生说说各自的体悟,通过交流和碰撞使他们深切领会这一传神的叙事片段的妙处。

(本文发表于《语文世界》2011年第1期)

阅读教学模式改革现状研究

一

20世纪80年代以来,我国对教学模式的研究异常活跃,取得了可喜的成就。小语阅读教学模式的研究尤为硕果累累,引人注目。据不完全统计,公诸报刊在地区或全国有一定影响的新的阅读模式50多种,它们如奇花异卉,争奇斗妍,各展风采,形成了阅读教学模式研究初步繁荣的局面,从而推动了阅读教学改革,促进了语文教学质量的提高。

教学模式是指具有一定的典型意义而又相对稳定的课堂结构,是在教学理论的指导下和教学实践的基础上建立起来的一整套组织、设计和控制教学活动的方法论体系。因此,教学模式的设计为一定的教育哲学思想所支配,体现了设计者的教育价值取向。由于近年来教育价值观的变化和教育实践的发展,当前阅读教学模式的研究呈现出下列发展趋势。

(一)向系统型发展

20世纪50年代,从苏联引进的"分析-综合"阅读教学模式,使我国阅读教学从模糊混整的状态走进了一个条分缕析的清新领域。我国语文教学向科学化的历程迈出了重要的一步。然而这种教学模式也逐渐地暴露出了它的缺陷。它不是首先从整体入手,因而极可能无法贴切把握课文中的"最主要的精华、要点"。这正是长期以来,阅读教学大量存在的把一篇鲜活生动课文讲解得支离破碎、索然无味现象的主要原因之一。随着教改的逐步深入,理论界的有识之士也纷纷运用现代阅读理论、现代系统科学等,对传统阅读教学模式的积弊进行解剖,对教改实验中成功范例给予理论升华,设计实验系统型阅读教学模式。这种倾向主要反映在两个方面:一是运用教学目标统摄教学活动系统,设计教学活动序列,以期实现阅读教学的有序化和整体优化;二是立足于现代整体观,旨在把握文章之精要,删繁就简。阅读程序的公式为:整体—部分—整体。

（二）向自学型发展

分析当前阅读教学模式改革实验,值得注意的是,都一致强调了培养学生的自学能力。这是从我国语文教学现状出发的。多年来,以"讲读"为主,一讲到底的满堂灌教学模式占据了语文课堂。此种教学模式集中反映了我国语文教学的积弊(重教轻学、重讲轻练、重知识轻能力),改变这种状况已十分急迫。于是,许多人以现代教学论的一个重点观点——学生是学习的主体——为依据,设计实验多种"自学"模式,希图达到学生从"学会"到"会学"的目标。此种模式以培养自学能力为出发点,以学生的学习活动程序为教学线索,提高学生的自读水平,注意双向、多边的交流,教师的作用在于引导学生"会学"。注重学生自学已成为新时期阅读教学模式改革的一个显著特征。

（三）向探索型发展

从 20 世纪 50 年代到 20 世纪 80 年代初,我国阅读课被"复习旧知→导入新课→讲授新课→巩固新知→布置作业"的讲读分析模式所统治。"教师讲,学生听",使学生学习基本停留在"记忆水平"上。"学生有疑,小疑则小进,大疑则大进"的古训,近年来在小学阅读教学中受到了广泛的重视。在当前有一定影响的众多的教学模式中,我们可以发现"质疑解难"成了不可缺少的环节,或曰"初读寻疑",或曰"讨论释疑",或曰"深入探疑"。在质疑这个环节中,学生思想活跃,主动性强,钻得较深,思维的火花多在此闪现,学生的学习能力由"记忆水平"上升到"探索性理解水平"。这实在是一种可喜的走向。

（四）向乐学型发展

我国古代教学理论认为,乐学是教学的至高境界。然而在片面追求升学率的影响下,不少教师采取"加班加点""题海战术"的笨办法,让学生学得很苦,使不少学生丧失了童年的快乐,影响了个性发展。为了改变这种不良状况,一些教育工作者进行了"乐学"的探索。以"愉快教学"和"情境教学"为代表的"乐学"模式,主张建立平等、友爱、合作的师生关系,努力创设优美学习的"情境",提倡优美的教学语言,激发儿童的学习兴趣,注重发挥儿童的创造性和各种潜能,使儿童学得生动活泼。"乐学"模式引起教育界极大兴趣,实验者甚多。不论从人类的审美或追求兴趣、愉悦的学习价值着眼,还是从儿童健康的成长来看,这种追求都有积极的意义和广阔的前景。

二

教学模式作为一套完整的方法论体系，总是以某种教育哲学思想为基础。不同的教育价值观造就不同的教学模式和教学风格。本文试对当前具有代表性的几种阅读教学模式作简要评析。

（一）"整体—部分—整体"模式

这种教学模式强调在阅读的起始阶段就应做到"胸中有全文"，然后根据这个整体认识（可以是模糊的、肤浅的）对文章的部分作深入的探索，最后上升到清晰的、深刻的整体把握。有的表述为"整体感知—部分深探—整体理解"，有的表述为"初步综合阅读—深入分析阅读—进一步综合阅读"。

中华民族整体"思维方式"是这种教学模式的方法论基础。注重整体把握可避免讲读分析的支离破碎，追求阅读教学过程的合理性和简捷性。从三个基本步骤来看：①在阅读的起始阶段让学生对文章有一个初步的整体把握，为"部分深探"奠定认识基础；同时，起始阶段的整体把握有一定难度，能激发学生的探索精神（赞科夫赞赏教师在教学的起始阶段就直截了当地要求学生揭示文章的中心）。②"部分探究"能将较多时间用于教材重点、难点或精彩之处的体味探究，强化语言训练。③在最后一个阶段，学生对文章的掌握由粗至精、由模糊至清晰，真切地感到自己的提高，产生一种成功感，就会提高阅读兴趣和积极性。

在阅读教学实践中，运用这种模式还存在一些问题需要研究。一是教学模式的特点是具有操作性，此种教学模式只为阅读教学提供了一种理想的思路，尚未提供系列的操作程序和方法。二是从活动的构成要素要求来看，未能反映教师、学生、教材三者之间的关系及其运行规律。"整体—部分—整体"是一般的阅读程序，而不是师生的活动程序。

（二）"自学引导"模式

这是一种在教师指导下学生自学教材、讨论交流、弄清疑难、练习巩固来达到掌握知识、培养能力的教学模式。如大家熟悉的"读读、议议、讲讲、练练"模式、学导模式等，这种模式突出了学生的主体地位，力图"实现从以教师为中心到以学生为中心的转化"，体现阅读教学不但让学生"学会"，还要让学生"会学"的发展趋向。这种教学模式有以下优点：一是有利于培养学生的自学能力，养成良好的学习习惯，并能掌握学习方法，使之"会学"。二是有利于实施异步学习，适应学生的个别差异，解决集体教学中如何使因材施教有较好的效果的难题。三是在这种模式的课堂上，保证了学生的学习和演练时间,反馈及时,提高了课堂学习效率。四是重视了质疑问难,具有探索发现的意义。

这种教学模式从阅读规律和结构来看都有值得讨论之处。其一,师生活动步骤容易忽略阅读教学特有的情感因素和形象思维能力的训练;其二,在实际教学中,有的教师容易忽略小学生的自学特点,以成人的自学形式来组织小学生学习,课堂上往往显得沉闷,往往发现部分学生"自学并不用功"。应当指出,小学生的"自学不能离开教师的引导"。此外,这种教学模式不宜用于自学能力差的班级和低年级。

(三)"讲读分析"模式

运用此种模式教学,以教师讲读分析为主,一般从部分入手,其程序为"学习生字词→逐段讲读→概括中心→总结写作特点→做作业"。这种模式是20世纪50年代从苏联引进的,目前仍在教学中被广泛地应用。分析其原因,除阅读教学观念未更新和习惯所致外,还应承认这种模式自有其合理因素。这种模式注重发挥讲读的作用,字、词、句的读写落实较好,有利于加强双基训练,在某种程度上适应了汉语文字的学习规律。从学习理论看,这属于接受学习。美国心理学家奥苏伯尔认为,教师正确地讲解教材对学生掌握系统的基本知识和技能是不可缺少的。当我们深入对其教学实效进行检查时,更可感到奥氏观点的合理成分。因此,对此种教学模式不应"全盘否定"。

然而,这种教学模式具有明显的弊端。"满堂灌",学生被动地接受、记忆,课文被分析得支离破碎,忽视学生自学能力的培养等问题多出现在这种教学模式的教学实践之中。运用此种教学模式,课堂上学生思维不活跃,创造性发挥不够,自学能力和口头表达能力训练明显不足。显然,此种模式的教学思想有悖于现代人才观。鉴于此种模式目前还在被广泛应用,因此改革乃当务之急。更新教学观念,确立学生在教学中主体地位,运用整体的思想方法适当安排自学、议论的质疑环节,或许是改革这种模式的有效思路。

(四)"情境教学"模式

率先提出情境教学的是李吉林老师,在小语界有重大影响。情境教学的建立有我国古代文艺理论中"境界说"的渊源,有近代直观教学合理因素的吸收,也有来自外语教学暗示教学法的启示。运用这种教学模式,教师将教学目的幻化或外化为儿童容易接受的情境,让儿童身临其境,有直观的形象可以把握,有浓烈的情绪氛围可以感受,有游戏性质可以引起兴趣,而教师同时带领学生学习和掌握词语的概念、表

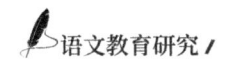

达情感的语言方式,使儿童对情感的意义及时认同、吸收。这种模式的阅读课上得生动活泼,既发展了儿童的语言和思维,也发展了儿童的情感、意志和品德。在人们普遍强调开发智力之时,情境教学重视非智力领域的开拓,这是极为可贵的。情境教学注重引导学生感受美、鉴赏美和创造美,具有较高的审美价值。

同众多教学模式一样,情境教学模式也有其局限。它适用于具有鲜明的情感性和形象性的教材,而不是适用于说明文、应用文之类的教材。在推广中,许多教师感到其法虽好,但不易把握,因此其操作性尚需进一步研究。

(五)"愉快教学"模式

上海一师附小等校对此实验研究卓有成效,影响很大。此种教学模式的渊源是我国古代的"乐学"思想。"要使每个孩子都有幸福的童年,美好的心灵,创造的才干,活泼的个性,健壮的体魄",从四个方面改革教学——爱、美、兴趣、创造,努力树立起"书山有路'趣'为径,学海无边'乐'作舟"的新学风。实验者通过对课程结构、教学方法、师生关系以及评估手段的改革,引发学生的学习兴趣,增加学生对自然、社会和人的直接感受,促成学生的成功,体验成功的快乐,从而打破负性情绪与学业不良之间的恶性循环,理顺情绪、情感与认知的关系。"愉快教学"的实施,促使学生对学习产生了兴趣和需要,重视了学生的个性发展,对于克服基础教育目标中价值取向的失重和应试教育的积弊有着十分积极的意义。从历史的发展来看,愉快教学的实施不仅是对以往那种"不见儿童"的注入式的传统教学是一种扬弃,而且也是对当代科学主义、唯理主义教育的一种超越。

"愉快教学"的实验和研究还正在深入。从目前来看,"愉快教学"的以"练为主、讲评练结合"的阅读教学结构尚未展现出显著的特点,它的教学原则、方法也未形成体系,严格地说,现在还不能称作一种阅读教学模式。再者,在语文教学中培养学生的刻苦学习精神,应是"乐学"的重要内涵,如何使学生达到"以苦为乐"的境界还有待探索。

三

阅读教学模式的实验研究正在不断深入和发展之中。时代呼唤着、语文教学现状期待着新型、科学和高效的阅读教学模式的不断涌现和推广。为此,必须提高阅读教学模式研究的科学性。从改革和实验的现状看,以下三个问题应予注意。

(一)阅读教学模式改革要依据中国语文的特点

语文在中小学是作为母语教育来开设的。是教育中小学生理解和运用本民族语言这一交际和思维的工具性学科。不同的语言文字学习的方式应该是有差异的。认识和探讨我国语文规律,要从学生学习汉语的特点出发,阅读教学模式的改革当然也要以此为出发点。应着重把握三点:一是汉语的思维特点。中华民族有机整体的思维方式表现在语文上是"以神统形""以意役法",讲究贯通整体,把握字、词、句、篇。这是语文教学的民族文化心理层面的依据。二是汉字和词语的特点。汉字具有集约性,它以表意为主,集音、形、义于一体。其信息量之大,世界上任何文字都无法与之相比。汉语的词语功能具有发散性和灵活性。这些特征为"主体意识的驰骋、意象的组合提供了充分的余地"。三是汉语句型特点。汉语句子是随"义"走的,其理解机制是"意合"作用。因此,教学中,用冷漠的知性分析取代辩证的人文感受显然会不得真谛和事倍功半。在阅读教学模式的改革中,必须依据上述汉语文的特点,处理构成要素的关系,设计操作程序和要点。如在教学中,从整体出发抓住教材精要之处(如文眼、诗眼等)引导学生细细感悟、品评、联想,切不可忽视。

(二) 阅读教学模式的实验研究要规范化、科学化

上文已述,阅读教学模式的研究出现了初步繁荣的局面,这是可喜的。但我们要清醒地认识到实验中存在的问题,主要表现在:一是选题缺乏应有的论证,选题不新,撞车的较多;二是实验设计粗糙,课题的表述重点不突出,假设不合理,界定不清楚,构不成教学模式的基本框架;三是实验操作欠规范,有一些实验立意很好,效果显著,但在实验操作过程中究竟控制了哪些变量、实施了哪些步骤,却不得而知,只见结果,不见过程,处在一种黑箱状态,不便推广;四是实验的评价工作有待完善。这些问题严重制约着阅读教学模式研究的效果。只有提高实验的规范化、科学化水平,才能使阅读教学模式研究进入新阶段。这需要从以下几方面抓起:①要提高科学理论的指导水平。只有以马克思主义的哲学方法论,先进的教学论,心理学、美学、系统科学等理论为指导,提高理论思维水平,才能使实验不断深化。一方面实验者要提高理论修养,另一方面要重视专家与实际工作者的结合。②要设计实验"自己"的模式。阅读教学有自身的特点,不能模仿或照搬自然科学和其他学科的模式。阅读教学模式验证性实验是需要的、无可厚非的,但不能一哄而上,要努力创新,设计实验自己具有独创性的模式。这样才能造成"百花齐放,百家争鸣"的喜人局面。③注重实验操作的系统性、程序性和艺术性。实验研究要整体把握,系统配套,严格按程序进行。要求真务实,一丝不苟。数据要翔实准确。在实验中还要注意灵活、机智、艺术性地处理问题。④要加强对实验的管理和评价研究。对实验课题要进行

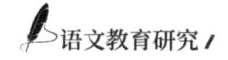

阶段性检验和评价。通过检验和评价，总结经验，发现问题，对教育实验的未来发展发挥积极的导向作用。

（三）阅读教学模式改革的继承、引进与融合

阅读教学模式的改革要有重大进展，必须重视三点：继承、引进、融合。首先，要注重继承。我国语文教学有着优秀的传统，这些优秀传统符合汉语教学规律，是祖先留给我们的宝贵财富。继承优秀传统是阅读教学模式改革的基点。在进行阅读教学模式的实验与改革中，要挖掘、继承和发扬我国语文教学的优良传统，如朗读、背诵、感悟、学思结合、质疑问难等均应有机地纳入教学模式的方法论体系之中。其次，要引进吸收。在阅读教学模式的改革中，学习借鉴国外先进的教育理论、教学模式是很必要的。对国外先进的教学模式要做广泛的介绍，但要从汉语特点出发，从实际教学实效出发，取其精髓，不能生搬硬套或玩弄术语。最后，要融合优势。先进的教学模式作为教学的一整套方法论体系，必须是先进而优化的。如何优化阅读教学模式的方法论体系？实践证明，相互取长补短、优势融合，应是一条重要途径。"闭关自守"的教学模式绝不会得到长足的发展。但应注意，教学模式之间的优势融合不是简单地累加，而是在保持自身特点前提下的有机吸取。

（该文获 1994 年淮阴市教育学会系统优秀论文评比一等奖；收入江苏省教育委员会编《江苏省中小学语文教学改革成果汇编》1996 年 3 月）

语文"自学辅导"实验的现代价值与理论依据

改革开放给语文教学领域注入了新的活力。随着大量国外教学理论的引入,以及对我国传统优秀教学经验的挖掘,语文教学改革取得了引人注目的成果。在教学观念上,人们对强调学生在教学过程中的主体地位、重视学生自学能力的培养已形成共识;在教学操作上,诸如加强学生自学活动,注重双向、多边的交流已成为普遍的改革取向。当前,在许多语文教学模式改革的实验中,"都一致强调了培养学生的自学能力"。为了在阅读教学中有效地培养学生的自学能力,改革者在着意构建语文阅读主体自学发展模式,以取代"满堂灌"注入式的"他控"模式。小学语文"自学辅导"实验,以三个面向为指针,以叶圣陶的学导思想为指导,吸收了近年来语文教学研究的新成果,构建了"使学生的学习活动成为在教师引导下生动活泼的自学(自主学习)、试学(尝试学习)、异学(异步学习)、快学(快速学习和快乐学习)活动"的阅读教学模式进行实证性研究,取得了显著成效。笔者试图对语文"自学辅导"实验的现代教学价值和理论依据做一些探讨。

一、语文"自学辅导实验"的现代价值

语文"自学辅导"实验反映了当代国际教学改革发展的趋势,对提高语文阅读教学质量、培养新世纪所需要的人才具有积极的意义。

1. 语文"自学辅导"实验反映了国际教学改革的趋势

叶圣陶先生"教是为了达到不需要教"这一闪光的教学思想的真谛在于自我教育,纵观世界各国的教育改革,我们可以发现同一种走向和追求。"从教师、教材、课堂为中心"向"以学生为中心""教育即生活"转变。杜威教育思想的继承者罗杰斯在其《自由学习》一书中指出,教育的目标应该是促进变化和学习,培养能够适应变化和知道为何学习的人;教师要充分信任学生能够发展自己的潜能,发挥促进者的作用。苏霍姆林斯基指出,小学,首先应该教会儿童学会学习,教会儿童使用一个人终生靠它来掌握知识的那种工具;在学校里,重要的不是学得多少知识和技能,而是学

会自己去学习的能力。课堂教学作为教育的主阵地,必须构建学生主体自学的教学新模式,注重教给学生自读会读的基本知识和基本方法,让学生去主动阅读、自觉钻研,才能使"学生学会自己去学习的能力"。语文"自学辅导"实验以培养学生自学能力为目标,以学生学习活动为主线设计教学环节,体现和落实了学生在教学过程中的主体地位,而教师的作用在于"辅导",正如罗杰斯所说的"发挥促进者作用"。教学模式中的"读、议、练、知、测、结"都是学生主体的自主学习活动,这样有助于学生充分感知、理解课文,培养主动学和"会学"的能力。因此,语文"自学辅导"教学模式是与"满堂灌"的注入式教学模式完全不同的教学模式,它体现了当前国际教学改革的走向。

2. 语文"自学辅导"实验是培养现代社会所需人才的理想模式

我们面临信息化、快节奏、高科技的新世纪。新世纪国际社会变化的节奏加快,变化的幅度与强度增加,发展加速、竞争激烈,人类的生存环境呈现出多变、多元、多彩、多险的状态,平稳而单一的局面被打破,不确定性和可选择性同时增强。富有主体精神的人才能适应上述环境变化。从国内来看,市场经济的建立,明确要求企业自主经营、自负盈亏、自我发展、自我约束,成为独立的法人实体和市场竞争的主体。这不仅标志着经济领域中对经营者主体性以及作为一种法律要求的规范和投入市场必备条件的强调,而且意味着社会需要滋养人的主体性之现实土壤的产生。可见,一个呼唤人的主体精神的时代已经来临。这种具有主体精神的"新人",要自立、自信、自强,要有善于捕捉、组织各种信息和判断各种信息价值的能力,有善于认识自己的各种需求、能力、思维品质与策略、态度和行为等的反思能力,以及根据反思的结果自觉进行自我调控的能力。这种具有主体精神的新人不会从天而降,只能靠教育。主体自我教育将会成为新世纪学校教育的主题。一些杰出的科学家对自我发展教育的价值有远见卓识。据说,爱因斯坦在逝世前一个月提到他在阿劳州立中学学习一年时的巨大收获,他的相对论就是在那一年萌动的。他深有感触地指出:"自由行动和自我负责的教育……是多么优越啊!"教学作为学校教育的主渠道,构建自学发展模式已势在必行。语文自学辅导教学模式,以培养学生的自学能力为主要目标,不管是对培养学生自信自立自强的个性品格,还是对培养学生的理解、判断、交往能力和探索创新精神,都具有显著的教育功能。因此,可以说语文"自学辅导"是体现新世纪时代特征的教学模式。

二、语文自学辅导实验的理论依据

语文自学辅导教学模式应培养现代人才的需要而诞生,要以生命哲学、现代教学论、现代心理学和汉语理论为指导。

1. 生命哲学依据

马克思指出,"人的类特性恰恰就是自由的自觉的活动"。人作为一种生命存在物,能够自觉自身生命的存在与发展,并且有自主发展的能动性。当前,承认人的生命发展的能动性并不难,难的是用这种观点去认识教育对象,特别是作为基础教育对象的中小学生,一群处在生命生长发展中特殊阶段的、需要有成人关心和引导成长的青少年。教育者对教育过程的规划应以对生命发展的能动性特点的尊重和开发作为重要支点,并把教育的"形式目的"定位在促进人的自我教育能力的形成上,把增进人的生命的主体意识看作是时代对教育的重要规定,这是教育教学改革取得成效的基本保证。语文"自学辅导"实验立足于学生学习的能动性设计教学环节,又以发展学生的能动性和生存能力(会学)为旨归,正是对人的生命特征的尊重和张扬。

2. 心理学依据

(1) 认知心理学依据。布鲁纳认为,学习的实质在于主动地形成认知结构,人的认识过程是通过主动地把进入感觉的事物进行选择、转换、贮存和应用。弗拉维尔于1976年(一说1978年)提出了元认知的概念,并认为,学习效率的高低、学习的成功与否在很大程度上取决于学生元认知的运行水平。元认知是指认知的认知,即个体对自己的认知过程和结果的意识和控制。元认知的重要机制是使学生从过去盲目地学习变为有策略地、高效地学习,同时又不断地、主动地监控、调节相关的学习变量,意识到自己该"学习什么""为什么学""怎么学",进而提高学习的主动性及可控性。在教学中要把丰富学生的元认知知识、注重元认知训练、培养元认知能力作为教学的重要目标。为此,必须更新教育观念,改革传统的教学模式,换言之,必须改变过去那种"知识本位""教师中心"的陈旧观念,构建以教学生学会学习为宗旨,既考虑到让学生"学会",更关注学生"会学"的教学模式。语文"自学辅导"实验的设计以上述心理学理论为依据,又要以此为指导。(2) 思维场控制学依据。思维场控制学可以为语文"自学辅导"实验作出令人信服的理论阐释。思场流是在思维场中种种围绕一个目标共时性相互作用而产生的以内语言和内形象为显工具的流程。据研究,一般人对自我思场流控制水平还很低,绝大部分是忽东忽西、重复啰唆,处于无控、失控和低控的状态。如变无控、失控和低控为最佳控制,那么一个人一生则至少能留下一万部有序和有创造价值的内部语言书和有价值的内形象录像。一个人的学习效果如何取决于对自己思场流的控制。自控式教学模式是通过锻炼学生对自己思场流的控制,以提高学习效率。如语文自学辅导教学模式中的中"读、议、练、知、测、结"的环节都是对学生自控思场流的训练。目前思维场控制学尚未引起语文改革者的重视,对其运用仍处在一种不自觉的朦胧状态。假如能自觉地运用这一理论指导语文教学模式的改革,可能会出现一个新局面。

3. 学科特点依据

语文"自学辅导"实验符合语文学科特点。一方面,母语教育有它的特殊性,学习者在认识了一定量的常用字,摆脱了阅读写作中的一般字的障碍后,随即就可以自学。学母语与学外语是有差异的,学外语对没有语言环境的人来说,一般是从书面语开始再学口语,学母语则是先口语而后书面语。学校母语教育是在已有的口语基础上从书面语开始,换句话说,学校语文教育是在儿童已掌握了乔姆斯基所说的母语"普遍语法"的基础上进行的,同时又具备了多层次、全方位的语文学习环境,这就为"自学"提供了得天独厚的优势。另一方面,从汉语的特点来看,注重学生自学有助于提高语文教学效率。汉语文的行文不是建立在形态变化上的,其组织方略和读解是一种"意合"机制,因此,汉语文的读解以直觉、体悟和启示性见长,其运思方向指向内心,注重感悟、体验。语文"自学辅导"实验以启导学生自学为主线,有助于拓展学生对语言材料直觉、体悟的广度和深度。

三、语文"自学辅导"实验应注意的几个问题

语文自学辅导实验正处在不断深入和发展之中,有很多理论和实践问题亟待研究。以下几点在实验操作中值得注意:

1. 语文"自学辅导"实验中教师更要善"导"

自学辅导教学不是放任自流,而是通过教师的引导,训练学生具有自主意识、掌握语文自学的方法,培养其浓厚的学习兴趣。这种"导",要比以讲为主的教学设计多花几倍的精力。善"导"要注意两点:一是要重视培养学生对学科本身的兴趣。布鲁纳认为,教育的主要作用是让学生对所学材料本身有兴趣,这样,学习积极性才能得以充分激发。二是要引导学生掌握自组织学习的方法,养成自学习惯。

2. 语文"自学辅导"实验要吸取语文传统教学的精华

传统教学中的朗读、吟诵、创设情境、精彩讲述、抓住精要、品味推敲等等,都是

有效的教学手段。语文自学辅导实验应充分运用这些教学手段,否则,将很难引发学生的学习兴趣,也不可能有效地使学生感受理解文章的意义、脉络、文采、语势。在听课中,我们发现一些以自学为主的教改实验往往课堂上学习气氛沉闷。要改变理性分析过多、语文感受很少的状况,重构体现语文学科特点的教学模式,吸收语文传统教学的精华应是必由之路。

3. 语文自学辅导实验实施的整体性和渐进性

语文"自学辅导"实验的实施,要着眼于整个小学阶段,考虑低中高年级段的不同特点及如何循序渐进,还应研究小学与初中的衔接。实验从中年级开始,随着年级的升高,逐步提高自学程度,不可一蹴而就;不同类型课文的起始阶段不宜"自学"成分过多,因为学生还缺乏此种文体的基本知识,需要由"扶"到"放";还须考虑一二年级的语文教学如何渗透"自学"因素。立足整体,循序渐进,才能保证实验更见成效。

(本文为1996年4月淮阴市小学语文"自学辅导"实验研讨会交流论文,获淮阴市教研室语文教学论文评比一等奖)

语文"学导式"教学实验的生命视野

在新时期语文教学改革的百花园里,"学导式"是影响广泛、特别艳丽的一簇。近年来,发表于报刊的"学导式"(或称"导读式")教学实验成果有数十种之多。可以认为,它的形成和发展从一个侧面体现了当今语文教学改革的广度和深度,但还有待进一步深化完善。我以为,"学导式"要达到新境界,寻找新的理论思路是十分重要的。

一、理论基点:人的能动性

语文"学导式"教改实验是以人的"能动性"为理论基点的。马克思指出,人的类特性恰恰是自由的、自觉的活动。能动性是人的生命本性。人作为生命存在物之所以能从一般动物中区别出来,就在于能够自觉生命的存在与发展,能够对自身的存在方式和发展道路做出自主的选择。认识人的能动性,对于教育具有极为重要的意义。人的发展"不仅有赖于人的先天素质和外部环境,而且依赖于人逐步形成的自我意识、自我选择及实践中的投入和反思能力,即对自己发展的自觉意识和能动作用"。从个体生命来看,个体的条件是其存在和发展的内因,其他一切因素则只可能成为个体存在和成长的外因。语文教育作为学生学习的外因,只有通过内因才能起作用。因此,在语文教学中要着力于激发学生的"内驱力"——学习的能动性。

语文"学导式"教改实验立足于人的能动性,以培养学生的自学能力为始点和终点,以学生的自学活动为主线设置教学程序,有的为"启、读、练、知、结",有的为"定向、自学、讨论、答疑、自测、自结"……这一类教学模式虽然某些教学步骤(或称"教学形式")有所不同,但主要教学步骤是相同的。在运用"学导式"教学的课堂上,学生有充裕的时间读书、思考、品评、练习,能动性得到了充分的发挥。因此,"学导式"教学对叶圣陶先生的"教是为了用不着教"的教学思想体现得较好。

二、现实依据：21世纪人的生存能力

生存能力是人的生命力的基本内涵。面对信息化、快节奏的新世纪，如何培养适应未来社会人的生存能力已成为现代教育的重要课题。基于此，联合国教科文组织提出，新一代要"学会生存""学会学习"。这一主题是从21世纪的社会实际出发的。新世纪国际社会发展加速，竞争激烈，知识更新周期加快，使人类的生存环境呈现出多变、多元、多彩、多险的状态，平稳而单一的局面被打破，不确定性和选择性同时增强。从国内来看，市场经济体制明确要求企业自主经营、自我发展、自我约束，积极参与竞争，成为独立的法人实体和市场竞争的主体。人要适应国内外的环境，必须富有主体精神。这种富有主体精神的人要自立、自信、自强，要有善于捕捉、组织和判断各种信息价值的能力，有善于认识自己的各种需求、能力、思维、品质与策略、态度和行为等的反思能力，以及根据反思的结果自觉地进行自我调控的能力。"学导式"以培养学生的语文自学能力为主要目标，不管是对培养学生的自立、自信、自强的个性品质，还是对培养学生理解、判断、交往能力和探索创新精神，都具有显著优势。我县从1986年开始实验的"引导自学"教学模式，从对实验班学生语文能力综合分析来看，实验班学生在自信心、学习自觉性、自学习惯、独立阅读能力、听说能力、作文能力等方面都明显优于对比班。实验证明，语文"学导式"对培养学生适应未来社会的个性品质和语文能力是颇有成效的。

三、深化思路：全方位地观照人

由于"学导式"适应了现代社会的人才需求，体现了当代人学、教育学强调人的主体性的走势，所以，实验者、效仿者甚多。但从教学实际来看，很多课的教学效果却不能令人满意。分析其原因，主要在两方面：一是教学目标、教学内容偏重于语文知识；二是教学程式化，缺少活生生的语文感，师生难以入情入境。可见，"学导式"教学模式亟待深化。这深化的路子在哪里呢？

语文"学导式"教改实验要走出"高原期"，从人生命的本性上寻找理论思路或许是一个重要方向。人是整体的人，是"有意志、有情感、有想象的存在物"。人的全面的和谐的发展，依赖于知、情、意的完美融合。因此，"学导式"的进一步深化、完善，要在人生命的整体性发展上下功夫。

首先，对教学目标的确定、教学过程的设计和实施，要立足于人生命的整体性发展，关注知、情、意诸方面，注重挖掘教材中的情感因素、审美因素，使学生的学习带有愉悦而高效的统一性质。一些老师提出，"导读育人"，把促进学生心理全面发展

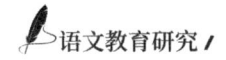

作为教学原则,是很有见地的。

其次,"学导式"要吸取传统语文教学的精华和其他教学实验的优点,充实其教学过程。传统语文教学的朗读、吟诵、品味,以及"情境教学""愉快教学"的"创设情境",都是符合汉语文教学规律的行之有效的教学手段。"学导式"要充分运用这些教学手段,引导学生入情入境,感受、体味课文的文意美、语言美、结构美、细节美。只有把教学过程变成了审美过程,使人的生命整体参与到学习活动中去,才能使"学导式"充分发挥优势,显示魅力,走进一个新境界。

(本文发表于《读写算》1996年第5期,获中国教育学会语文教学法研究会二等奖)

观照生命：语文教学改革的取向

一、语文与人的生命力

叶圣陶先生在谈及"语文"学科的命名时指出，"彼时同人之意，以为口头为'语'，书面为'文'，文本于语，不可偏指，故合而言之"。可见语文即语言学科。语文，作为基础性人文学科，它与人的生命有着密切的关系。

首先，语文是人的生命意识的产物。劳动使类人猿变成了人，使人的心理上升为意识。由于劳动要交流思想，"正在形成中的人，已经到了非说不可的地步了"[1]。但"人"(正在形成中的人)为什么要劳动？这是人的生存意识使然。从进化论来看，如果一种动物要维持它的生命，即满足生存需要，那么这种动物就会被迫去产生满足需要的器官。正如恩格斯所说："需要产生了自己的器官。"[2] 溯其本源，语言是人类生命意识在劳动条件下的产物，文学和书面语言又是在口头语言产生之后人类的辉煌创造。

其次，语文是人生命意识的反映和张扬。语文发生于人的生命意识，又是人们所感知、所体现和理解世界的样式；人是按照语言的形式来接受世界的。这种样式决定了人的思维、感情、知觉、意识和无意识的格局。从文化学的视角来看，人之所以会超越动物界并沿着自己创造的文明所指引的方向不断发展和前进，很大程度上是由于人能创造并使用语言文字；能通过语言文字总结经验、延续经验，将传统体现在可传授的文献之中，使自己与他人、与祖先、与后代联结在一起，从而得以改造自然，发展自身，组成社会，创造和更新文化。美国著名的人类学家摩尔根认为，"文字的使用是文明伊始的一个最准确的标志""没有文字记载，就没有历史，也就没有文明"[3]。语言文字使人类的生命延展、光大了。

最后，从个体来看，语言文字既是人生存的工具，又是生命的重要内涵。人具有先天的获得语言文字的禀赋，又在后天为了生存和自身价值的实现，而学习和掌握语言文字。人依靠语言文字交往、交流，以至发明、创造，实现人生价值。语言，既反映了、又丰富了人的思维、情感、意志。如,对于一个普通人,语言既是他生存和实现自身价值的工具,又反映了他的价值观、兴趣、情感、意志及个性特征,离开了语言,作为人即标志着生命的终结(聋哑人运用体态语言交往、交流),对于科学家和艺术家,他们运用自己的语言样式发明或创造,惠泽人类,流芳百世,丰富了自己的生命内涵,弘扬、发展了自己的生命意识,更是人生命意识的强烈体现。

综上,语文与人的生命息息相关,它是人生命的产物、生存的工具;人们运用它弘扬生命、延展生命。语文,作为育人的基础性学科,它应该是"人学",理应观照生命。在语文教育中,不管是教材改革,还是教学模式、教学方法的改革,都应观照教育对象——正在成长中的青少年儿童——生命的律动,如他们的兴趣、情感、思维、意志以及能动意识等心理特征。

二、语文教学与生命发展的抵牾

若把学生确实当作是一个完整的生命,而不只是认知体,把教学过程看成学生生命历程的重要构成,而不只是学生知识获得过程,那么,我们不难发现当前语文教学中存在着抑制生命发展的种种不良现象。

表现之一:"以讲为主"的教学模式,把学生定位为"接受者"的角色。总观当前的语文课堂教学,尽管也有一些学生学得生动活泼的课例,但"满堂灌"(或满堂问)注入式的教学仍是绝大多数。教师从开头一直讲到结束,甚至下课铃响了还不肯罢休,学生只是听啊记啊,根本没有自己读书、思考、品评、练习的机会。在这样的课堂上,人生命的"能动性"无暇展现,"语言是一种实践"的原理也被束之高阁,儿童爱说的天性被扼杀,于是"个体经验的感悟创造"只是微乎其微了。

表现之二:从"应试"出发,把学生变成了"练习"机器。目前,大题量练习即"题海战术"成为教师对付考试的"法宝"。高中、初中如此,甚至小学也是如此。在教学调查中发现,一些教师选购了3~4种练习题让学生做,害得学生平时晚上要做到11点之后,星期天也无玩的时间。这样做的不良后果是:危害学生的身心健康;机械重复,泯灭了学生的能动性和学习兴趣;使学生无暇进行深度思考和审美性欣赏;使学生为了完成作业量,不得不放松"质"。这种驱使性练习,使学生对语文学习由兴趣索然到厌倦、焦虑、痛苦,他们积极向上、追求美的天性被抑制了。这不是对人生命的强化和激扬,而是对"活泼的生命力"的扼杀。一位高考文科状元深有体会地说,他没有限于题海中,如果想仅通过做题来提高语文水平,绝对不可能。

表现之三:科学主义取代语文感受。改革开放以来,教育改革对教育科研的呼唤,使语文教学得以克服纯思辨式的空疏,开始关注实证化的研究。这是一种可喜的进步。但语文教学中的程序化、标准化、操作或控制手段的泛滥,使语文教学产生了对科学工具崇拜的不良倾向。这种科学主义的倾向,不尊重人的情感体验、审美需求和语文学科特点。对这种倾向,著名特级教师于漪批评说,自从标准化试题进入语文学科测试领域以后,课堂教学中的"文"常常不见了,师生沉浸在课文中创设情文并茂的佳境、流连忘返的动人情景少见了。为了"应试",教师重语文知识的传授和标准化训练,轻教学的审美追求和学生的语感培养。过分的程式化、标准化,把人的生命简单化了,阻碍了人生命丰富性的发展。

三、观照生命:语文教学改革的趋势

20 世纪 80 年代以来,随着大量国外教育理论的引进和我国优秀教学传统的挖掘,语文教学改革园地呈现出百花齐放的局面,非常可喜的是,出现了观照生命的趋向。

1. 观照人生命的能动发展:学导派的可贵探索。

分析当前语文阅读教学改革实验,值得注意的是,都一致强调了培养学生的自学能力。为了培养学生的自学能力,改革者设计实验多种"引导自学"模式,希图实现学生从"学会"到"会学"的目标。此种教学模式以培养自学能力为出发点,以学生的学习活动程序为教学线索,加强学生自读、自思、自测、自结,注意双向、多边的交流,注重引导学生"质疑",教师的作用在于引导学生自学、会学。如语文自学辅导实验、魏书生的六步教学法、黎世法"六段教学法"等很有代表性。语文自学模式是以人的能动性为理论支点的,即承认人作为一种生命存在物,能自觉自身生命的存在与发展,并具有自主发展的能动性和可能性。由于学导派教改实验适应了现代社会对人才的需求和人类的类特征,所以拥有众多的支持者,其影响最为广泛,也最具实力。

2. 观照人生命的和谐发展:"乐学派"的美好追求。

近年来,在片面升学率的影响下,不少教师采取"满堂灌""加班加点""题海战术"的简单化的办法,学生学得很苦,丧失了童年的快乐,并且个性发展也受到影响。为了改变这种不良状况,一些教育工作者进行了乐学的探索。以著名特级教师李吉林的"情境教学"和上海一附小等校"愉快教学"为代表,主张建立平等、友爱、合作的师生关系,努力创设优美的学习"情境",提倡优美的教学语言,激发儿童的学习兴趣,注重儿童健康情感的培养,注重发挥儿童的创造性和各种潜能,使儿童学习得生动活泼。"乐学"模式引起了教育界的极大兴趣,实验者甚多,影响也很广泛。不论从人类的审美和追求兴趣、愉悦的学习价值着眼,还是从儿童的健康成长、和谐发展来看,这种追求都有着积极的意义和广阔的前景。不难发现"乐学"教改实验的理论基点是人的生命状态的丰富性和多层面——人的兴趣、情感、认知、意志以及爱美、追求美和创造美的天性,"乐学"都给予极力关注。从教学实践来看,情境教学和愉快教学是当前语文观照生命最为成功的教学范式。

3. 观照人生存能力的发展:"言语交际派"的有益尝试。

长期以来,作文教学存在着脱离社会实际需要、不符合学生语言发展规律的倾向。为作文而作文、为升学而作文的倾向成为作文教学的普遍事实。学生"没啥可写""写不具体"成了作文教学中师生最头疼的事情。近年来,著名特级教师于永正进行的"言语交际表达训练"作文教改实验成绩斐然,影响很大。改革者立足于现代人才观,从培养人说、写能力出发,给学生创造了表达需要的现实情境,使学生产生非要说不行、非要写不可的欲望,所以学生写作的积极性很高,有东西可写。这项作文实验教改实验符合儿童的心理特点和语言表达规律。专家们认为,"与传统的作文教学相比,无疑面貌一新","代表了当代教改的方向"[4]。从生命视野来看,说、写都是人生存的需要、主体性的展现,爱说和创造是儿童的"天性"。"语言交际表达训练"符合儿童生命发展的规律,所以能有效地培养他们的口头表达和书面表达能力。

以上语文教学改革者,虽然未提出"观照生命"的概念,但他们在教学改革实践中切实在走着"观照生命"之路。

四、语文教学改革:观照生命的路径

20世纪80年代后期以来,中国美学家们同时感到了一个强大的生命力场,同时顿悟了"生命"在人类审美活动中扮演主角[5];教育界的一些学者也认识到,"从教育对象观的角度看,最重要的是确认生命的整体性和人的发展的能动性"[6];人的学习,"是人的生命活力得到充分发挥的根本途径"[7]。十分可惜,这些真知灼见并未引起语文教育界的应有重视。面对新世纪的人才需求,审视当前语文教学现状,我们亟待提出这样的命题:观照生命,这是语文学改革的必然选择。为此,可从下面几点着手:

1. 要确立观照生命的语文教改观。

当前在语文教学中,还被广泛采用的"讲析"模式是苏联认识论教育学融入我国传统的"串讲法"的产物。这种教学模式重知识传授,学生学得被动,学得呆板,不能有效地培养他们自学能力,有悖于汉语文学习规律和人生命的律动,已不适应现代人才观。改革这种教学模式已十分急迫。要在语文教育界展开讨论,探讨语文与生命的关系,弄清有关理论问题,使语文教学以强化生命、激扬生命为出发点和旨归,使我们对语文教学过程的规划以对学生生命发展的整体性、能动性特点的尊重和开发为最重要的理论支点。

2. 加强对语文教材和教学方法论观照生命的研究。

语文教材的编排,要相信学生的能动性有助于学生自我发展性学习。要实验研究有中国特色的汉语文教学模式,探索符合人的生命规律和汉语言特点的教学方法论体系,使理论研究和实践操作紧密联系起来,以加快语文教学观照生命的改革进程。还要改革教学评价,改革考试方法,努力克服教育本身和社会的种种抑制生命健康发展的因素。

3. 重视实验和推广现有的观照生命的语文教学模式。

语文教学改革的深化和教学效率的提高,依赖教学范式的更新。当前语文教学改革园地中"情境教学""愉快教学""学导式"等教改实验都能较好地体现语文观照生命的规律。对上述教学模式,一方面要加强实验研究,从理论上和操作上尽快使之完善;另一方面,要加大宣传和推广力度,使这些新型的教学模式早日取代语文"讲析"模式。

参考文献:

[1] 张述祖,沈德立.基础心理学[M].北京:教育科学出版社,1987:115.

[2] 张述祖,沈德立.基础心理学[M].北京:教育科学出版社,1987:105.

[3] 邢福义.语言文化学[M].武汉:湖北教育出版社,1991:122.

[4] 于永正.于永正课堂教学教例与经验[M].北京:人民日报出版社,1995.

[5] 封孝伦.从自由、和谐走向生命[J].新华文摘,1995(11):38-41.

[6] 叶澜.时代精神与新教育理想的构建——关于我国基础教育改革的跨世纪思考[J].教育研究,1994(10):3-8.

[7] 陈建翔.学习审美论——兼论减轻学习负担的内在可能性[J].教育研究,1994(2):62-65+76.

(本文1996年4月在淮阴市语文教学研讨会交流,获淮阴市教育学会语文专业委员会优秀论文评选二等奖)

浅析语文教学模式改革的主体自控式

一、由"他控"走向"自控"

改革开放给语文教学改革注入了新的活力。随着大量国外先进教学理论的引进和我国传统教学经验的挖掘,语文教学模式的改革取得了引人注目的成果。在教学观念上人们对重视学生的主体地位、重视培养能力已形成共识;在教学操作上,诸如加强自读、自结,注意双向多边的交流已形成一种较普遍的新风气。值得注意的是,在所有著名的语文教学模式改革实验中,"都一致强调了培养学生的自学能力"。为了有效地培养学生的自学能力,改革者着意构建语文主体自控教学模式,以取代传统的他控为主的教学模式。如"学导式""自学辅导""六步教学法"等语文教改实验,都具有主体自控的特征。由他控走向自控,已成为当前语文课堂教学模式改革的一个重要特征。

语文课堂教学模式改革的主体自控特征,主要表现在以下两个方面:一是教育哲学观念——以学生的学习为主体。近年来许多语文课堂教学模式的实验,不仅普遍注重了培养学生的自学能力,而且以落实学生的主体地位为出发点。如"自学辅导"和"学导式"实验,都把学生的自学放在第一位,教师的指导是为了学生会学。二是教学操作——以学生的自控学习为主线。教学观念更新带来了教学过程中师生活动关系的变化。许多教改实验的课堂教学程序都由过去的以教师的讲为主,变为学生自学活动为主。有的为"定向、自学、讨论、答疑、自测、自结",有的为"启、读、议、讲、练、知、测、结",都是以构建学生的自控学习为主的。

二、语文课堂教学主体自控模式的现代价值

语文教学主体自控模式反映了当代国际教改发展趋势,不仅对提高语文教学质量,还是对培养新世纪所需要的人才都有积极的意义。

实施主体自控教学,能使学生由"学会"到"会学"。叶圣陶先生指出,"知识是教不完的","教是为了达到不需要教",因此学生光"学会"不行,还必须"会学"才能"终

生受用"。传统语文教学以灌输为主,学生总是被动地接受知识,因此不能有效地培养自学能力,学生也就不可能达到会学。主体自控式教学强调焕发学生有意识的自我组织功能,循序渐进地培养学生自控学习的能力。这样,便有可能使学生实现由"学会"到"会学"的转化。

实施主体自控式教学,才能使语文课变多余的分析为扎实的语言训练。当前,烦琐的分析充斥语文课,严重地影响了语文教学效率,已引起语文界的极大关注。摒弃烦琐的分析、强化语言文字训练的呼声越来越高。要解决这个问题,以主体自控教学模式取代讲析模式应是最有效的途径。

语文主体自控教学模式是培养现代所需要的人才的理想模式。自控教育把每个学生都作为一个独立的能逐步达到最佳自觉自控自调的主体,所以能培养出最佳自控自立自强的人才。这样的人才能够独立地对事业进行系统安排,不断提出新目标、新课题,并发挥智慧的潜力,克服困难,去完成任务。在当今世界知识更新周期越来越短的形势下,只有实施主体自控教学,教养出具有自控学习能力的人,才能适应现代社会的需要。

三、构建语文主体自控教学模式的理论依据

1. 哲学依据。 马克思认为:"人的类特性恰恰就是自由的自觉的活动。"[1]按照人类的特性,教育就应该以发扬学生的自觉和主观能动性为重要努力方向,也就是要培养学生的自觉精神、能力和习惯。语文教学主体自控特征体现了上述观点。

2. 阅读心理学依据。 阅读心理学的研究成果表明,有效的阅读都需要学习者积极地控制他自己的认知活动[2]。元认知自我监控阅读技能是:①明确阅读目的;②识别课文中的重要信息;③运用自我提问的方法,检查阅读的目的是否达到;④当理解的失败被发现以后,采取补救行动。语文主体自控教学模式能有效地培养学生元认知和自我监控阅读技能。

3. 思维场控制学依据。 思维场控制学可以为语文教学主体自控模式作出令人信服的理论阐释。思场流是在思维场中种种组因围绕一个目标共时性相互作用而产生的以内语言和内形象为显工具的流程。据研究,一般人对自我思场控制水平还很低,绝大部分是忽东忽西、重复啰唆,处于无控、失控和低控的状态。如变无控、失控和低控为最佳控制,那么一个人一生则至少能留下一万部有序和有创造价值的内部语言书和有价值的内形象录像[3]。一个人的学习效果如何取决于对自己

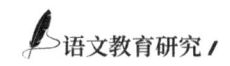

思场流的控制。语文教学主体自控模式,通过锻炼学生对自己思场流的控制,以提高教学效率。

参考文献:

[1] 马克思,恩格斯.马克思恩格斯全集:第42卷[M].北京:人民出版社,1979:96.

[2] 张必隐.阅读心理学[M].北京:北京师范大学出版社,1993:308.

[3] 陶同.自控式教育及其与传统教育的比较[J].新华文摘,1994(7):155.

(本文发表于《读写算》1996年第12期)

"语文阅读教学引导自控发展模式"研究

新课程呼唤新型教学模式。由于教学模式具有理论和操作的双重属性,在教育理论向教育实践的转化中起着桥梁作用,因此,构建与新课程教育理念相适应的教学模式,便成为推进新课程改革的关键环节。为了推进语文新课程的实施,我们于1994年在总结本县以往教学模式研究成果的基础上,根据新课程的理念,设计了语文阅读教学"引导自控发展"模式在小学中、高年级和初中进行实验研究。经过三年的探索,此项研究取得了显著效果。

一、主题与目标

此模式,旨在引导学生发展语文学习的思维自控水平,自觉地进行听说读写训练,逐步做到乐学和会学,实现语文素质的全面提高和个性的健全发展。其包含三层:①教学目标,培养学生自立自强和乐于探究的个性品质,发展学生语文学习的思维自控能力和自学能力,实现学生语文素质全面而快速的提高,达到"教是为了用不着教"的目的;②教学方式,主要采取唤醒、引导、激励,变"灌输式"为"启导式",变"他控学习"为"自控学习",变"苦学"为"乐学";③教学的核心,是唤醒生命自觉,引导学生对自己的学习过程进行监测、评价、调节和总结,使他们把阅读变成一种自主发展和审美享受。

二、框架与操作

(一) 模式操作性描述

1. 课堂教学模式

(1) 激趣明向。目的:导入新课,揭示课题,激发学习兴趣,进一步激活心理图式;随之进行思维定向,即让学生明确学习目标,使学生的学习活动具有一定的指向性。

操作要点:①根据教材特点和学生年龄特征、知识水平导入新课,揭示课题,激发学生学习兴趣;②将教学目标转化为学生的学习目标,学习目标可由师生共同讨论制订,或学生自行制订(教师只适当点拨);③学习目标要突出教学的重点、难点,要具体化,即通过教学内容体现出来;④结合预习要求,检查预习情况。

(2) 自读探究。目的:①通过自读感知课文,深入思考,从整体着眼,理出文章思路,试析段落层次,研究课文中心和写法,体悟语言文字的美;②找出不懂的问题,使学生在自学中探求知识,发展阅读能力,为下一步讨论质疑做准备。

操作要点:①明确自学要求(教师可适当指导);②细读课文,给文章分段(层);③概括段(层)意,找出中心;④找出课文的精妙之处,或找出不明确、不懂的问题;⑤引导学生从"整体"到"部分"进行阅读分析。

(3) 讨论交流。目的:①师生、生生之间进行讨论交流,自由表达阅读文本后的感悟,分享收获;②引导学生对教材的重点、难点以及在自学的过程中反复思考难以解决的问题进行讨论交流,从而使学生深入理解课文。

操作要点:①学生畅谈、交流自学收获;②提出重点、难点或不懂的问题,展开讨论,问题可以由教师提出,更要鼓励学生提出;③讨论形式,可先小组,再全班,也可直接全班讨论;④在别人发言时,要注意倾听;⑤注意引导,适当讲解。要鼓励学生对课文中的问题提出自己的看法和见解。要不失时机地进行启发点拨。对学生难以理解的问题,教师要适当讲解。

(4) 自结品赏。目的:①立足于从文本整体探讨语言文字表达;②自结是指学习将讨论质疑中的无序信息变为有序,使认识深化和系统化。③品赏是让学生欣赏课文的精妙之处,具体地说,是回答"哪里写得好,为什么? 哪些词句运用得好,为什么?"之类的问题。让学生畅所欲言,欣赏课文的内容美和形式美。

操作要点:①学生对照学习目标进行小结,既要重视知识的系统化,又要使学生对重点、难点认识深化;②以学生自结为主;③品味首先要启发学生发现"哪些地方写得好",再通过朗读、涵泳、体味、想象等方式,让学生懂得或说出好在何处。品赏的关键是品出语文的"味"来。

(5) 巩固扩展。目的:①进行字词句篇和听说读写的单项的或综合性的练习,使学生加深对课文的理解,巩固前几步学到的知识,并把知识转化为能力;②将所学课文与其他课文、课外读物结合起来进行比较性阅读,以增强知识的类化;③结合课文引导学生观察大自然和社会生活,学习课文中的写法,进行段、篇的写作练习。

操作要点:①练习题的设计要突出重点、难点,做到精练;②练习可先由教师设计,逐步过渡到教师指导下由学生设计;③学生做练习题,教师巡视指导,重点在发现高质量、创造性的作业和辅导后进生;④当堂练习尽可能当堂讲评;⑤布置课外作业,要引导学生养成记忆、归纳及运用课内所学知识的自觉性和习惯。

2. 课外教学策略

目的:①培养学生语文学习的自主计划和自管理能力;②培养学生课前预习的习惯;③培养学生课外自觉巩固知识的习惯,学会巩固知识的科学方法;④培养学生课外主动地、创造性地积累和运用知识的能力。

操作要点:①计划法——引导学生学会制订语文学习计划,并学会利用"计划"检查督促自己的学习;②静思法——引导学生每天安排5~8分钟静下心来对自己当天的学习情况进行回忆、评价。具体做法是:让学生对自己提问,如我今天语文学习上有哪些收获?我的学习效果怎样?如何改进?③积累法——做学习语文的有心人,将课外读书读报、看电视及日常生活中遇到的好词、佳句抄在本子上,记在心里;④练习法——写日记、自由写作、办小报、举办故事会和演讲会,自觉运用所学知识进行说、写练习。

(二) 运用此模式的注意事项

1. 运用此模式,要有整体观和灵活性。此模式由"课堂教学模式"和"课外教学策略"两部分构成,二者相辅相成,相得益彰,运用时要整体把握,紧密配合。课堂教学结构的五个环节是阅读教学的基本模式,但不是固定不变的程式,可以根据不同的教材、学生的年龄特征和知识水平灵活运用,有些环节可以交叉、合并、省略。

2. 运用此模式时,教师应重在唤醒、激励和引导。一是要培养学生学习语文的兴趣,激发学习积极性;二是要强化学生的自主意识,使他们掌握自控学习的方法,养成自学的习惯;三是组织学生交流语文学习经验。

3. 运用此模式,要注意吸取语文传统教学的精华。传统语文教学中的朗读、吟诵、启发、品味、推敲、创设情境、精彩讲述等等,都是有效的教学手段。自控发展模式要充分运用这些符合汉语规律的手段,以增强学生的语文感受。

4. 此模式的实施须循序渐进。运用此模式,要考虑学生自学能力和自觉习惯的水平。从小学中、高年级至初中须逐步提高学生的自控水平,不可一蹴而就;一种新类型课文的起始阶段不宜采用以学生自控为主的教学方式,因为学生还缺乏此文体的基本知识,这就需要由"扶"到"放"。

三、支撑性理论

人的自立自强自控是古今中外事业成功者所具有的个性品格,是21世纪国际化人才的一个重要特征。传统语文教学以"灌输"为主,学生往往被动地接受知识,因此不能有效地培养其自主性、创造性和自学能力。也就是说,传统的语文教学模式已不能适应培养现代人的需要。语文"引导自控发展"教学模式有助于增强学生的自主发展意识和自组织学习功能,实现由"被动学习""机械学习"向"自主学习""乐学会学"的转变。

(一) 哲学依据

马克思认为,人的类特性恰恰就是自由自觉的活动[1]。即人具有自主自为性。人不仅能把握自己与外部世界的关系,而且具有把自身的发展当作自己认识的对象和自觉实践的对象的能力,人能够构建和完善自己。人类正是因为有了这种本质特征,才不断学习、探索、创新,推动着人类社会不断进步。一方面由于人的主体能动性同人的创造性有着内在的正相关,所以从现代社会的人才观出发必须强化这种主体性;另一方面,人的自主自为性又是语文学习的实现机制。真正有效的学习,是人的自主学习。因此,对教育过程的规划应以对人的能动性特点的尊重、开发为重要支点[2]。自控发展型教学,体现了对人生命自主自为性的尊重。

(二) 心理学依据

阅读心理学认为,有效的阅读都需要学习者积极地控制他自己的认知活动[3]。元认知研究成果表明,学习过程中,进行认知监控有助于提高学生的问题解决能力和批判性思维水平。自控式学习有助于发挥学生的主体作用,有助于加强学生对自己学习过程的监控和思维过程的优化。思维场控制学认为,思场流是在思维场中种种组因围绕一个目标共时性相互作用而产生的以内语言和内形象为显工具的流程。据研究,一般人对自我思场流的控制水平很低,绝大部分是处于无控、失控和低控状态。一个人的学习效果如何,取决于对自己思场流的控制水平[4]。语文自控发展教学模式是通过引导学生对自己思场流的有效控制,以提高学习效果。

(三) 汉语言特点依据

语文教学是母语教育,它有显著自主自控学习的优势。这是因为:一是学生的语文学习是在已有口语的基础上,从书面语开始。换言之,学生语文学习之前已有口语的基础,而其他学科没有这个基础。二是语文学习具有全方位、多层次的语言文字环境(口语和书面语的环境),学生可以从丰富的母语资源中自主摄取语文营养,其他学科无此环境资源优势。三是汉语是一种"非形态语言",其组织方略是以"神"统"形"、以"意"役"法",其理解机制在于"意合",汉语学习具有很强的自我感悟性。因此,汉语的许多只可意会不可言传的精妙之处,学习者只有在自控式学习的过程中才能深切感受和体悟。

四、效果分析

（一）运用此模式教学,优化了教学过程,拓展了教学时空,增强了阅读教学的科学性和有效性类。

此模式立足人生命的自主自为性和大语文教育观,构建了一种由"课堂教学模式"和"课外教学策略"组成的全时空、立体化的教学体系。(1)将预习、自读、品赏与巩固、积累、运用融为一体,使听说读写有机结合,使学生的语文学习过程得到优化;(2)有效地促进学习主体在校内外、课内外充分利用时间和丰富的母语学习资源主动地吸收语文营养,自觉地进行听说读写训练;(3)学生掌握了科学的学习方法,提高了学习效率。从对学习兴趣、学习态度、学习主动性等学习心理指标和对理解、朗读、记忆、运用等语文指标的测量看,实验班学生明显优于对照班。

（二）运用此模式教学,有助于更新教学观念,强化学生的主体地位,培养学生语文学习的主动性和探索精神。

在运用此模式教学的课堂上,以学生自读、质疑、小结、品赏为活动主线,学生真正成为学习的主人,学习的热情高,主动性和自信心强,思维活跃,勇于提出问题。据1995年春季的一次听课统计,小学4个实验班(183人)和初中2个实验班(108人)课堂上学生主动质疑比例分别为15%、13.7%;而1996年春季再对上述实验班进行听课调查,此项指标分别提高到71.3%和74.4%。

（三）运用此模式教学,有效地提高了学生的独立阅读能力,培养了良好的自学习惯。

一是学生掌握了阅读一篇文章的基本方法。学会"圈""画""记""批",能利用工具书,能基本理清文章的结构层次、概括文章的中心、分析文章写作方法、品赏文章的语言。二是促进了学生课外阅读,增强了语文积累。据统计,小学实验班学生每学期生均读课外书28.47万字,对比班学生每学期生均读课外书刊仅15.12万字;初中实验班每学期生均读课外书刊26.84万字,对比班学生每学期生均读课外书刊仅13.3万字。实验班学生课外阅读量大,能更多地吸取语言营养,并养成了摘记精词佳句、搜集名言警句的好习惯。三是促进了学生语文实践能力的发展。通过写日记、自由写作、自办小报和自主组织的小调查、故事会、演讲会、辩论会等方式,促进了学生口头语言表达能力和写作能力的发展,实验班学生的写作水平和在报刊上发表文章的数量明显高于对比班。

（四）运用此模式教学,有利于减轻学生负担,大幅度提高语文教学质量。

运用此种模式教学,课堂上教师讲得少,学生读得多、议得多、练得多,小学语文作业基本在课内完成,初中布置课外作业一般不超过 20 分钟。所以实验班虽然不加班加点、不搞"题海战术",但由于采用此种教学模式把控制生命转向激扬生命,从而发挥了生命的内在力量,学生学习积极主动,逐步做到爱读书、会读书,拓展了学习时空,自觉地全方位地吸收语文营养,阅读能力和表达能力显著提升。在 1996 年度毕业(升学)考试中,小学实验班语文成绩比对照班生均高 8.1 分,初中实验班语文成绩比对照班生均高 10.6 分。实践证明,使用此种模式教学不仅有利于加强"双基",而且能有效地培养学生的质疑和品赏能力,能大幅度提高语文教学质量。

参考文献:

[1] 马克思,恩格斯.马克思恩格斯全集:第 42 卷[M].北京:人民出版社,1979:96.

[2] 叶澜.时代精神与新教育理想的构建——关于我国基础教育改革的跨世纪思考[J].教育研究,1994(10):3-8.

[3] 张必德.阅读心理学[M].北京:北京师范大学出版社,1993:308.

[4] 陶同.自控式教育及其与传统教育的比较[J].新华文摘,1984(7):155.

[此文系江苏省教育科学"九五"规划立项课题《语文引导自控阅读教学模式研究》成果。批准文号:苏教规立字(95)205;发表于《宿迁教育》1997 年第 1 期;《江苏教育》2002 年第 3 期对该项研究成果予以推介;获 2002 年度宿迁市科学技术进步二等奖。课题组负责人钱巨波;主要成员:王兆华、杨春、田才千、赵兰、李雪兰、朱宗亚、王守兵]

拓展教学时空 引导学生全方位地学习语文

近年来,大众传媒的发展,使教育的范畴从学校迅速向社会发展。因此,语文教学研究的教学观念和方法都应有所更新,其视点不能光停留在课堂教学上,要向课外拓展教学时空,引导学生全方位地学习语文,才能使他们的语文能力得到快速的发展。这是因为:其一,语文学习的心理机制是内化和外化的统一,就学习某一语言材料而言,学生在课堂上不可能完成感知、理解、积累、运用这一复杂的心理过程。其二,母语具有独特的自学优势。学生学习语文是在已有口语的基础上,从书面语开始,因此在认识了一定数量的汉字以后,便可以自学;而且母语具有全方位、多层次的语文学习环境,如在广播、电视及日常生活中都可以吸取语文营养。其三,从时间来看,学生课外有很多时间可自觉地进行听说读写训练。其四,无数事实告诉我们,语文成绩优异的学生都很重视课外阅读、习作,作家更不是仅靠课堂教出来的。树立大语文教学观是时代使然。我县自1994年秋季始,在小学中高年级进行"语文阅读教学引导自控发展模式"实验研究。实验班注重拓展课外教学时空,引导学生自觉地、全方位地学习语文,学生的听说读写能力提高很快。其做法是:

一、围绕课堂教学,拓展学生语文学习时空

1. 抓课前预习

叶圣陶先生指出:"不教学生预习,他们经历不到在学习上很有价值的几种心理过程。"预习的主要任务是:感知课文,了解课文大意,自学生字词,为深入学习课文做准备。结合课文前的"预习"揭示,其做法是:①激发阅读兴趣;②自订预习提纲和要求,明确学习重点和方法;③根据提纲进行预习。通过预习,培养学生独立阅读能力,包括自学生字词、理解课文内容、发现问题,养成圈、画、记的习惯。

2. 抓课后延伸

课后延伸的作用在于:培养学生自觉地巩固、深化和运用课堂所学知识的能力和习惯,学会巩固、运用知识的科学方法。其做法是:①梳理法——整理课堂笔记,

既可复习、巩固知识,又可使知识系统化;②尝试回忆法——追忆课文或单元的精要,有助于深化对课文的理解,加强记忆;③练习法——写读书笔记,或结合课内所学的语文知识习作;④诵读法——熟读或背诵课文,增加语文积累。

二、围绕阅读积累,拓展学生语文学习时空

1. 引导学生搜集名言警句。

按学号轮流,一日一句,每天早读课由轮到的学生写在黑板上,其余同学抄在名言本上。一学期,每人可搜集100多条。名言警句的海洋是深幽而广阔的,有的学生为了选出一句自己喜爱的名言警句,常要翻阅大量资料。这搜集的过程,也是学生理解、欣赏、积累语文知识的过程。其做法是:①比赛式。如看谁搜集、背诵名言警句多,组织接力竞赛活动(接上下句或说出名言警句的作者、出处)。②讨论式。谈对名言警句的理解和运用。③仿作式。让学生仿写一句名言。

2. 引导学生课外阅读书刊。

课外阅读是学生获取语文知识、陶冶情操的重要途径。课外阅读指导得当,既可培养学生学习语文的兴趣,又可培养学生的自学能力。实验老师是这样做的:①举办课外阅读讲座,让学生掌握阅读的目的和方法;②成立阅读兴趣小组,定期交流心得、体会;③注重阅读摘抄,要求学生每周摘抄一定量的精词佳句(学生自己认为用得好或写得好的),教师定期组织评比。

3. 引导学生在休闲观赏中学习语言。

当前,音像电讯传媒提供了丰富的语言信息,其中有许多是值得学习的语言精粹。教师要引导学生做语文学习的有心人,自觉地摄取语言营养。实验班定期组织专题性"语言采珠品评活动",如"广告用语品评""优美歌词品评""人物对话仿真""幽默语言大展"等。这类活动大大激发了学生学习语言的兴趣,增加了学生的语言积累。

三、围绕说写表达,拓展学生语文学习时空

1. 开展"信息交流日"活动。

每周一下午为"信息交流日"活动时间。让学生把近期在书刊、广播、电视或日常生活中看到、听到的珍闻、趣事在会上交流,按年级高低要求说话的长短和质量。"会议"由学生自己组织,活动结束前由他们自主评出"好信息"一至二条。这项活动仅开展一学期,一些不爱说话的学生比以往愿意说话了(在集体场合说话),爱说话

的学生比以往变得更会说话了。

2. 组织故事会和演讲比赛。

故事内容分复述和自创两类。演讲题目为学生自己讨论拟定,提前做好准备。由于演讲的题目由学生自定,所以演讲的内容都是学生熟悉的内容和思考的问题,如《我爱学校》《家乡的变化真大》《一个敬爱的人》《长大了我要干什么》等。每次活动评出若干名"故事大王"或"小演讲家"。通过这项活动,学生的观察能力、说话能力有很大提高。

3. 办"手抄报"。

每周一、三、五出一张报纸。手抄报设"名言""读书一得""好人好事""小新闻""作文选登""金钥匙"等栏目,稿源可摘抄、自写,也可向学生征稿,组稿、编排、刊头设计、抄写全由学生自己完成。办手抄报是一项综合性较强、难度较大的工作,因此须循序渐进,不能一步到位。开始要在教师指导下分组办,逐步过渡到按学号轮流由一个学生独立办。办报的同时要抓好读报,使学生从中受益;还要做好总结评比,如评选"最佳版面""最佳刊头设计""最佳书写""最佳内容""办报积极分子"等。通过办报,学生的收益是多方面的。

[本文系江苏省教育科学"九五"规划立项课题《语文引导自控发展模式研究》成果。批准文号:苏教规立字(95)205;发表于《小学教学研究》1997年第8期]

展示思维过程　增强语言训练力度

数学教学很重视说算理,使学生不仅知其然,还要知其所以然。这种做法,意在关注培养学生获得答案的思维过程,使他们从中总结经验,深化认识,学会思维方法。语文教学对上述做法应予借鉴。揭示思维过程,对语文教学有着重要的意义。抓住了思维过程,也就能将言语运用的过程进行剖析,从言语中学习语言,进而促进学生语文学习的内化和外化,提高训练力度。展示学习语文的思维过程,可从以下几方面着手:

一、展示释词过程,培养理解能力

词语教学,当学生能正确解释词义时,教师不应以此为满足,而应当追问其思维过程。如有位老师教学《赤壁之战》一课时,对"自不量力"这一成语的教学是这样进行的:

师:"自不量力"在课文中是什么意思?

生:是说周瑜自己不估量自己的能力,打不过曹军,却要硬打。

师:你是怎么知道这个意思的? (追问学生的思考过程)

生:"量",我原先不太懂,通过查字典才知道"量"是"估量"的意思。

师:对,要理解一个词语的意思,就要先弄清楚这个词语中每个字的意思。

生:整个成语的意思是自己不能正确估量自己的能力。

师:这是成语字面的意思。

生:课文里是说周瑜过高地估计了自己的力量。

师:为什么能理解到这一点?

生:从字面的意思,再看上下文,上文写的是"东吴兵少,抵挡不住八十万大军",接着说,"硬拿鸡蛋去跟石头碰,哪有不失败的"。这上下文说明了周瑜不注意力量对比,过高地估计了自己。

师:你思考得很好。你能归纳一下理解词语的方法吗?

展示理解词语的思维过程,不仅可以使学生深化对课文的理解,还可以使他们从中总结经验,学会理解词语的思维方法。答者受益,听者(其他学生)也从中获得启示。引导学生理解重点句子也可适当展示思维过程。

二、展示分段过程,培养综合分析能力

教师引导学生学习分段,不能光停留在分为几段以及段落起止的结论性回答上,还应让学生说说为什么这么分,展示其分段的思维过程。如有位教师教学《捞铁牛》第一课时,是这样引导学生分段的:

师:这篇课文可以分几段?

生:可以分为四段。1~2自然段为第一段;第3自然段为第二段;第4、5、6自然段为第三段……

师:你能说说为什么这样分吗?

生:1~2自然段是讲铁牛陷在泥里,一个和尚愿意捞铁牛,所以应该为一段;第3自然段是讲捞铁牛的准备工作,所以应为第二段……

师:还有没有别的分法?

生:也可以分为三段。将2、3段合为一段。

师:很好,这样分也可以。说说为什么2、3能合为一段?

生:第一段讲捞铁牛的起因,第3自然段讲捞铁牛的准备工作,第4~6自然段讲怎样捞,都是讲捞铁牛的经过,所以可合为一段。

师:这是一篇记事类文章,你能归纳一下给记事类文章分段的方法吗?

从这里不难看出,展示学生学习分段的思维过程,有利于学生认识文章的结构特点(包括顺序、层次等),掌握分段的方法,提高其综合分析能力。

三、揭示赏析过程,培养审美能力

引导学生揣摩、感悟文章的精要之处,提高其理解、欣赏能力是语文教学的难点。展示学生品读、赏析的思维过程,对提高学生的审美能力有着十分重要的意义。如有位教师在教学《忆铁人》一课时,围绕铁人把小娃"紧紧地搂在胸前"的细节描写,这样引导学生思考:

师:这句话中哪个词用得最好?

生:"搂"字用得最好。

师:为什么说"搂"字用得好呢?

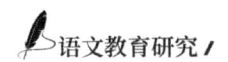

生:"搂",写铁人抱小娃的动作很真实,表现了铁人对小娃很疼爱。

师:仅仅表现了铁人对小娃的感情吗?

生:还表现了铁人对那位阿姨的敬佩。

师:这个"搂"字,与文章的中心思想有没有关系?

生:关系很大。一个"搂"字,不仅表现了铁人对小娃的疼爱,而且表现了铁人对那位阿姨的敬佩,突出了铁人知错就改的品质。

师:说得很好。这个"搂"改成"抱""托""举"行不行?

生:改成"抱""托""举"不行。

师:为什么?

生:这三个词都不能准确表现铁人当时的感情,还是"搂"字用得好。

这样,展示学生品味、推敲、欣赏的思维过程,步步深入,引导学生感悟、比较,可增强语感训练力度,能有效地培养学生对文学作品的审美能力。文章里好的开头和结尾、好的构思、好的过渡等等,教师都应引导学生细细品味、推敲,并要着重展示其赏析的思维过程。

(本文发表于《江苏教育》1996年第10期)

提问效果与等待时间

现在，许多教师提问与学生回答的节奏越来越快，这种快速回答模式的教学效果如何，颇值得研究。

据多次听课观察，教师提出问题，往往要求学生在一秒钟内开始回答，一旦学生做了回答，教师常常又在一秒钟内作出反应。由于等待时间这么短促，学生的回答多是浅层次的、零碎的。试想，在一秒钟内，思考能进行多深呢？这么短的时间内，学生能有多少"顿悟"和思维的闪光呢？因此，大多数的快速回答，从表面上看表现了学生思维的活跃，实质上思维质量并不高。

快速回答适用于知识复现性的教学，如练习或复习之类（对于巩固知识记忆和培养思维的敏捷有显著意义），但它不适宜需要思考、探究、评价、发现的教学。在思考性问题的情境中，学生需要学会凭借他们已有的认识能力从课文中汲取知识，培养发现问题、分析问题和解决问题的能力，而这一思维过程需要适量的等待时间。一些研究者做过对比实验，给提问增加等待时间3秒，得出的结论是，稍长的等待时间对学生的语言行为产生了如下效果：一是"我不知道"和回答不出的现象减少了；二是学生回答的时间长度和语句数量有所增加；三是思辨性的思维事例增加了；四是学生提出了更好的推理性证据；五是成绩差的学生的回答次数增加了。可见提问后增加适量的等待时间的必要性和重要性。

语文课上的教学提问大多是思考性的，因此教师在提出此类问题之后，学生回答之前，给他们留有思考的时间，换言之，应等待适量的时间。教师要注意两个等待时间：一是提出问题之后的停顿——应等待3~5秒钟，再重述问题，或变换问题；二是学生回答之后的停顿——应等待3~5秒钟，再对学生的回答作出反应，或提另一个问题。

（本文发表于《教学研究报》1995年10月25日）

好的细节是文章中的珍珠

　　一个好的细节,能使人物性格鲜明,让他在你面前活生生地出现,甚至会永远留在你的记忆里。

　　《金色的鱼钩》中的细节描写真切生动,十分感人。如,老班长把钓来的鱼让给战友吃,自己悄悄地吃骨头,老班长在奄奄一息时,仍不愿吃鱼汤,说:"小梁,别浪费东西了……你们吃吧……吃完了,一定要走出草地去!"这些细节描写使老班长的崇高形象跃然纸上。老班长为了战友、为了革命,不惜牺牲自己的高贵品质多么真切感人!

　　《大仓老师》中细节写得具体形象,个性鲜明。如,从开学典礼上大仓老师的衣着、动作、讲话,可以看出他家里很穷,是个朴素、直率、热情的年轻人;上课时,没理会春美关于"俺"的异议,支持师太的回答,"俺"字好像比别的字写得更大;"他的声音不高,但很有力,说罢绷起嘴唇"。这些细节生动地表现了大仓老师坚持真理的态度和不向世俗让步的性格特征。

　　《忆铁人》中的细节也写得很有个性。如,铁人知道对阿姨批评错了,立即"掉头,回去";"一把举起了小娃,看着,看着,紧紧地搂在胸前";"夜很深了"还"在床上辗转反侧"等细节,都真实生动地表现了铁人关心群众、勇于认错、严格要求自己的高贵品质。

　　好的细节是文章中的珍珠,为文章增光添彩。

　　(本文发表于《小学生语文导报》1994年12月13日)

毕业班作文复习的策略

纵观目前毕业班的作文复习，往往存在以下不良倾向：一是教师根据教材顺序按部就班式地机械重复；二是使用各种复习资料，生搬硬套；三是复习无计划，随意性很大。这样的作文复习，耗时多、效率差、质量低，不能有效地提高学生作文的综合能力。那么，怎样才能在有限的时间里进行卓有成效的作文复习呢？对此，笔者谈几点粗浅意见。

一、整体把握，增强计划性

教师在指导学生进行作文复习时，以下问题首先必须心中有数：《大纲》是怎样要求的，教材是怎样安排的，学生的水平怎样，哪些问题还亟待解决，复习时间如何分配等等。教师要在复习之前，立足作文复习的总体要求，制订一个较好的计划。

1. **整体把握**。《大纲》明确指出：小学阶段要求学生"能写简单的记叙文，做到有中心，有条理，内容具体，语句通顺，感情真实，思想健康；能写常用的应用文；书写工整，注意不写错别字；会用常用的标点符号"。围绕这个"纲"，教材编者将各个作文知识点以基础训练的形式分散安排在各册教材中，在编排体系上遵循由浅入深、循序渐进的原则。以五年制小语课本为例，小学作文主要可以分为两大类：一是记叙文，包括写人、叙事、描景、状物，以写人叙事为主；二是应用文，包括留言条、日记、通知、书信、表扬稿、建议书、会议记录等。要根据《大纲》要求和学生作文能力状况，以教材的作文训练系列内容为依据，立足整体，考虑作文复习。

2. **突出重点**。整体把握，但切忌平均用力。首先，作文复习要突出重点。如命题作文中的"审题、选材、构思"训练；材料作文中的"围绕中心，重点发散"训练；看图作文中的"观察"训练；应用文中的"格式"训练等。抓住这些重点复习就能收到事半功倍的效果。其次，对薄弱环节下功夫，比如记叙文中的叙事、状物，重在求"序"，即按一定顺序将事情的来龙去脉或物体的形状、作用叙述清楚；写人、写景，重在求"异"，即抓住特点，写出该人物、景物与其他人物、景物的不同之处。

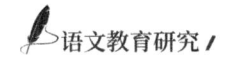

3. 有计划性。 一是作文复习的时间安排要有计划性。作文复习的时间是有限的,必须根据复习总体目标及学生作文能力的状况合理安排。如记叙文与应用文的复习时间安排,前者要多一些,后者可少一些;再如作文复习的单项训练与综合训练要有恰当的时间比例。二是作文复习的内容安排要有计划性。可先安排单项复习,然后再相对集中地进行综合能力的复习训练。三是每节课的作文复习要有计划性。每节课复习什么?要达到什么目的?怎样复习?要认真做好作文复习教学设计。

二、明确目标,发挥主体性

学生是学习的主体,只有充分发挥其在作文复习中的主观能动作用,才能使他们在小学阶段所学到的作文知识纵深化、系统化,形成作文的综合能力。这就要使学生明确作文复习的目标,注重激发学生对作文复习的兴趣。

1. 明确目标。 作文复习目标明确,才能有的放矢,充分发挥学生的主动性和创造性。可设计这样一些问题:小学阶段要求掌握的文体有哪些?每种文体的具体要求是怎样的?翻阅自己的作文,对照总体目标看看哪些做得好,哪些做得不够好?怎样修改自己的作文?通过回答上述问题来增强学生作文复习的自觉性和针对性。

2. 激发兴趣。 教师要恰当地组织复习内容,在看似熟悉的教材中,找出学生囫囵吞枣的部分,别开生面,使学生对复习能有一种新鲜感,产生直接兴趣;并针对其年龄心理特征,运用比赛、游戏、表演、作文接龙等方法,采用必答、抽答、抢答等多种形式,以个人、小组、性别为单位开展作文知识、写作能力的训练。还可以让学生练习改换人称、体裁、中心将原文重新叙述;或给定事情梗概,让学生找出想象点进行扩写;还可以出示图画,结合填空、选择、判断等题型,指导学生进行拟题、列提纲等训练。让学生在生动活泼的活动中巩固作文知识,提高作文能力。

3. 自我完善。 小学生的写作能力大多是不够全面的,且又呈现明显的个体差异性。如有的审题不准,有的选材不当,有的中心不明,有的叙事笼统,有的条理混乱,有的语病较多,有的不会修改作文等等。针对学生作文能力的缺陷,必须激发学生的主体能动性,促进其自我完善。教师可先列出作文能力系列项目,让学生逐项对照检查,找出自己的薄弱环节;然后再让学生针对自己作文能力的弱点进行训练。

三、促进迁移,提高综合性

作文复习应遵循知识迁移的规律,注重读写结合,促进融会贯通,将学生在阅读中习得的写作知识运用到习作实践中,全面提高学生作文的综合运用能力。

　　1. **读写结合**。作文复习要将读写紧密结合起来。教师指导学生复习课文不能离开字、词、句等基础知识的巩固,也不能离开篇章的研究分析,要将审题、立意、选材、布局、谋篇等落到实处,使学生写作在模仿中创新,在借鉴中求异。同时,作文能力的提高又可以促进阅读能力的发展。以《卖火柴的小女孩》一课为例,继字词句等语文基础知识复习之后,教师可设计如下题目:①大年夜,小女孩为什么要去卖火柴?结果怎样?②文中哪些地方是实写,哪些地方是联想?想象合理吗?为什么?③找出文中前后照应的句子。这样,就将课本中"分辨事物和联想"、"展开合理的想象"、"分清事情的前因后果"和"前后照应,首尾连贯"等读写训练项目融为一体,从而提高复习效率。

　　2. **范文引路**。教师可以让学生在课外读物中找出写人、叙事、描景、状物的优秀文章和各种应用文,引导学生对这些范文的拟题、选材、写作方法、格式等进行分析,然后进行仿作。仿作写好之后,再同范文进行多方面的比较。通过比较,促进作文能力的迁移。

　　3. **融会贯通**。小学阶段学生练习的作文形式很多,如命题作文、看图作文、给材料作文以及各种应用文等。复习前期,进行单项复习是必要的,即弄清这些作文形式各有什么特点,应该如何审题、构思、选材、谋篇;而后,则要注重训练并提高学生对各种题材、体裁变通运用的能力。可以设计此类练习:在日常的学习、生活中,你一定遇到过使自己高兴、激动、自豪,或担心、胆怯、紧张的事情,请选择一件具体地写下来。完成下列作业:①写一篇记叙文。要求:拟一个既简洁又新颖的题目;中心明确,内容具体,条理清楚,语句通顺,有真情实感。②用书信的格式将这件事告诉你远方的一位长辈。③假设你妈妈不在家,去寄信时,别忘了给你妈妈写一张留言条。以上练习,将题材的使用、文体的辨析、作文格式的训练融于一体,有助于培养学生作文思维的灵活性、变通性,有助于促进学生作文能力迁移,从而提高其作文的综合能力。

　　(此文由本人与姚克军先生合作完成,发表于《江苏教育》1998年第5期;中国人民大学复印报刊资料《小学各科教学》1998年第5期)

生命论教育研究

第二辑

生命教育论纲

一、时代呼唤生命教育

为了迎接即将来临的21世纪,世界许多国家都在积极地进行教育改革。面对新世纪,占世界人口22%的中国(编辑注:此文写于20世纪90年代末),将怎样把沉重的人口负担转化为巨大的人力资源优势,为经济发展和社会全面进步提供精神动力及智力支持?中国教育要做出应答。

笔者以为,生命教育是21世纪教育的必然走向。1996年7月,71位中国科学院院士联名呼吁:务必十分重视生命科学研究[1]。生命科学将成为21世纪的主导学科。国内外自然科学界已十分重视人的自然(生理)生命的研究,并有望在21世纪取得突破性进展。生命科学的发展,一方面为教育改革提供了科学基础,另一方面又给教育科学研究以深刻的启示。首先,人最根本的是"生命",教育的改革和发展应当遵循人的生命规律,教育学必须以人类自身的生命活动作为自己的现代视界。换言之,教育倘不在人类自身的生命活动的地基上重构自身,将永远是无根的、片面的,休想有所作为。其次,教育只有遵循人的生命活动规律,才能克服缺失与异化,走向健全与高效。因此,要将生命科学、脑科学、心理学、生理学及生命哲学等学科的研究新成果运用于教育研究,从人的生命规律出发,合理施教,以提高教育的科学性和实效性。

教育的现实同样呼唤着生命教育。从教育自身来看,现存的教育受教育功利价值观支配,成为一种不完整的教育。这种不完整教育的种种弊端,导致教育主体性的丧失和知、情、意的割离,把人生命的丰富性简单化,制约了受教育者的自由和谐发展。从我国社会现状来看,当前社会上不少人对"人生意义"的淡漠和"生命"的虚掷,缺乏效率意识、开拓精神和创造能力,导致人力资源的严重浪费,影响着我国经济建设和社会发展的进程。造成这种不良状况的原因虽然是多方面的,但与现存教育的缺失与低效有着极为密切的关系。由此,我们教育必须在总结以往经验教训的基础上,努力克服现存教育的缺失和异化,探索构建适应未来社会需要和关爱人自身发展的新教育。观照人的生命,是构建新教育的理想思路之一。

二、生命教育目的观

1. 生命教育的含义

生命教育被定义为:在学校教育中,根据人生命本质及发展规律和社会进步的需要,制定教育目标,构建课程体系,组织教育教学活动,使受教育者的身心得到充分自由和谐的发展,成为充满生命活力,具有健全人格、鲜明个性和创新智慧的一代新人。有三层含义:一是教育要确认生命的整体性和人发展的主体作用;二是要按照人生命成长、发展的规律和社会需求实施教育;三是其终极目标是培养人热爱人生、珍视生命,塑造健全的人格,充分开发人的生命潜能和人生智慧,为受教育者实现人生的最大价值(社会价值、个人价值)奠定基础。

2. 生命教育的目的

生命教育目的观坚持"社会价值"和"个人价值"的统一。生命教育着力克服中国传统文化和现实教育中存在的压制人的个性发展的弊端,在坚持"社会价值"的同时,十分重视"个人价值"的实现,努力促进人的自身发展,使每个受教育者学会求知、做人、创造、合作、健身和审美,既成为现代化物质文明和精神文明的建设者、创造者,也成为具有丰富的内心世界、高尚的精神生活情趣、鲜明的个性特征的一代新人。下面从三个方面对生命教育目的做出"应然性"阐述。

(1) 自然生命方面。强健的体魄是生命的源泉,是发展人格、品德和智力的物质基础。人,能够自觉自身生命的存在与发展,能够对自身的存在方式和发展道路做出自主的选择,因此,通过教育可以增强人对自然生命的安全与保健意识。人的自然生命教育又可分三个方面:一是掌握安全知识,有安全自保能力和自我保护的习惯;二是外在的营养资源的开发和利用;三是身体健康成长和体育、保健[2]。教育应当以生命科学、生理学、营养学等学科为指导,加强安全健体教育,使儿童、青少年认识和把握人的身体成长、发育和保健的规律,确立科学的饮食观念,养成良好的健体习惯和生活方式。大脑是关系到人生命活动效能的关键性器官,必须重视健脑教育。

(2) 精神生命方面。塑造人的健全人格是教育的最高目标。健全人格的形成决定于人生命的精神世界。精神是一个包含很广的概念,本文指人的精神境界和心理品质。教育要注重人精神的培养。第一,培养人的生命意义和价值。一个人的人生意义水平规定其精神境界、人生格调及行为方向,是人的生命结构中首要的和重要的内涵。人生意义和价值包括"学会做人",具有社会公德和奉献精神;热爱生活,珍惜生命,亲近自然;有振兴中华民族的志向,关心世界和人类幸福。第二,培养人的主体精神。主体性是人性精华,时代呼唤人的主体精神。教育要注重培养人的自主性和能动性,能使其积极主动地不断超越和完善自我,改变和完善现实。第三,培养人健全的人格心理。集中表现在以下几方面:①培养人的自信。一个在生活中能独立自强者,必以自信心为前提条件。在急剧变化的社会中有了自信,才有迎接挑战的冲动和勇气,才能捕捉到机遇,才可能有新的未来。②培养人坚强的意志。古今中外,不管是为人类做出重要贡献的伟人,还是事业有成的常人,都具有顽强的意志。依靠自己的意志,战胜困难,不怕挫折,生命就会升华。③培养人的美好的情感。一个完整、完善的人,对自然、对事业、对社会都充满感情。美好的情感可以唤醒、内在地激起人们为社会为事业而奋斗。凡是缺乏美好情感的人,就会漠视人生,虚度年华,甚至危害社会。

(3) 智慧生命方面。智慧是人对事物能认识辨析、判断处理和发明创造的能力。人的生命因智慧而发展、弘扬、闪光。当今世界科学技术日新月异,"知识经济"已见端倪,人类的生存环境呈现多变、多元、多彩、多险的状态。面对未来,为了满足人的生存、发展、享受的需要,教育要在传授科学文化知识的同时,注重开发人的潜能,培养学生的学习智慧、工作智慧、生活智慧;引导学生珍惜时间,讲究方法,重视效率,会交往与合作;要利用脑科学、思维科学、生命科学的研究成果充分开发学生的大脑,让他们越学越聪明。江泽民同志指出:"创新是一个民族的灵魂,是一个国家兴旺发达的不竭动力"。人的创新智慧孕育着辉煌的生命之美。教育应当"处处是创造之地,天天是创造之时,人人是创造之人"(陶行知语)。教学生"学会创造"是社会发展对教育的迫切要求。

三、生命教育的原则

1. 构建生命教育原则体系的依据

生命教育必须在人生命理论的地基上构建其理论框架。十分遗憾的是,人类尚未建立认识自身的较为完整的生命理论。这样,我们只能从自然科学和社会科学多门学科中寻求人生命发展的规律,以此构建生命教育理论体系。

人生命本质及其发展规律有以下主要特征:①人生命的能动性。人是创造自己、自己主宰自己命运的存在物。人生命力的发展不仅依赖于人的先天素质和外部环境,而且依赖于人对自己发展的自觉意识和能动作用。②人生命的整体性。动物只有自然生命,而人不但有自然生命,还有精神生命和社会生命。人的生命有多方面的需要:生理的、心理的、社会的,物质的、精神的、行为的、认知的、价值的、信仰的。人的生命是多层次、多方面的整合体。一个健全的人,是"知、情、意"的和谐发展,是德、智、体的全面发展。③人生命的精神性。人生命发展的精神性是区别于一般生物的最重要的最显著的特征之一。精神是人的本质。"人"有了"精神"这东西,才有了生命的"意义",才有了对真、善、美的追求。在人类的活动中,人类的精神起着越来越大的作用。④人生命的审美性。爱美之心,人皆有之。爱美是人生命的本性。人不但按照美的规律改造客观世界,还按照美的规律塑造自己。

2. 生命教育的原则

(1) 主体能动原则。人不仅能把握自己与外部世界的关系,而且具有把自身的发展当作自己认识的对象和自觉实践的对象的能力,人能够构建和完善自身。教育应当着力于主体性的全面唤醒,培养人的发展的能动性。这既是教育的始点,又是教育的终极目标,也是施教的有效途径。教育者对全部教育过程的规划应当以对人的生命发展的能动特点的尊重和开发为最重要的支点[3]。重点把握两方面:一是培养人具有较清晰的自我意识。要培养人在意识中理智地认识自己、筹划未来的自我、决定今日的行为。另一方面是发展人的自我调控能力。能够根据自己的发展目标,选择恰当的有效的行为策略,一步一步地为实现自己的理想人格、才能和价值而奋斗。

(2) 整体和谐原则。人的生命具有丰富性、复杂性,其构成要素是相互关联的,这些要素有机地组成一个完整的人。人的生命发展只有建立在生命结构关联的基础上才是健康的和有效的。教育要立足人生命的整体性,关注生命整体各个层次和方面,使教育成为对整个人的健全教育,而不是只关注某一方面发展的畸形的教育。须注重三方面:其一,制定教育目标要考虑生命结构的各个方面的因素及其关联,注重整体和谐,克服片面性;其二,课程设置、教育教学活动设计及实施过程要促进学生生命结构及要素的相互作用和协调发展;其三,要创设有助于受教育者和谐发展的学校、家庭和社会环境。

(3) 意义建构原则。"意义"是人生命本质精神性的重要内涵。人一旦认识到自身生命的意义,便会通过社会实践去展示、丰富这种意义,创造新境界。人的生命真谛在于以社会角色地位为他人或社会做出贡献,从而体现一个人的生命价值与人生意义。运用此原则须注意两点:其一,教育学生热爱劳动,热爱生活,具有奉献精神。教育学生感受劳动的乐趣,理解和关心他人,亲近大自然,不断追求成功,超越自我,完善现实。其二,在教育活动中引导、启发学生领悟、体验人生的意义。

(4) 引导探究原则。人有学习、探究的天性。用注入、灌输的教育教学方式不仅不能有效地发展人的这种"天性",还会扼杀、泯灭这种"天性"。采用引导的方式,能激起学生求真向善的欲望和审美自觉,能有效地启迪学生的思维,使学生学会思考、发现"未知",从而发展学生的思维,培养他们的探究兴趣和能力。须注意三点:其一,要确立为学生发展服务的思想,在教育教学中充分发挥学生的主体能动作用;其二,要引导学生积极思考,及时设问、点拨;其三,引导探究的重要环节是"启发",教学中要注重"启发"、善于"启发"。

(5) 激励成功原则。"成功"是人生命的基本需求之一,对教育具有重要的意义和魅力。在教育教学中"激励"学生"成功",培养成功心理,实现学生主体生命发展的成功。反复成功可以提高人的成就动机。激励学生成功的本质是引发生命的冲动,使他们自觉发展,不断提高,超越自我。此条原则主张:①人人都可以成功,都可以成为成功者;②成功是多方面的,不应局限于某一方面;③把培养学生的成功心理既作为教育目标又作为教育手段。其运行机制可分三个阶段:一是教师帮助学生成功;二是教师创造条件,学生尝试成功;三是学生自己成功。这三个阶段是一个螺旋上升的过程,其关键是给学生创造成功的机会,使学生感受和体验到成功的快乐[4]。

(6) 审美塑造原则。教育的审美效应不仅在于完善审美结构,提高审美素质,而且对提高受教育者的全面素质具有重要作用。"美——是道德纯洁、精神丰富和体魄健全的强大源泉"。美能唤醒生命,指导生命,激扬生命。只有从根本上把教育过程变成审美过程,才能解决学习外在于人、成为日益沉重的负担的问题,使教育变成对人生命的根本肯定,带有愉悦而高效的统一性质,促进人的全面发展[5]。须注意两点:其一,教师要引导学生按照美的规律塑造自己、不断完善自我;其二,教师要充分挖掘教材中的审美因素,利用一切教学手段创设审美情境,引导学生参与审美创造活动,激发学生的审美兴趣,引导审美体验,培养审美创造能力。

(7) 适时发展原则。心理学研究表明,人的发展中有许多"最佳发展期"即"关键期"。过了这个关键期,人的某方面的功能就难以达到一定高度,甚至会完全丧失。只有在儿童少年心理发展的"最佳时期"给予恰当的、有效的教育,他们的潜能才能得到良好的发展；否则，他们将会失去发展的"黄金时期"。长期以来人们习惯于循序渐进、均衡地安排各科课程和教学，没有在学生最佳年龄阶段实施针对性、有效性的教育教学。其结果是，许多学生在"最佳时期"内没能得到最佳发展。当前应着力于两方面：一是改革课程内容和结构，使其成为适应学生发展的"最佳时期"的教育；二是加强对学生发展的"最佳时期"的研究，探索"最佳时期"教育的有效途径和方法。

(8) 拓展飞跃原则。人的生命发展是一个从低级到高级、从量变到质变的复杂过程。由量变向质变转化是事物发展变化的飞跃，这一飞跃需要必要的条件，如果缺少这种条件，就不能实现质变的飞跃。目前，学校教育的内容、途径和方法表现为一种平缓、刻板状态，缺少开拓性、升华性教学；换言之，没能为学生生命发展的"质变"环节创设必要的条件，从而延缓了其"质变"的时间，影响了学生生命发展的速度。在教育教学中要设计一些拓展性、升华性训练，以加速学生的发展。这种训练的生命机理是以一定的强度激发生命冲动和内在潜能，使其与主体已获得的知识、经验融合，从而产生人生命发展"质"的飞跃和升华。须把握两点：一是挑战极限，组织具有一定强度的教育活动，让学生向自己的能力发起极限挑战；二是高峰体验，设计一些"高峰体验"活动，使学生在克服困难达到目标之后，能够获得人生难得的"高峰体验"，从而产生生命彻悟和情感升华。

四、生命教育的课程构想

1. 生命教育的课程观

(1) 构建以人的生命发展为核心的课程体系。学科课程应该服务于每个人全面和谐发展的需要，而且能对每个人的终身发展具有重要的价值。然而，长期以来，学校课程的价值是单一的，即往往以知识的系统性、学科结构的完整性为出发点，忽视学生的兴趣、学生的发展需求、学生学习生涯的幸福。生命教育要确立新的课程观，要以培养和发展人的生命力为根本出发点，把促进学生生命各项基本要素全面自由和谐地发展问题置于课程设计的核心，从而全面辩证地反映社会、知识、学生三要素对课程设计的客观要求。其主要策略为：以人的发展为核心，正确处理社会、知识和学生三要素在制约课程设计中的相互关系；以人的发展为核心，精心设计课程目标体系；以人的发展为核心，构建整体优化的课程结构。

(2) 课程要体现教师和学生的主体性和创造性。教师是课程实施的主体，他们最了解学生的身心发展情况，对教材改革的迫切性有亲身体验，可以为课程设计提供极有价值的意见。实践表明,已有课程教材只有经过教师的创造性处理才能收到良好的教学效果,而活动类课程则往往是教师根据教育教学需要自己设计的。因此,学校应当在课程改革中扮演重要角色,教师应成为课程的设计者和教材的开发者。学生是使用课程、教材,实现发展的主体,课程设计必须适应学生发展的需要。对如何设计课程,学生应该有参与权和发言权。只有学生参与课程设计,才能促使课程在目标和学生之间获得平衡、协调发展,使"创造和接受课程变为同一过程"。现实中,不少活动类课程由学生参与或自主设计、组织,这就体现了学生的主体性和创造性。只有在课程中体现了教师和学生的主体性和创造性,课程才能充满生命活力,更好地为学生的发展服务。

2. 生命教育的课程内容和结构

(1) 生命教育对课程内容的要求。人类文化既十分丰富而又无比庞杂,因此生命教育要求对课程的内容做精心选择和整合。第一,坚持科学与人文的统一。当今世界人与社会发展现状要求我们必须坚持完整的教育目的观、塑造完整的教育。科学与人文都是构成完整教育所不可或缺的内容。作为课程内容,对二者一要考虑合理比例,二要进行优化组合,使其对人的发展产生整合效应。第二,坚持传统与现代、未来的统一。应当教学生最基础、最通用的知识,这些知识具有最强的稳定性、最广的适用性、最长的时效性、最快的迁移性。基础知识不是一成不变的,要不断更新。现代科学文化的新成果、新成就,要及时地、不断地充实到课程内容中。课程内容不仅要具有现实性,还要具有一定的前瞻性。第三,坚持知识体系与方法体系的统一。传统的课程往往只重视知识的传授,而忽视知识的获得过程、方法。科学方法是关于获取知识的方法,它具有广泛迁移性,蕴含着极大的智慧价值。课程内容要变革知识的呈现方式,重视知识获得的过程性,做到知识体系与方法论的整合。第四,坚持丰富多样性与简约性的统一。人生命发展有多方面、多层次的需要,因此,课程内容要具有丰富性和多样性。同时课程内容还应符合经济原则,要选择那些对人的生命发展最适切、最具价值的内容。

(2) 生命教育的课程结构。生命教育课程结构必须处理好以下几个关系:第一,共性与个性的关系。全面发展并不是平均发展,应当是个性化的发展。课程结构应当是核心课程、基础课程和个性课程的统一。设置一定数量的核心课程、基础课程,保证学生打好发展的基础;设置一定的个性课程,让学生自主选择,以发展学生的兴趣、爱好和特长。如此,打好基础与发展特长相辅相成,学生潜能得以最大释放,学生发展才能闪烁个性的光彩。第二,均衡施教与重点施教的关系。目前,中小学课程的纵向结构是一种均衡形态,忽视了在一定的年龄阶段利用学生"最佳时期"重点安排某种学习、发展的内容,导致学生在"最佳时期"内不能得到应有的发展。生命教育要研究学生最佳年龄阶段的课程设计问题。第三,渐进式发展和飞跃式发展的关系。学校正常开设的学科课程和活动课为学生发展"量"的积累发挥了重要作用,但不能有效地促进学生生命发展由量变向质变的飞跃。基于这种认识,生命教育主张设计一些拓展型、探究型、体验性课程,让学生向自己的身心发起"极限挑战",获得"高峰体验",使他们的潜能得到深层次、突破性开发,人格得到快速完善和提升,从而有效地提高教育成效。

参考文献:

[1] 王世真.务必十分重视生命科学研究[J].新华文摘,1996(9):178.

[2] 项贤明.论教育与人的发展资源[J].中国教育学刊,1996(1):8-13.

[3] 叶澜.时代精神与新教育理想的构建——关于我国基础教育改革的跨世纪思考[J].教育研究,1994(10):3-8.

[4] 刘京海.成功教育的基本模式[J].上海教育,1997(1):52-56.

[5] 陈建翔.学习审美论——兼论减轻学习负担的内在可能性[J].教育研究,1994(2):62-65+76.

(本文系江苏省教育学会"九五"立项课题《小学生命教育实验研究》成果,发表于《江苏教育研究》1999年第3期)

教育发生的生命视域

20世纪80年代以来,我国教育理论界对教育起源问题展开了热烈的讨论。一些论者在否定了以法国社会学家利托尔诺为代表的教育"生物起源说"和以美国教育学家孟禄为代表的教育"心理起源论"之后,对"教育起源于劳动"这一点观点提出了挑战。有学者认为,劳动是人类能动地作用于客观外界、改造客观外界的行为,而人类教育则是传播生活与生产知识经验给下一代的行为,劳动过程不能成为人类教育的内因[1]。也有些学者对原来的"劳动说"作了不同程度的深化,诸如教育起源于以劳动创造为核心的人的全部生活的矛盾运动,起源于在劳动过程中形成的超生物经验的传递,起源于智化劳动等等。还有学者认为,"教育起源于人类社会生活的需要","起源于人类学会支配自然力并产生延续经验的需要"。上述观点,从不同视角、不同层面对教育起源做了可贵的探索,深化了对教育起源的认识。对此,我有两点浅见:其一,起源即产生、发生之意,这个命题改为"教育发生"更为恰切;其二,教育作为人类生命活动的一个部分,它的发生与人的生命本性有着紧密的联系。据此,笔者从人的生命视域去探析教育发生的问题。

一

人的生命是多层次、多方面的整合体,它有各方面的需要:生理的、心理的、社会的、物质的、精神的、行为的、认识的、价值的、信仰的。"需要"是关于生命的一个基本范畴。对于生命体来说,生命的内在本质决定了生命具有"需要"。任何生命在外界的活动,都是基于生命内在的需要,都是凭借主体自身的条件从外界环境中获取物质、能量、信息和情感等要素,从而满足这种内在需要的。尽管生命存在着各种各样的行为,但是,生命的一切积极的和自觉的行为都可以抽象为"需要"这一形式。因此,我们探讨教育产生时,不能不把人生命的本性——"需要"——当作一个极为重要的视点。

必须指出的是,人的生命"需要"和动物的生命"需要"有着本质的不同。从生命体本能的需要来看,人和动物都有生存、生理的需要。高等动物不仅凭借遗传本能维持生存,而且拥有动物性心理应付环境,甚至能进行模仿性学习(研究人员发现,一次一只雌猕猴将甘薯拿到小溪边用水洗干净,4年后,该猕猴群的80%以上的成员都用水洗甘薯),有养育"子女"的行为(研究人员发现,狒狒在6个月断奶后把幼子送到"幼儿园",那里有两个成年狒狒当"保育员"),但因为动物不会制造和使用工具进行劳动,所以即使是高级动物永远也不会发生"第二个事实",即"已经得到满足的第一需要本身、满足需要的活动和已经获得的满足需要而用的工具又引起新的需要"[2]。因此,即使是高级动物也绝不会产生超生物的经验和需要,也就不会产生人类的教育。而人生命的"需要"是有别于动物的整个生命活动的完整表现,也就是说,人为了谋求自己的生存、繁衍、发展而发挥他/她的诸本质力量的完整表现,亦即人之所以成为人的现实性的表现。正是在适应和满足人类社会生活和自身发展的整体需要过程中,产生了教育活动,通过教育又不断地促进着人类社会和人类自身的发展[3]。这种需要,源于人的超越现实、追求理想的本性。

从人类的发展史,我们可以清楚地看到教育产生的脉络。生命的需要产生了自己的"器官"。由于生存的需要,"人"脑在劳动和生活交往中逐渐发展出了意识(语言、思维、情感等),人改造自然的愿望也随之出现。为谋求自己的生存、繁衍、发展而发挥自身的诸本质力量的完整表现体现在人从不满足于有限的自然生命,而在不断地追求无限;正是在适应和满足人类社会生活和自身发展的整体需要的过程中,年长一代便把其生命本质力量(情感、意志、经验等)对象化于年轻一代,即教育现象发生了。可见,人生命本质的"需要"是教育产生的直接动因。尽管,激起人类教育需要的是社会生产和生活,但"社会生产和生活"只是人类教育需要产生所依存的条件,并非教育发生的直接动因。

教育的产生有两个前提。一个是人的生命未特定化。动物的特定化,使它活动器官的构造是先定的——"它一出自然之手就达到了完善"。每种动物出生后,可以靠本能生活。人的生命未特定化,使人成为自然界中生下来最脆弱的、毫无生存能力的一个物种,人的生命发展必须经历一个漫长的幼年期。幼年期是儿童待发展的时期,它的存在是教育发生的生物学前提。另一个是人类具有的劳动与生活经验。基于上述两个条件,因人类需要,代际养育和传习活动就产生了。

认为人类需要是教育发生的根本动因,是否犯了"唯意志"、唯心主义错误呢?我们认为是不会的。对于生命体来说,生命的内在本质决定了生命具有"需要"的本性和表现形式。人的"需要",通常在主观上是以愿望、意向、兴趣、满足或不满足的形式被体验着,成为人的行为和活动的直接动因。人的"需要"表现形式是主观的,但它并不是纯主观的东西,它是人从周围环境中获取物质、能量和信息的"客观必然性"的反映。人的需要,不管是生理的需要,还是社会的需要、精神的需要,都是主观和客观的统一。

二

上文已述,教育产生于人生命本性——人类本质发展的需要,但我们不能就此了事,还要探讨它的发生机制。教育的发生被人生命本性所决定。马克思认为,人的类特性恰恰是自由自觉的活动,有"人的本质力量对象化"与"自我确证"的特征。人通过满足自身需要的生产劳动,在"人的本质力量对象化"的同时促进了"自然人化",又从"人化自然"中直观自己、确认自己。在这里,人们看到了自己的理想向现实的转化,看到了自己的无限创造力——能动性,看到了自己实践、生活在现实中获得了积极的肯定,使人们既看到了自身生命存在的意义,也感到对自身生命的张扬,于是人的情感、意志等精神的需要便产生了。人的生命的本质力量——能动性和创造性——不仅直接表现在与自然的斗争中,同时还以对象化的形态表现出来。其对象化的方向仅仅是指向"自然"吗?换言之,其对象化仅是"人化自然"吗?马克思提出人本质力量对象化这一命题以来,人们关注的只是它指向"人化自然"的一维,遗憾的是,人们却未发现"人把自己的生命活动本身变成自己的意志和意识的对象",却未发现"人本质力量"对象化还有指向人类自身一维。这种现象并不奇怪,"不识庐山真面目,只缘身在此山中"是一种常见的现实。为什么人生命的本质力量对象化要指向人类自身呢?人不仅是一种现实的生命存在,而且还是一种超越性的存在。它包括精神对生物性的超越、无限对有限的超越、可能对现实的超越、自由对规定性的超越。超越性是人之为人的根本特性,是人区别于其他物类的重要标志。在实践活动中,人们改造自然和完善自身的愿望不断增长,这与人生命的局限性便发生了矛盾。从时空角度来看,具体的人便不可避免地与人类认识成果——经验体系——产生一个尖锐的矛盾,超越现实、追求理想的精神是人的本性。人生活在希望中,无时无刻不为超越生存局限的愿望所驱使,无时无刻不在内心激荡一种趋向自由的力量、热情和憧憬。这就产生了超越自然生命局限性的需要。"在父母的眼中,孩子是自我的一部分,子女是他理想自我再来一次的机会"。这样,人生命的本质力量——生产和生活经验(包括情感、意志)——必然对象化到人类自身(新一代);在种系繁衍的过程中通过世代交替重复的传递来实现,借以满足和维持社会存在与个体发展的需要、理想的需要,于是教育现象作为必然性的社会产物最初形成,并由此建立起人类持续发展的"历史生命链"。我国古籍记载的伏羲氏教民捕鱼,神农氏制耜、教民耕作,禹令人民聚土积薪、择丘陵而处之,皆是原始的教育状况。

从古籍《列子》记载的"愚公移山"的传说中可以获得教育发生的理路。愚公因太行、王屋二山阻碍出入,便率全家移山。有人笑他,他却说:"虽我之死,有子存焉;子又生孙,孙又生子……子子孙孙无穷匮也,而山不加增,何苦而不平?"试想:愚公有移山的雄心壮志,却明白人生短暂,在他临终前嘱咐他的子孙完成其移山的遗愿时,能不把移山经验传给子孙们吗?这个故事告诉我们:人们在能动地、创造性地改造自然时,虽然由于自然生命的局限而暂时力所不及,难以实现自己的意愿,但人们改造自然的需要、意愿和理想绝不会改变,于是年长一代便把这种"情感""意愿"和生产、生活经验传授给新一代,希望在他们身上实现自己的"意愿"。因为移山的经验是实现移山的理想一个极为重要的能量,所以,愚公必然要把自己移山的经验传给他的子孙。这个古老的故事蕴含着人类向自身本质力量对象化的客观性。

三

从心理学、文化学的角度来看,教育——人类生命的本质力量指向自身的对象化——是一种心理文化传递。心理学证明,人的心理传递是通过外化和内化的方式实现的。一个人通过自己的产品(物或语言)把自己的心理外化,别人通过使用这个人的产品把这其中凝结的这个人的心理内化。外化是人"类"生命本质力量的呈现。内化是把外化了的"类"本质力量(文化)变为个体的素质。教育活动是外化和内化的统一。在这种文化传递中,由于人本质力量不是一个抽象的概念,而是生生不已的活泼泼的生命力量,所以,对象者和被对象者的精神生命便相通相容了。

教育发生于人本质力量的对象化,从内因来看其动力机制是人生命的情感和意志。首先是人的情感。在探讨教育发生时,人们只看到了理性的思维的世界,却疏忽了人类在征服自然时积淀而成的情感世界,"只有它,才是人类最为本质的生命世界"。文化人类学通过对原始人的思维研究发现:"原始人的思维并不是周密地运用概念进行推理判断的理性思维而是情感思维。原始人从情感感受的角度观照世界。对进入他们视野的全部宇宙以及其中各个部分,它们都赋予生命,使之成为一种有生命的实体存在"[4]。显而易见,这种所谓的情感思维并非对于理性需要的满足,而是对于人类情感需要的满足。情感心理学认为,人的情绪起了先在的"内在动机"作用,它可以"情感性唤醒内在地激起人们去活动""引起人的内在需要和活动动机"[5]。情绪提供一种"体验-动机"状态,情绪还暗示对事物的认识、理解,以及随后产生的行为反应。黑格尔说:"人有一种冲动,要在直接呈现于他面前的外在事物之中实现他自己,而且就在这实践过程中认识他自己。"这种"冲动"可以理解为人的"意志",就其本原来看更应该理解为人的"情感"。人类的爱,尤其是子女的爱,具有强大的持久的冲动力量。这种"冲动",不仅指向"自然"——改造自然,而且必然会指向人类自身——发展新生命活力资源的活动。移情说的代表人物里普斯对情感的动力性和投射性早有认识,他说,"这种向我们周围的现实灌注生命的一切活动之所以发生而且能以独特的方式发生,都是因为我们把亲身经历的东西,我们的力量感觉,我们的努力、意志、主动或被动的感觉,移置到外在于我们的事物里去,移置到这种事物身上发生的或和其他一起发生的事件里去"[6]。而"移情"的发生,主体"必须有相应的情感"客体(对象)还要有相应的结构形态,即"异质同构"。人本质力量对象化指向他人时,正是"人同此心"的最为适当的"异质同构"状态,最能够唤起人的生命激情和自由感受。无怪一些老师尽管有许多苦恼,但只要面对学生,授业解惑,便乐此不疲。至于出现"学生身上,有老师影子"的现象,这正是教育活动对象化的结果——"他自己的性格在这些外在事物中复现了"。教育现象的发生与人的意志也有着密切关系。意志反映行为对客观事物将要产生的结局与需要的关系。意志"由过去活动的后果转化成的内部刺激支配",属于心理活动的动力方面。人超生物经验的需要产生了年长一代生命本质力量指向年轻一代的对象化的意志、动机。可见,在教育现象发生的过程中,意志也起到了动力作用。总体上看,从人的需要出发,意志和情感交织在一起,推动了教育现象的发生。

四

从人生命的视界来探讨教育现象的发生,可以得出三点具有现实意义的启示。

一是教育是人类建构和发展自身的实践活动。教育学必须以人类自身的生命活动作为自己的现代视界。换言之,教育倘不在人类自身的生命活动的地基上重构自身,将永远是无根的、片面的,休想有所作为。由此,教育必须依据人的生命特性,如自由自觉性、超越性等规划其教育目标、课程的教育教学方式。

二是教育应当观照人的生命整体发展。教育既然是人本质力量指向自身的对象化,教育对"人本质力量"的确认及其对"对象化"中"对象"的确认都应当是整体的,而不应当是部分的。人是整体的人,是"有意志、有情感、有想象的存在物",而不只是生产和生活经验(理性)的存在物,所以,代际间的"人本质力量"对象化的内容不应当只是谋生的工具性知识和技能。因此,斯普朗格认为:"教育绝非单纯的文化传递,教育之为教育,正是在于它是一种人格心灵的'唤醒',这就是教育的核心所在。"[7]从上述认识出发,我们在教育活动中才能确认人生命的整体性,克服唯理智主义、工具主义的倾向,从而实施全人的教育。

三是教育根本目的指向人自身的发展与完善。人类代际文化与经验的传递活动,是让新一代能生活得更好。马克思说:"整个历史也无非是人类本性的不断改变而已"[8]。在历史的维度,人类社会的进步依赖于人类本性的不断改善。因此,教育要以优秀文化化人,促进学生体认、掌握以往人类的美德和智慧,使人的生命力的精髓——真善美的素养——得到充分而全面的发展,努力完善和提升人性。这是教育应当追求的真义,也是历史赋予教育的神圣使命。

参考文献:

[1] 孔智华.人类教育并非起源于劳动[J].华东师范大学学报(教育科学版),1984(4):81-82.

[2] 马克思,恩格斯.马克思恩格斯全集[M].北京:人民出版社,1979:32.

[3] 厉以贤.关于"教育起源于劳动"问题[J].北京师范大学学报,1981(4):72-78.

[4] 列维·希留尔.原始思维[M].丁由,译.北京:商务印书馆,1981:104-105.

[5] 朱小蔓.情感教育论纲[M].南京:南京出版社,1993:15.

[6] 里普斯.论移情作用 古典文艺论译丛:第8册[M].朱光潜,译.北京:人民文学出版社,1964.

[7] 冯增俊.教育人类学[M].南京:江苏教育出版社,1995:87.

[8] 马克思,恩格斯.马克思恩格斯全集:第1卷[M].北京:人民出版社,1995:172.

(本文系江苏省教育学会"九五"立项课题《小学生命教育实验研究》成果,写于1998年4月)

"小学生命教育实验研究"结题报告

一、课题的缘起

21世纪即将来临,为了迎接新世纪,世界许多国家都在积极地进行教育改革。面对新世纪,占世界人口22%的中国(编辑注:此文写于20世纪90年代末),将怎样把沉重的人口负担转化为巨大的人力资源,为经济发展和社会全面进步提供精神动力和智力支持?中国教育要做出应答。近年来,素质教育的提出和实施,对更新教育观念和教育模式,克服应试教育的不良倾向,发挥了积极的作用。然而,素质教育只是对全面发展教育的具体化,并未提供构建现代全面发展教育新的理论思路、新的实施途径和策略。我国当代教育要更好地完成为中华民族振兴育人的历史使命,迫切要求教育创新。教育创新的路子何在? 1995年冬,有两篇文章给我极大的启发。一篇是叶澜教授的力作《时代精神与新教育理想的构建——关于我国基础教育改革的跨世纪思考》。该文中指出,"从教育对象观的角度看,最重要的是确认生命的整体性和人的发展能动性","必须使教育者对全部教育过程的规划以对人的生命发展的能动特点的尊重和开发为最重要的支点"。咀嚼这些精辟的论述,我感到"生命"是认识和理解教育的关键所在。另一篇是封孝伦先生的佳构《从自由、和谐走向生命》。封先生是美学家,他论述的是"中国当代美本质核心内容的嬗变",他说,20世纪80年代后期以来,中国的美学家们"同时顿悟了生命在人类的审美活动中扮演主角"。由此,我想,人是以生命的方式存在的,人的成长实质是生命的成长,"生命"理应是教育的"主角",立足于生命立场探讨教育改革应该是一条重要思路。

基于上述认识,1996年春,我们借鉴了多学科在人生命方面的研究成果,结合自己的思考,撰写了《小学生命教育实验研究方案》,几经修改,5月定稿;9月,在泗洪教师进修学校附属小学启动课题研究工作;1997年,该课题在江苏省教育学会立项。

生命教育,我们定义为:在学校教育中,根据人生命本质及发展规律和社会进步的需要,制定教育目标,构建课程体系,组织教育教学活动,使受教育者的身心得到充分自由和谐的发展,成为充满生命活力,具有健全人格、鲜明个性和创新智慧的一代新人。有三层含义:一是教育要确认生命的整体性和人发展的主体作用;二是要按照人生命成长、发展的规律和社会需求实施教育;三是其终极目标是培养人热爱人生,珍视生命,塑造健全的人格,充分开发人的生命潜能、发展人生智慧,为受教育者实现人生的最大价值(社会价值、个人价值)奠定基础。

二、课题的时代意义

时代呼唤着生命教育。从世界范围来看,人类面临着严峻的生存危机。一方面,以技术革命为基础的对自然的攫取所造成的"全球问题",即人类赖以生存的环境被严重破坏;另一方面,功利主义、科学主义使人染上了时代"精神分裂症",人生意义淡漠和浪费生命、自毁和他毁生命现象日趋严重,弱肉强食、物欲横流、价值危机等问题具有普遍性和整体性。从历史的维度来看,人类的行为(所体现的人性)并未发生多大的变化。面对上述问题,教育要肩负起历史使命,从人内心最深处着手改变,教育学生尊重生命、关爱生命,做到人与自身和谐统一、人与他人和谐相处、人与自然和谐共生。对儿童少年进行生命教育,是人类解决当前生存危机的一条根本之策。从我国社会现状来看,许多国民缺乏对生命有限性和生命价值的认知,生命意识淡薄,主体精神匮乏,生命潜能没有得到应有的开发,人力资源大大浪费。这些已经成为当前影响人及我国经济和社会发展的重大障碍因素。生命教育将会带来教育观念和教育方式的重大变革,导引"教育回归本真",使教育真正成为关爱和促进人的健康发展的教育;将会使教育在壮大中国人的生命、开发中国人的潜能、提高中国人的生命质量等方面发挥重要作用。

教育的现实呼唤着生命教育。从教育自身来看,现存教育受教育功利价值观支配,存在严重缺陷。世界近现代教育基本是唯理智教育占统治地位,这种教育教人的是"何以为生"的知识与本领,忽视了"为何而生"的教育,从而使人盲目地热衷于各种外在目的的追求,沉迷于物质生活之中而丧失精神生活,不能真正地引导人们从人生意义、生存的价值等根本问题上去认识和提升自己。"物质巨子,精神侏儒"正是当代社会所形成的畸形人格之特征。审视当前教育,不难发现其抑制人生命成长和发展的种种现象:学校往往以应试为主要目标,把丰富的教育活动简化为"认知活动","题海战术"把学生训练成考试的工具;满堂灌、注入式,把学生定位在被动接受者的"角色";教学的程式化、标准化,把学生变成"锻造的工具",等等。产生上述不良现象的原因,不管是历史的、现实的,还是社会的和教育自身的,无不缺乏对生

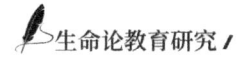

命的尊重和关怀。这样的教育,导致教育主体性的丧失和知、情、意的割离,把人生命的丰富性简单化,制约了受教育者的自由和谐发展。这样的教育,丢失了"人是目的"这一真义。教育以人的生命为本,把促进人的自由、全面的发展作为最高目的,才能改变功利主义教育观主宰、异化教育的不良局面,实现教育向"人"的回归。

三、研究目标、性质和推进策略

(一)成立课题组,落实研究人员

"小学生命教育实验研究"由泗洪县教研室部分教研员和泗洪教师进修学校附属小学部分教师组成的课题组承担。1996年9月,该研究以泗洪教师进修学校附属小学为实验基地启动研究工作。

(二)课题研究目标与性质

面对教育现状和即将来临的新世纪,我们研究此项课题的目的是:推进小学教育改革,提高小学教育质量。其研究目标定位是:在理论探索的同时,推进实践层面的变革、落实与深化。在理论方面,从哲学、人类学、心理学、文化学等学科文献中提炼、归纳关于人生命的本质、特性的论述,以此为理论依据,思考和理解教育本质、目的、原则、课程、教育教学等问题。在实践方面,探索生命教育的目标、课程和施教方式、生命化学科教学策略等。

我们查阅教育(中文)文献,未见此类研究成果,说明该选题是一个有待开发的教育研究新领域,有极高的探索、开拓价值。我们还认识到,该项研究涉及小学教育的全程,包括教育目的、课程、教学方式等主要方面,涉及教育观、学生观、教师观,涉及理论和实践两方面,具有综合性。

(三)研究思路及推进策略

1. 研究思路

基于对研究目标与性质的认识,我们采用了"理论适度先行,理论与实践互动,推进双重建构"的研究思路。此项研究,不是纯理论研究,也不是既有理论引领下的实践研究,而面对的是新视域、新问题,研究的任务是构建一种新的教育理念体系和新的教育实践模式,不可能在缺乏理论指引的情况下,依靠教师个人的直觉和经验有效进行实践创造,因此,理论研究要适度先行,以启示和引领实践变革。而理论也处于建构之中,它的完善也需要实践的滋养。

2. 推进策略

第一步,查阅文献,一方面从哲学、人学、人类学、生命科学、心理学、文化学等学科关于人生命的论述中归纳提炼人的生命特性,另一方面筛选教育学中符合人生命特性的教育内容和教育方式;将二者融通、整合,提出制定育人目标和开发专项生命教育活动课程、制定构建生命特性学科教学策略的初步构想。第二步,课题组成员讨论这些构想的可行性及如何将其转化为教育实践,即根据构想设计活动方案和制定学科教学策略。第三步,在二年级和四年级各确定2个实验班,运用"活动设计"和"学科教学策略",在某一实验班尝试开展教育教学活动。每次教育活动或每节学科研究课之后,执教者和听课者一起讨论、分析活动设计和学科研究课的实效性及如何改进。第四步,将改进后的"活动设计"和"学科教学策略"在另一个实验班实施。实验教师在组织教育活动和上研究课中或之后,注意观察、记录分析学生生命意识及行为的变化,以此作为评价施教效果的重要维度。在此过程中,渗透生命教育理念的活动设计和教学设计不断完善,课题组成员对生命教育的认识不断深化。

四、研究的进展

经过课题组同仁三年的努力,此项课题在理论和实践方面取得了可喜的进展。

(一)生命教育理论的建构

我们从生命的视域思考教育问题,对教育本质、教育目的、教育对象观三个问题,有以下认识和理解。

1. 教育本质观——人类建构自身的生命活动

教育本质应回答教育是什么。对此,有上层建筑说、生产力说、双重属性说、特殊范畴说、社会实践说、培养人说等观点。我们从生命的视野探讨教育的起源,从而来认识教育的本质。原始人在实践活动中,改造自然和完善自身的愿望不断增长,这便与人生命的局限性产生了矛盾。超越现实、追求理想的精神是人生命的本性。人生活在希望中,无时无刻不为超越生存局限的愿望所驱使。"在父母的眼中,孩子是自我的一部分,子女是他理想自我再来一次的机会"。由此,人们生命的本质力量——生活和生产经验(包括情感、意志)——便传递给新一代,以满足和维持社会存在与发展及个体的愿望和理想的需要,于是教育现象作为必然性的社会产物最初形成。"人的这种自我生产,自我创造的实践活动是人充当改造客观世界的实践主体所必需的。而从更深意义上说,它也是人之本性所追求的终极目标。因为人之一切改造客观世界的活动所指向的归根到底还是自身之发展与完善。[1]"教育因生命而发生,生命因教育而得到更好的发展。可见,教育是人类建构自身的生命实践活动。这就是教育的本质特征。所以,"教育学必须以人类自身的生命活动作为自己的现代视界。换言之,教育倘不在人类自身的生命活动的地基上重构自身,将永远是无根的、片面的,休想有所作为"[2]。

2. 教育目的观——培养个体完美的生命结构

教育目的,即教育对所培养的人的质量和规格的要求。立足于生命视域,教育所培养的人应是具有良好的生命素质的人。

从个体生命结构来看,自然生命、精神生命和智慧生命是生命整体的三维,其中每一维都是全息的,它们相互关联、相互影响、相互嵌套、相互融通,共同构成完满的生命。一个具有良好的生命素质的人,应是强健的自然生命、丰富的精神生命和精明的智慧生命的和谐统一。强健的自然生命表现为健康的体质和较长的年龄。它是生命的源泉,是发展人格、品德和能力的物质基础。丰富的精神生命其内涵包括:有理想、有志向;具有社会公德和奉献精神;诚信、友善、敬业、坚毅;热爱生活,珍惜生命;亲近自然等。它决定着人生境界、人生格调和人的行为方向。精明的智慧生命,指个体在知识、理性、情感、实践等多个层面上生发,在教育过程和人生历练中形成的应对社会、自然和人生的一种综合能力系统,是每个个体安身立命、直面生活的一种品质和状态。智慧表征生命力的特点和高低决定着一个人学业事业和为社会贡献可能达到的程度。简言之,教育的意义在于尽可能延续自然生命之长,涵养精神生命之丰,达成智慧生命之精。

3. 教育对象观——具有本体论和方法论双重的意义

教育对象是学生。教育"以人为本",即教育要以学生为本。对此,当前无论是理论界还是实践领域都已形成共识,但这个问题并未得到真正解决,即如何理解"人"。以"人的什么"为本?人是以生命的方式存在的,从这个意义上讲,教育"以人为本",实际上就是"以人的生命为本"。到此,还不能就此了事,还应进一步探讨:以"人的生命什么"为本?马克思指出:"人的类特性恰恰就是自由的自觉的活动"[3]。因此,教育应当将对人的生命自由自觉性的尊重和遵循,落到实处,才是真正"以人为本"。正是在这个意义上,叶澜教授指出:"教育者对全部教育过程的规划应当以对人的生命发展的能动性的尊重和开发为最重要的支点。"[4]

在哲学语境里,人的生命"能动性"与人生命"自觉性"是同义语。生命自觉,是个体成人、成才和服务社会、创造自己美好生活的内在的精神动力。人生命自觉性

(能动性)与人的道德自律性、学业事业的创造性有着内在的正相关。在教育教学中,须准确把握人的生命自觉性的意涵:它既是教育的实现机制,更是教育的目的,换言之,生命自觉具有本体论和方法论双重的意义。现实教学中,往往把发挥学生能动性只视作提高教学效果的手段,这是对人生命自觉性(能动性)一种极大误读。

(二)生命教育实践的探索

开展生命教育实验研究的根本目的,是为了实施生命教育和生命化教学,促进学生更好地成长和发展。实施生命教育从哪里着手?选择什么内容、通过什么途径?如何实施生命化教学?对此,由于我们视野的局限,没有找到可借鉴的经验和做法。课题组的同仁们只有自己"摸着石头"去探寻实施生命教育的途径和方法。

1. 开发并实施生命教育校本课程

(1) 开展生命意义和价值教育活动

一个人的人生意义水平决定其人生境界、格调及行为方式,是人的生命结构中决定行为方向的主要精神要素。人的生命价值即对他人和社会存在的意义,衡量个体生命意义和价值水平的指标是其为社会作贡献的质的正负与量的多寡。追求生命意义,生命才会有价值,才能成就幸福人生。开展此项教育活动旨在使小学生体验、领悟和生成生命意义,形成正确的人生观和价值观,为终身追求高层次的人生境界奠定基础。课题组以"认识人生意义、品尝劳动的快乐、体验关爱的欣慰、享受创造的乐趣"为内容设计主题教育活动,通过活动使学生懂得人"为何而生",明确人生的正确方向和奋斗目标。例如,活动"什么是幸福",先让学生听"三个牧童寻找幸福"的故事,然后谈感想,懂得"幸福要靠尽自己的义务,做出对人们有益的事";接着,让学生联系生活,谈做过此类事的体验;再进行行为评议,让学生明白:如果拥有财富和权位只是为了自己享受,那么一生也不会找到生命的意义,人生的意义和幸福是劳动给的、是他人给的、是创造给的;最后,让学生朗读课前收集的关于生命意义名言警句,交流体会,感悟名言,指引人生。此类主题活动还有"劳动真快乐""让世界充满爱""人人能创造"等。

(2) 开展珍惜时间教育活动

人的生命是由时间构成的,珍惜时间就是珍爱生命。人只有珍惜时间,高效地利用时间,才能充分展示聪明才智,为社会做出应有的贡献,实现人生最大的价值。通过开展"知时教育""惜时教育""守时教育""科学用时教育"等活动,有效地培养学生的时间素质。例如,"认识时间,珍惜时间"教育活动:第一步,猜一猜,教师出示班级中一位同学婴儿时的照片,让大家猜照片中的小宝宝是我们班中的谁,通过猜,学生认识到随着时间的流逝,事物随之变化;第二步,听一听,让学生听小闹钟在"嘀嗒、嘀嗒"地响,感悟时间是一去不复返的;第三步,算一算,让学生通过算懂得时间是无限的,属于每个人的时间却是有限的;第四步,做一做,让学生亲身体会时间的价值;第五步,写一写,以写表达惜时心愿;最后,课后延伸,让学生选择最喜爱的一两句珍惜时间的名言警句,写出来贴在卧室里,用来勉励自己。通过活动,让学生认识到:时间与一切生命的成长紧密相连,与学业、事业的成功密切相关;时间是一去不复返的,要珍惜时间。

2. 构建生命化学科课堂教学策略

传统课堂以教师为中心,强调知识的传授和接受式学习,抑制了学生生命主体性、个性和创造力的发展。基于对人生命的自觉性、整体性、探究性的认识,我们尝试构建生命化学科课堂教学模式,旨在唤醒生命自觉,引导学生自主学习,使课堂教学从"教师本位"走向"学生本体"、从"认识领域"调整到"生命全域"、从"知识层次"提升到"智慧层次",促进学生主动学习、全面发展,成为充满生命活力,具有健全人格、鲜明个性和创新智慧的一代新人。教学方式主要采取唤醒、引导、激励,变"灌输式"为"启导式",变"他控学习"为"自控学习",变"苦学"为"乐学"。课题组设计了语文、数学两个学科的课堂教学模式进行两学年实验,已取得初步效果。语文课堂(阅读)教学模式可简化为:激趣定向→自学探究→讨论交流→品赏归纳→巩固扩展;数学课堂(新授)教学模式可简化为:启发定向→自学讨论→巩固深化→自练自测→反思评价。

3. 进行生命活动节律调适试验

据有关研究,人的生理机能以及在生理机能基础上形成的心理机理存在着明显的周期性节律的变化,在不同时间内人的学习、工作效率有所不同。要想事半功倍,就必须与人的"生物钟"协调一致。对此,一是我们和家长协调对儿童生活和学习节律进行调适,简言之:早晨——安排紧凑,中午——适当静休,傍晚——充分活动,夜间——保证睡好。二是低年级课堂教学节律实行五段式结构:①始动阶段(5分钟左右),激发学习兴趣,复习旧知,引入新知,把学生注意力集中到学习新知上来;②新授阶段(15分钟左右),此阶段学生注意力最为集中,思维处于最佳时间,教师要引导学生扎实学习本节课所要掌握的新知;③调节阶段(5分钟左右),经过新授阶段,学生产生一定的疲劳,这时安排一些活动(或听音乐或唱一支歌或做游戏),让学生身心放松一下;④巩固阶段(7分钟左右),采用多种形式,有效地进行教学反馈与矫正,巩固深化新学内容;⑤练习阶段(8分钟左右),学生做本节课的作业,进一步巩固新学的知识,把作业在课内完成。

五、研究的成效与后续研究设想

(一) 研究成效

1. 理论方面。我们认真学习文献,对多学科关于人生命的研究成果提炼整合,撰写了《生命教育论纲》(刊于《江苏教育研究》1999年第3期)《教育发生的生命视域》等文,对生命教育的意义、目的、内涵、理论依据、教育原则和课程结构做了初步探讨;撰写了《语文"学导式"教学实验的生命视野》(刊于《读写算》1996年第5期)《观照生命:语文教学改革的取向》等文,从生命视域阐述语文教学改革的理论思路。我们还立足于生命的视野,认识和理解教育本质、教育目的观、教育对象观等问题,以建构生命论教育观。这些工作,为生命教育实践研究提供了学理基础。

2. 实践方面。在研究过程中,积累了多个活动方案、学科课堂教学和实录。"珍惜时间教育"已形成系列活动,并取得显著成效。课题组成员撰写的《珍惜时间教育的实践与思考》一文发表于《学校管理》1998年第6期。通过开展生命教育研究,深化了学校教育教学改革,促进了师生成长和发展。

第一,促进了教育教学的变革。开展生命教育实验研究,促进了教育理念更新,唤醒了师生的生命意识,给教育教学注入了新动能,教育教学呈现出一种新气象。生命意义、价值教育和珍惜时间教育,是一种具有新的教育目标、新的教育内容活动课程,给教育内容增添了新的精神食粮。立足于生命视野,构建学科课堂策略,并以此组织教学活动。在课堂上,我们感到教育者对学生个性和需要的尊重,对不同意见的包容,感受到平等对话、合作交流的教学佳境和生命自由生长的气息。

第二,促进了学生生命素质的发展。通过开展生命意义和价值教育,学生感悟幸福的真义,体验劳动的快乐,品尝创造的乐趣及关爱他人的欣慰,从而明确了人生的应然性追求。例如,实验班的一个学生在题为"记一次劳动"的作文中写道:"今天下午,李老师带领我们去一个小区打扫卫生。这个小区的东北角有很多垃圾,如瓜皮、塑料袋、旧衣服等东西,散发着臭味。李老师看到同学们有畏难情绪,说:'就是因为这里脏,我们才来打扫的'。说着,她就用铁锹干起来了。同学们也跟着干起来。我们干了一个多小时,终于把垃圾清除了。在家里,爸爸、妈妈从来不让我扫地,今天,我出了一身汗,感到很疲劳,但看着这里垃圾被清除了,心情很愉快。"学生对劳动的这种感受和体验,使生命意义在瞬间得以生成。开展生命意义和价值教育活动以后,学生参加集体劳动的积极性明显提高,助人为乐的氛围逐步形成。通过开展珍惜时间教育活动,学生领略到了时间的价值,懂得人生短暂,珍惜时间就是珍爱生命,初步养成了惜时、守时和科学用时的习惯,学生学习效率明显提高。实验不但没有影响学生的学业成绩,而且与班级原来的基础比,96%的学生学业成绩明显提高。实验班与非实验班对比,实验第一年实验班比非实验班学生语文和数学期末考试成绩生均分高1~3分,第二年高2~4分,第三年高3~7分。

第三,促进了实验教师对生命和人生有了更多的思考。实验教师通过学习生命知识和生命教育理论,深化了对生命的认知,尤其是在与学生的互动中升华了对自己生命的理解。实验教师在引导学生懂得人生命短暂,要珍惜时间、充分发挥生命潜能、实现人生价值时,也思考自己:应该怎样珍惜自己的生命,让每一天都过得更充实、更有意义?这就激活了实验教师的生命自觉,即由"半醒半睡"度日,到心中有目标并为自己制订发展计划;由被动机械地工作,到积极主动、创造性地工作。实验教师的人生价值取向和生命动力系统都发生了质变。

(二)后续研究设想

通过三年多的研究,我们深切感到生命教育研究其理论价值和现实意义是巨大的,已经取得的成效令人鼓舞,其研究前景十分广阔;它将可能带来教育的一次深刻变革,在引导人们明智的生活、开发生命潜能、提高生命质量等方面发挥重要作用,进而提升全人类的生存境界,推动人类社会的文明进程。本课题组对这一问题的探索虽然取得一定的进展,但我们清醒地认识到,理论层面的研究还很粗疏、肤浅,实践层面的成果也是零碎的、不系统的。基于此,"十五"期间,我们将继续研究这一课题。

1. 进一步加强生命论教育的理论研究。 人的生命的特点和活动规律是实施生命教育的依据,依据不够清晰,实施的生命教育就不可能是恰当的、有效的和最佳的。基础理论的缺失必然制约着生命教育理论和实践研究的进展。面临的现状是,目前对人的生命本质特点和生命活动规律的阐述散见于多学科的论著中,未形成系统,都是一种散点透视。今后,在理论方面,我们要下大功夫研究:一是从多个学科中进行提炼、整合,以形成对人的生命本质特点和成长规律的较为系统的认识;二是立足于生命立场和社会进步的要求,整体思考和认识教育理论。

2. 进一步探索理论向实践转化的问题。 生命论教育的理念如果停留在理性思辨的层面,就不可能在提高新一代的生命质量方面发挥应有的作用。今后,重点探索:一是构建生命论教育理念,以此作为理论向实践转化中介和桥梁;二是整体思考和研究生命论教育课程和教学问题;三是深入开展单项研究。

3. 对前面三年已研究的项目,要在此基础上进行深入系统地研究。 一是开发生命教育专项校本课程,编写校本教材,以便对学生进行系统的生命教育;二是探索具有生命特点的生命教育的方法;三是立足于生命视野,进一步探讨学科课堂策略的构建。

4. 选择适应生命教育特点的研究方法进行此项研究。 拟运用行动研究和质性研究为主,结合运用实验研究法、观察法、个案法、经验总结等,以提高研究的信度和效度。

参考文献:

[1] 鲁洁.教育:人之自我建构的实践活动[J].教育研究,1998(9):13-18.

[2] 钱巨波.生命教育论纲[J].江苏教育研究,1999(3):4-7.

[3] 马克思,恩格斯.马克思恩格斯全集:第42卷[M].北京:人民出版社,1979:96.

[4] 叶澜.时代精神与新教育理想的构建——关于我国基础教育改革的跨世纪思考[J].教育研究,1994(10):3-8.

(本文为江苏省教育学会"九五"课题"小学生命教育实验研究"结题报告。此报告由钱巨波撰写,于1999年10月12日在宿迁市教育科研成果汇报会上交流。课题组负责人:钱巨波、王克金;主要成员:张国玉、钟永华、张进、杨红娟)

生命论的教育理念

近年,"生命""生命活力""生命教育"等词语在论教育的文章和著作中频繁出现。越来越多的研究者感到,教育应当尊重生命、关爱生命、遵循生命规律,开始把研究的视点投向了人的生命。关注生命,已经成为当前国内外教育理论探索和教育实践改革的一种重要趋势。本文试对生命论的教育理念做一些梳理和探讨。

一、生命是教育之本的理念

教育要"以人为本",对此,当前无论是理论界还是实践领域都已形成共识,但其中一个关键问题并未得到很好解决,即如何理解"人"。以"人的什么"为本?以"什么样的人"为本?要回答上述问题,就必须关注人的生命世界。首先,生命是教育的元基点。人是以生命的方式存在的,没有生命的存在也就没有人的存在。生命存在是实现人生价值和理想的前提条件,离开生命一切将无从谈起。教育关注人的成长与发展,而人的成长与发展实质上是生命的成长与发展。可见,生命是教育的原点和旨归。从这个意义上讲,教育的"以人为本"首先应当是以人的生命为本。其次,教育要以整体的、现实的、鲜活的人的生命为本。人的生命是生物-心理-社会的整体,是自然生命、精神生命(情感的、意志的、价值的)和智慧生命的统一体。生命能够自组织,即生命具有自生长性。生命"是不断喷涌的源泉,是始终产生新形态的力量所在"[1]。生命是具体的、独特的,每一个生命都有其区别于其他生命个体的天赋、兴趣和爱好,有其不可替代性。据此,"将人的认识与理解置于生命之中,将对人的教育落实在促进每一个鲜活的人的生命健康的成长之中,这才能真正实现以人为本的教育"[2]。

确立生命是教育之本的理念,具有本体论的意义。长久以来,由于教育深受工具理性的支配,并表现出明显的"工具模式",其内在价值——促进人的心灵成长与提升的价值——被极大地消解了,结果是为社会培养了大批"技能人""经济人""政治人"等单向度的异化的人,已经给人类社会的发展带来严重的负面影响,有些甚至是灾难性的。教育以人的生命为本,才能把促进人的自由、全面的发展作为最高目的,也才能改变功利主义教育观主宰、异化教育的不良局面,实现教育向"人"的回归。确立"生命是教育之本"的理念,还具有方法论的意义,即从这一观点出发,获得思考教育问题、解决教育问题的思想方法。人的生命活动是教育的实现机制,教育只有遵循人的生命规律,才能实现合目的性与合规律性的统一,克服其缺失与异化。以生命的视界来解读教育现象,必将带来教育学的革命和重建,推动教育观念由机械论向生命论转变,使教育模式由传统的工具形态走向应然的生命形态,实现教育的真义,体现对人的终极关怀。

二、教育要关爱生命整体发展的理念

近年,在教育"回归生命""关爱生命"的呼声中,人们提出了教育要促进人的生命整体发展的教育理念。基于对现存学校教育的反思和对人的生命规律认识的深化,这一教育理念的提出,是新时期对"人的全面发展"学说的一种发展。

首先,现存学校教育是一种不完整的教育。教育理论界和一线的教育工作者都深切地感到,当下的学校教育受功利主义、唯理主义价值观的支配,是一种片面的知识性教育。这种以知识为目的的教学,把丰富复杂的"课堂教学过程简括为特殊的知识性认知活动,把它从整体生命活动中抽象、隔离出来",必然使课堂教学不仅知识性、认知性任务不可能得到完全和有效的实现,而且使情感态度和价值观这些人素质中的极为重要的因素没能得到应有的培养。这种教学严重消解着人生命的完整性、丰富性,使学生成为被知识异化的单向度的人。其次,哲学、心理学对人生命结构的研究成果给教育以极大的启示。人的生命是多层次、多方面的整合体。狄尔泰认为,人是整体的人,是"有意志、有情感、有想象的存在物",在"人这一整体事实中","精神生活与人的心理-物理(灵与肉)生命统一体完美融合"。现代心理学和生理学的大量研究证明,人的生理与心理之间、智力与非智力因素之间存在着相互依存、相互影响和相互制约的关系。由于构成完整的个体的各种因素之间存在着密切的联系,所以要生成一个完整的、完善的全面发展的个体,必须实施完整、全面的教育。正因为如此,"把一个人在体力、智力、情绪、伦理各方面的因素综合起来,使他成为一个完善的人,这就是对教育基本目的的一个广义的界说"[3]。

可见,教育必须从"唯知识"狭隘的眼界中走出来,关爱、促进生命的整体发展,使学生的学习不仅是知识技能的掌握,更应当是生命的整体生成。令人欣喜的是,这一教育理念在我国正在展开的课程改革中得到了重要体现,课程目标根据"知识与技能、过程与方法、情感态度与价值观"三个维度设计,三个方面相互渗透,融为一体。这一设计思路表明,我国基础教育目标已由"知识-认知"目标调整到"生命全域"。其重大意义在于,通过课程改革,创造一种"人的整体生命投入的生态",促使我们的教育向生命敞开,促进我们的学校成为鲜活生活、完整生命的摇篮,让所有生命的全部价值在学校得到高扬。

三、教育要让生命自由生长的理念

自由是人的最高属性。人的存在和自由是不可分的。人只有在自由的环境中才能得到充分自由和谐的发展。因此,教育应当是自由的领域。然而,现实的学校教育中,学生的自由是匮乏的。德育是"规训化"的,智育是灌输式和训练式的。教育成为一种事先谋划好的、以有效的方式控制儿童心智和身体的技术,成为一种必须服从的训练机制。这样,学生沦为知识的奴隶和被驯服的工具,失去了学习和发展的自由。于是,自由作为人的最高属性在当下的学校教育中不是被唤醒、激活、弘扬,而是被抑制、被消解。

让生命自由生长,是时代对教育的要求。面对知识经济的来临和激烈的市场竞争,"教育的基本作用,似乎比任何时候都更在于保证人享有他们充分发展才能和尽可能牢牢掌握自己命运而需要的思想、判断、感性和想象的自由"[4]。这是因为:一方面,网络时代对人的主体精神和创造能力提出了新的更高的要求。从根本上讲,即要求提升和增强人的自由属性。现代社会发展加速、竞争激烈,人类的生存环境呈现多变、多元、多彩、多险的飘忽迷离状态,在这种社会形态下,要求人必须具有很强的判断能力、选择能力和创造能力。由于人的主体性、创造性与人的自由性有着内在的正相关,所以只有当一个人在活动中自由地发挥其内在的潜能,把活动当作他的自我实现,他的创造人格和创造能力方可有效生成。另一方面,教学的理想境界是让学生自由地学习。学习是一种内在的思想交流、对话、质疑、反思以及达成新见解的过程,这个过程就其实质而言是自觉、自愿和自由的,任何外在的强迫都无助于启动和维持这一过程。从这个意义上说,真正的学习就应当是自由的学习,只有给予每个学生以充分的学习自由,他们身心各个方面的潜在发展倾向才能够表现出来。"自由乃是其他价值欲得到发展所必须的土壤"[5]。既然自由活动是生命本质的存在方式,自然应当成为本真的教育方式。

教育对自由的追求,是教育引导社会发展的需要。当前,倡导"解放儿童""让生命自由生长",对于改变强制、规束式的教育现实具有强大的冲击力量,并通过教育对自由的追求,增强人的自由属性,提升人的民主意识,对于我国建设社会主义政治文明也有着十分积极的意义。恰如杜威所说:"为了创造一个民主社会,我们需要一种教育制度,在这种教育制度中,道德、智力发展的过程,在实践上和理论上乃是自由、独立的人从事探究的合作的相互作用的过程"[6]。

四、教育人尊重和热爱生命的理念

近年,要求重视和加强对学生进行"生命教育"的呼声越来越高。这里的"生命教育"是指对学生进行尊重、珍爱自己生命、他人生命和它类生命的教育(笔者称之为"狭义的生命教育"),这种呼声有着深刻的哲学意蕴和时代背景。从世界范围来看,人类面临着严峻的生命危机。一方面,以技术革命为基础的对自然的攫取所造成的"全球问题",即人类赖以生存的环境被严重破坏;另一方面,功利主义、唯理主义使人染上了时代"精神分裂症",人生意义淡漠和浪费生命、自毁和他毁生命现象日趋严重。面对上述问题,国内外一些专家、学者指出,需在由人、社会、自然所构成的三维立体价值空间中重新认识教育的价值;人类若要避免经济上、生态上及价值偏向上的危害,就必须从人内心最深处着手改变。

教育学生尊重生命、关爱生命、珍惜生命,是时代赋予当代中国教育的重大使命。其内容包括:第一,要引导学生正确地认识生命现象。使学生"既认识生命的伟大与崇高,又认识生命的渺小与脆弱;既了解人类的生命价值,又了解自然界中其他生命的意义,才能生发出对生命的敬畏与热爱"。第二,要引导学生理解人与人、人和它类生命的关系。个体生命是"类生命"的一部分,离开了"他人",个体生命就不存在。人是大自然的一部分,大自然永远是养育人的母体,爱护大自然,也就是爱护人类自己。人与人、人与大自然要和睦相处,要走出"惟吾独尊"的误区,学会尊重其他生命伙伴的权利和生存空间,善待、爱护各种生命体。第三,引导学生尊重、珍惜自己的生命。要引导儿童少年认识和把握人的身体成长发育和保健的规律,树立科学的饮食观念,养成良好的健体习惯和生活方式。要帮助学生增强自我保护意识,培养自我保护的能力。要重视对学生进行生命意义和人生态度的教育,一个人生活得有意义、有价值,才是幸福的人生。珍惜生命,必须发挥自己的生命潜能,展示才华,为社会努力工作,尽情创造。要重视对学生进行珍惜时间的教育。柏格森对人做了时间性的理解,他说只有时间才是构成生命的本质要素。人的生命是短暂的,珍惜时间就是珍惜生命。由于我国国民身上普遍存在"时间病",即缺乏时间意识、效率意识和紧迫意识等,导致人的生命潜能没有得到应有开发,造成人力资源的极大浪费。因此,加强时间教育对提高我国的国民素质具有十分重要的现实意义。

五、教育要重视培养生命智慧的理念

所谓智慧,是指利用知识、技能、能力等解决实际问题和疑难的本领或才智,是"对宇宙人生的某种洞见,它和人性自由发展有着内在的联系"[7],智慧是人能力素质中最有价值的部分。凭借智慧的力量,人类战胜了困难和邪恶,创造了人类文明,推动了社会进步。一个充满智慧的人才能拥有幸福的人生。教育应当"赋予人类以智慧与美德"。

首先,注重培养"生命智慧",反映了时代对教育的要求。教育作为培养人的活动和面向未来的事业,在当代需要应答关乎人类发展所面临的两大问题:一是在信息化和知识经济的社会形态下,在瞬息万变的当代社会,人要更好地生存和发展需要什么样的教育?二是人类面临生态环境被严重破坏、精神家园失落的困境,教育如何提升人生境界,转变人的生存方式,引导人去建构一种健康的明智的生活?教育要解答好上述两个问题,必须从传授知识走向培养智慧。因为智慧的基本属性是真、善、美,知识经济时代要求人不仅要有知识,更重要的是必须有智慧,故而,教育担当起培养人生命智慧的重任,应是人类解决种种生存危机的根本之策。

其次,从"知识性教育"转向"智慧性教育",是当代教育改革的一个显著特征。当下的学校教育,以知识传授与掌握为目的,采用灌输和强化训练的机械性教学方式,使学生成为应考的工具。在这样的教育状态下,学生总是被动地接受知识,缺少主动思考和探究,缺少心灵对话和情感体验。这种"无智慧的教育是机械教条的生产",面对知识经济的挑战,人们在对当代教育的反思中认识到,教育必须实现由"知识性生存方式"向"智慧化生活方式"的转变。早在20世纪五六十年代,一些发达国家的教育已不再偏重知识传授,而强调发展学生的智力。到20世纪90年代,世界发达国家的教育改革紧锣密鼓,在教育目标中普遍重视学生智慧的培养。对此陈桂生先生指出,"以'有智慧的教育'取代'缺智慧的教育',恐怕已属大势所趋"[8]。

再次,强调培养人的生命智慧,是对教育真谛的积极追求。从人与知识、智慧的关系来看,知识本位的教育不是真正的教育,真正的教育应建基于知识,并最终"酿造"出人生的智慧。这是因为:第一,智慧是人的主体性、价值性、创造性等人类的本质特征的集中反映。"智慧是指向人的实践能力或实际本领的",它的"方式是具有实践性、探索性、创造性的活动"[9]。第二,知识不等于智慧。知识是获得并储存起来的学问,它的属性是客观的、静态的、被动的。要发挥知识的力量,必须把知识转化为主体的实践力量即智慧。知识的简单累积或简单套用不能解决复杂、疑难的问题。可见,传授给学生知识并不是教育的根本目的,在引导学生学习知识的过程中,用智慧统师知识,培养"有智慧的人",才是教育的真义。

六、学校教育具有重要生命意义和价值的理念

近年,课堂教学的生命价值引起研究者的极大关注。叶澜教授于1997年撰文指出,"课堂教学应被看作师生人生中一段重要的生命经历,是他们生命的有意义的构成部分","课堂教学对于参与者具有个体生命价值"[10]。她的这一观点引发了人们从生命视界对课堂教学的深入讨论。这场讨论,一个极为重要的收获是,提出了学校教育具有生命价值的理念。

经典教育学关注的是把学生培养成为社会所需要的人,这是学校对学生个体发展功能的外在性的"未来时态"。它很少关注学生现时在校的生存状态。这种工具性的教育观销蚀了教育对于生命发展的本体意义,使学生学得被动,学得枯燥无味,感受不到生命的情趣,抑制了他们人格的发展和智慧的生成。从生命的视角看,学校教育不仅要关注学生的(外在性)"未来",更应当关注学生在校的生存状态(现在时态),让学生享受学习、享受生活,使班级、学校真正成为学生自由而健康成长的精神乐园,即"只有在校生活的高质量,才会有满足未来社会生活的高素质"。课堂教学是学生学校生活的最基本构成,它的整体质量会直接影响学生当前及今后的多方面成长和发展,因此,它应当是其人生中充满活力意义、实现人生价值的重要组成部分。正因为如此,课堂教学应当关爱生命、唤醒生命、激扬生命,使学生在好奇心的驱动下,满怀乐趣和兴趣积极参与对智慧的挑战,亲自体验这种充满思想、情感和智慧的生活。

我国传统的教师观一直将教师放在一个为社会做出无私奉献的位置上,把教师比作蜡炬、春蚕、人梯,这反映了对教师职业的敬重。但是,这样对教师职业社会价值性的单一定位,容易使教师失落"自我"(本体),泯灭个性,不利于教师主体性的发展和创造潜能的发挥。因为,教师教学过程并不仅仅是为了完成社会、学校交给的任务或是为了学生的成长和发展的单向付出,同时也应当是教师自身生命的实践活动,是他们对生命意义的追求和生命智慧的展示及自身发展的体现。课堂教学是教师职业生活的最基本的构成,是教师生命的重要组成部分。每一堂课的质量直接影响教师对职业的感受、态度和专业发展,以至生命价值的实现。在教学过程中,教师不仅要点燃学生的生命之火,也要点燃自己的生命之火。换言之,教师,应该是一种

使他人和自己都变得更加美好的生命形式。

从生命的视角来看，作为学校教育主阵地的课堂教学以及课外的一切教学活动，应当建立注重人的生命发展的价值观，即教学应是一种以人生命发展为目的的活动，它尊重生命、关爱生命，开发生命潜能，提高生命质量，蕴含着重要的生命意义与价值。它关心的不仅是人可以经由教学而获得多少知识、技能，而且在于人生意义和智慧是否可以经由教学而得以彰显、扩展和生成。当师生在教学活动中切实领悟到生命的意义和价值时，教学的理想境界便会不期而至。

参考文献：

[1] O·F·博尔诺夫.教育人类学[M].李其龙等,译.上海:华东师范大学出版社,1999:3.

[2] 刘慧.寻找教育的元基点——生命教育[N].成长导报,2001-9-26.

[3] 联合国教科文组织国际教育发展委员会.学会生存——教育世界的今天和明天[M].华东师范大学比较教育研究所,译.北京:教育科学出版社,1996:195.

[4] 联合国教科文组织国际教育发展委员会.教育——财富蕴藏其中[M].北京:教育科学出版社,1996:85.

[5] 费里德利希·冯·哈耶克.自由秩序原理[M].邓正来,译.上海:三联书店,1997:316.

[6] 赵祥麟,王承绪.杜威教育论著选[M].上海:华东师范大学出版社,1981:435.

[7] 冯契.智慧的探索[M].上海:华东师范大学出版社,1996:333.

[8] 陈桂生.也谈有智慧的教育[J].教育参考,2001(5):21.

[9] 靖国平."转识成智":当代教育的一种价值走向[J].教育研究与实验,2002(3):11-16+72.

[10] 叶澜.让课堂焕发出生命活力——论中小学教学改革的深化[J].教育研究,1997(9):3-8.

[本文系全国教育科学"十五"规划教育部规划课题"小学生命教育的理论和实践研究"(FHB030684)阶段性成果,发表于《江苏教育研究》2004年第2期]

试论自组织学习

近年,国内外教育研究出现了工具性向生命性、简单性思维向复杂性思维转变的趋势,这一转变对深刻认识教育对象和教育活动具有重要意义。在此背景下,"教育自组织"和"自组织学习"、"自我调节学习"等重要命题凸现出来。美国课程论专家多尔认为:"在后现代主义之中,没有什么是奠基的,所有的都是关联的。但至少有一个概念看起来是基础的,一个整个范式的概念,没有它,范式也就不存在了——自组织","自组织是生活的本质,是同化和顺应过程的基础"[1]。在后现代主义课程理论框架中,"自组织"不仅"对课程最具有影响意义",而且是人学习活动微观机制的基础。我国有学者认为:"教育过程展开之根本动力、向善趋势、达成机制和活动能量,最终和基本上来自儿童的生命自身"[2];"教学-学习框架可以脱离学习是教学的直接结果或者教与学是高级-低级的关系这一因果框架,从而转向另一种方式,即教学附属于学习,学习因个体的自组织能力而占主导地位"[3]。由于"自组织"是人生命活动的一个根本特征,是人生存和发展的内在机制和基础,因而,对"自组织学习"进行深入探讨,可能为素质教育理论、主体性教育理论、学习论和教育实践改革提供新的理论支撑及有效思路。

一、自组织学习的内涵

求知是人生命的本性。人类的学习因生命而发生,生命因学习而丰富、发展和壮大。学习是始于生命、依凭生命、为了生命发展的活动。由于"自组织性"是人生命活动的内在机制和基础,所以,"实际上学习是一个显性与隐性相结合的高度自组织过程"。因为人的生命和学习是一个十分复杂性的问题,故而,要全面理解"自组织学习"的内涵,必须对其进行多视角的探讨。

首先,自组织学习是人生命自主性、自为性的一种存在方式。哲学、人类学认为,人生下来是不完善的,没有动物那种精密的本能系统,但正是那种欠缺,使人具有发展适应更加复杂多变环境的反应机制和行为模式的能力,使人得到这种发展的前提就是学习[4]。人是自为的存在。人与一般动物的区别在于,"人的存在不是单纯被给予的自在存在","'作为人的人'的存在是自主、自觉、自为的生存,惟此才具有人的存在的意义"[5]。"自主、自觉、自为"即人生命的自组织性特征在哲学上的表述。人是超越性的存在,人是不确定的、可能的存在,人生活在希望之中。"人无时无刻不为超越生存的局限以及成为一个'创造者'的愿望所驱使,无时无刻不在内心激荡着一种趋向自由的力量、热情和憧憬"[6]。人还是文化的存在。兰德曼认为,"人作为文化的创造者""人作为文化的产物",正是人具有自为性、超越性、文化性,"精神及其成就——工具、概念、语言、社交——总是可怜的代用品,人们用他们去弥补自己天生的脆弱,并设法把握生命"。人"弥补自己天生的脆弱""把握生命""实现希望"的一种重要方式就是主动学习,即人能够自组织学习。自组织学习是人生命本质的体现,进而言之,人通过自组织学习获得德性、知识、智慧和美感,实现生命的成长、意义和价值,就此意义上,它又是人生命力量的自我确证。

其次,人生命的"自组织"是学习和教育的实现机制。一方面,自组织学习本质上是人生命自组织功能进行精神性自我建构的一种活动方式。复杂性科学认为,生命能够自组织,所谓自组织系统"指能够从环境吸取能量和信息,以补偿自然增熵所失去的有序,无须外来指示便使系统要素产生共同行为,从无组织到有组织,从低程度到高程度复杂组织的开放系统"[7]。法国哲学家埃德加·莫兰把生命体的这一特征概括为:自我的—通过环境—反复进行的—组织活动[8]。生命自组织系统能自我更新、自我复制、自我调节,具有能动性、开放性、协同性、生成性、非线性等特征。作为生命体的一般动物,只有生理的、物质的、本能的自组织系统。人的生命既是一种自然存在物,又是一种文化的、精神的存在物,因此,人不仅具有生理的、本能的、物质的自组织系统,还具有心理的、文化的、精神的自组织系统;它是"人类亿万年来生命演化而成的极为丰富的肉体和精神力量"。在此视域中,人类的学习,其实质是依凭其特有的精神性的自组织机制,借助人类特有的符号,吸收文化,内化人类积累的经验,创造新的经验(文化),不断丰富、完善和发展自己。学习和教育活动是人自身的一种精神、能量的转换和建构,是"人之自我建构的实践活动",而"这一转变性统合的基础是自组织"。另一方面,自组织是实现有效性学习心理过程的基础。近年来国内外心理学关于内隐性学习的研究成果为学生学习的自组织性提供了理论依据。如杨治良先生所总结的内隐性学习的特征,"高选择性、高潜力性、高密性和高效性"特征,即是人自组织学习的有力佐证。"主动性"是"自组织"的"能动性"特征的心理学表述。心理学的研究成果表明,没有"主动性",真正的学习就不可能发生。布鲁纳在论述发现学习时指出,学习的实质是主动地完成认知结构;学习者对新输入的信息总是在已有经验的基础上对它进行再组织。有意义的接受学习也不是被动的。奥苏伯尔认为,如果单呈现有潜在意义的材料而没有学生的主动性,那么不可能获得意义;获得是一个极为积极主动的过程。从教与学来看,教是外因即他组织,学是内因即自组织,他组织只有通过自组织才能起作用。

最后,促进人生命"自组织"的发展,是学习和教育的重要目的,是时代对教育的重要规定。自由性是人的最高属性。人的存在和自由是不可分的。"自组织性"是哲学上人自由性、主体意识的生命机制和表征,它是人性的精华,是人素质中的核心部分。"由于人的主体性、创造性与人的自由性有着内在的正相关,所以只有当一个人在活动中自由地发挥其内在的潜能,他的创造人格和创造能力方可有效生成。"依赖和尊重人的自组织机制的学习活动,不仅有助于提高主体的学习效率,而且还能使人的自由性、创造性得以充分发展。可见,人生命的"自组织性"不仅是学习的实现机制,而且还要把促进人生命"自组织"的发展作为教育的重要目标。现实中,很多人仅仅把引导学生自主学习(自组织学习)当作提高学生学习效率的一种手段,这种认识有很大的局限性。由于古代中国长期的封建专制文化抑制和消解了人的自由本性,极大地制约着国民生命潜能的发挥和智慧的有效生成,因而,促进人生命"自组织"的发展,对提高我国的国民素质有着特殊的意义。正因为如此,叶澜教授认为:"变革中的中国社会……要把增进人的生命主体意识看作是时代对教育的重要规定"[9]。

二、自组织学习的机制

学习的目的是发展。个体通过学习活动,丰富、发展和完善生命。人生命的自组织性是学习和教育的本体性、内源性的实现机制。因为生命"自组织的核心是由两个不可分割的原理之间的对话构成的,一个是(基因的、种类的)生成的原理,一个是(此时此地生命存在)现象原理"[10],所以,探求自组织学习的机制,可从"两个不可分割的原理之间的对话"着手。由于"人类语言就不只是有生命的,而且还是人类——社会的相互作用中和精神圈的组织中具有最彻底的生命性的东西"[11],故而,语文学习是人类学习的重要组成部分,是人进行精神建构和自我完善的最重要的路径。下面,以语文学习为例探析自组织学习活动的发生与实现机制。

第一,语文学习活动的发生、维持和创生依赖于人自组织系统的能动性。人,永远处于生成之中。人的言语要求,既外在于生命,又内化于生命,归根结底是内于生命的。语文学习是人生命存在、生成的一种方式。语文学习的自组织的能动性来自人的内在需要,即人的发展、超越需求,言语上的自我实现本性。言语是人生命的体验与表达。言语活动源于人生命的内在冲动和欲求。"言语动机最深厚、最有活力的渊源,是人的生命性,言语天性、个性,是人的生命潜能和自由能动性的释场"[12]。语文学习是个体的自主建构。"语文理解不是被动地接受语言制激的过程,而是一个主动加工过程";写作是"作者根据题目的要求,主动从记忆中提取关于文章的体裁和主题内容信息,并把这些知识进行合理的组织"。如果没有唤起主体内在的语文学习需求与欲望,即没有唤起主体的能动性,无论什么有价值的知识或教学要求,都将是无效的。这就意味着,真正的学习是自主学习。人的能动性由何而来呢? 它源于人的意识,被"由作为意识内容主要成分之一的主观价值所决定"[13]。意识在本质上是一个意义系统。个体语文学习的"意识",对其自组织学习活动的强弱、方向有着决定性的作用。

第二,主体基于自组织系统的主动性、开放性和自身先天遗传的语言生成机制,对语言进行"吸纳"与"倾吐",生成语文素质,实现精神建构。人的发展、超越需求,言语上的自我实现,怎样才能变成"现实"呢?换言之,人的生命新质怎样才能生成呢?人依赖于自组织系统的开放性,实现其精神的成长与发展。个体语言能力是主体自身的先天遗传的语言生成机制在外部环境的语言信息刺激下,经由吸纳—内化(听、读)、倾吐—外化(说、写)而形成的,即便是婴儿的语言,若无主体的对语言吸纳与倾吐,连乔姆斯基所说的"普遍语法"能力也不可能产生,就是说连最简单的语词的听说能力都不会形成,著名的"狼孩"一例即可说明这一点。这一微观心理过程的基本形式是内化(吸纳)和外化(倾吐),以及二者的有机结合。内化是外化的基础,没有丰富的精神能量和信息的内化便不会有优质的外化,如大诗人杜甫的名句"读书破万卷,下笔如有神"即揭示了内化对外化的作用;反之,外化可以使内化成果得以巩固与提升,并激发主体产生新的学习(内化)需求和冲动(用时方知读书少),同时外化所生成的表达、创造能力,从某种意义上,又丰富和建构了主体的精神世界和认知结构。

第三,语文学习的内化和外化发生于主体解读和表达过程中的感悟、体验和创造的"此在"。混沌理论认为,自组织系统在非线性系统的关节点上,参量的微小变化往往导致运动性质的改变,即初始条件的微小变化有时可导致系统的巨大差异。

这方面最著名的例子,是一只蝴蝶扇动一下翅膀,可能导致另一半球的一场台风。对文本进行深度解读、体悟,如有感情地朗读、真切地品味,所产生的心灵感悟、审美体验,具有建构"内心世界"的价值,正如鲁迅先生所言,"握拨一弹,心弦立应,其声澈于灵府"[14]。对此,朱光潜先生也有精彩的论述,他说:"朗读时心情是振奋的,仿佛满腔热血都沸腾起来了……调子就震颤起来,胸襟也开阔起来,仿佛自己胸中也有无限的豪情胜慨,大有低徊往复,依依不舍之意"[15]。说、写时,主体有内心的感动、顿悟和冲动,才可能有得体的、美的表达。上述"此在"可能正是"参量的微小变化"所导致的自组织系统"跃迁"(主体内心的"质变")——精神的滋润和语感的生成。这一机缘和样态的发生是个体认知、情感和知识、经验、能力等多种因素协同作用的结果,但往往始发于某一端。从微观发生学看,灌输式教学之所以低效,其根本原因在于它难以使主体产生心灵震撼和悟性萌动。

三、自组织学习的特质及其限度

自组织学习作为人本体论的一种存在,它是人生命自组织性、自由属性的重要体现,是人之自我建构的实践活动,是人实现全面发展和生命价值的主要方式。这种学习与灌输式教育下的他控式学习有着本质的区别。具体地说,它有以下特征:

第一,自主性。自组织学习作为一种学习方式,它与"他组织学习"相对。他组织学习,是学生处于被动地位状态下的被动性和消极性学习;自组织学习,是学生处于主体地位状态下的主动性和能动性的学习。自组织学习可呈现这样一种状态:学习动机可自我激发,学习内容可自我选择,学习方法可自我确定,学习时间可自我计划,学习过程可自我监控,学习结果可自我评价。在这种学习状态下,主体"能够合理地利用自己的选择权利,有明确目标,坚忍不拔和有进取心"。

第二,开放性。自组织学习的本质是人与环境交换精神、能量和信息,在这种"新陈代谢"中,实现自我建构,进行生命的自我更新。学习在场的是知识,是物化的符号,是情境中的"图式",但学习目的不在于习得"知识""符号""图式",而是在学习知识的过程中获得隐蔽在"知识"背后的意义和智慧,以实现生命的成长与发展。从学习的资源看,主体的自组织学习的资源可以是全时空的,他并不囿于教育者给定的资源。从学习的过程看,表现为主体内化与外化的转换、互动,主体与文本、主体与主体的"对话"。要之,自组织学习对于人是一个"不断迈向未来的开放性生成的过程"。

第三,超越性。自组织学习为人"立足于现实,又不满于现实,不断地追求一种理想"的本性所规定;它以先前的"实然"为基础,使"应然"不断转化为"实然",随之又产生新的"应然",所谓"学无止境""学而后知不足"即表达了人不断超越的意蕴。人如果不是主动学习,而是被动的、服从的学习,就不可能实现其自我超越。因为"凡是被动的、服从的学习者,都缺少对理想的追求"。

第四,不确定性。自组织学习是人的兴趣、思维、情感、意志和信念、知识、能力等因素综合、协同作用的结果,任何一种因素都可能对主体的学习活动产生影响,或促进或阻断或使其改变方向,具有强烈的个体性、多元性、偶然性、非线性等特征。人生命的自由本性,决定了其本真的学习是不确定性的。不确定性即意味着能动性、创造性,因此教育要呵护学习者的这种天性。当学习"成为一种事先谋划好的、以有效的方式控制儿童心智的身体技术,成为一种必须服从的训练机制",也就失去其生动性、有效性和创造性,自然失去其生命发展的价值。不确定性也意味着,自组织学习的"方向"有极大的选择性。因为文化既有其精华,也有其糟粕,所以自组织学习需要正确价值的引领。

第五,可持续性。自组织学习是终身发展的根本保证。一方面,人生命的自组织是学习和教育的实现机制。"人是一个未完成的动物,并且只有通过自主、经常地学习,才能完善自己"。活到老,学到老,发展到老。只有具备较强的自组织学习能力,才能实现人的终身学习和终身发展。另一方面,在自组织学习活动中,学生的主体地位得到充分保证,人的主体性以及与其正相关的探索性、创造性得以充分自由的发展。要之,在自组织学习活动中,得以充分发展的自学能力和主体性正是保证人可持续性发展的核心要素。

组织学习也有其限度。虽然自组织学习是人之自我建构的根本方式,离开主体内在学习活动的发生,任何外在的努力、影响都将是无效的,真正的学习是自组织学习,但也要看到其有限性。一方面,人的自组织学习意识和能力具有潜在性,有时处于"沉睡"或"未展示状态",即有时还是一种"自在"的存在;另一方面,人的自组织学习意识和自组织学习能力永远处于生成之中,需要不断发展。因此,人自组织学习意识的增强和能力的发展需要教育的帮助,若离开教育,"可能性"难以变为"现实性",即使是一块"金子"也可能永远被泥土掩蔽。正因为如此,斯普朗格强调,"唤醒"是教育的核心;博尔诺夫指出,教育对人的最根本的作用是唤醒人沉睡的意识和解放人的沉沦、蒙蔽的心灵。需要指出的是,唤醒、激发学习者的内在欲望和冲动,在主体自组织学习活动的全程中仅具有意向、启动和动力的意义,要使其具有真正的人生发展的价值,还必须通过长期自组织学习的实践,使主体养成习惯,即学习成为一种高度自觉的、自动化的、持久的生存方式。

长期以来,实用工具主义教育观居于主宰地位,并形成一种以"灌输-训练"为特征的主流教育范式,由于他控性、封闭性、确定性,它遮蔽和消解了人生命的自组织机制,致使主体的自组织学习功能得不到应有的发挥,这是造成学生学习"费时多、效率低",生命潜能得不到充分开发,品德、智慧未能有效发展的重要原因。据此,在新课改背景下,"整个教学都面临着深刻的转型",以人生命的自组织机制为依据,探求引导和促进学生学习、发展的有效策略,应当是教学改革的一条最重要的路径。

参考文献:

[1] 小威廉姆 E.多尔.后现代课程观[M].王红宇,译.北京:教育科学出版社,2001:225-226.

[2] 郭思乐.生本教育:最大限度地依靠生命自然——突破东方考试文化圈的一种思路和实践(上)[J].课程.教材.教法,2006(3):3-7.

[3] 蔡灿新.教育本体论研究的转向与教育本体的复杂性——复杂性思维方式视野中的教育本体论研究[J].教育理论与实践,2006(17):6-9.

[4] 冯增俊.教育人类学[M].南京:江苏教育出版社,1990:59.

[5] 夏甄陶.论以人为本[J].新华文摘,2003(9):35-38.

[6] 冯建军.生命与教育[M].北京:教育科学出版社,2006:27.

[7] 杨桂华.人类社会与自组织系统理论[J].教学与研究,1998(3):26-31,63-64.

[8] 陈一壮.埃德加·莫兰的"复杂方法"思想及在教育领域内的体现[J].教育科学,2004(2):1-5.

[9] 叶澜.新基础教育研究引发的思考[J].中小学教育,2006(7):4-7.

[10][11] 谢光前,袁振辉.自组织形态的复杂性演化与主体的发生发展[J].哲学研究,2008(6):100-107.

[12] 潘新和.语文学的历史性转向[J].湖南教育,2006(7):4-6.

[13] 潘菽.意识——心理学的研究[M].北京:商务印书馆,1998:232-233.

[14] 鲁迅.鲁迅全集:第3卷[M].北京:人民文学出版社,1981:267.

[15] 朱光潜.艺术杂谈[M].合肥:安徽人民出版社,1981:89.

[本文系江苏省教育科学"十一五"规划重点课题"生命教育发展性研究"(B-a/200602/055)研究成果。发表于《江苏教育研究·理论版》2008年第9期]

课程改革:要听听生命怎么说

新一轮基础教育课程改革目前正在全国展开。面对瞬息万变的网络社会,面对激烈的国际竞争,通过课程改革,"重新教育中国人",全面提升民族素质,这是时代赋予当代中国教育的伟大使命。要实现此次课程改革的宏伟目标,关键的问题是必须抓住根本,唯有抓住根本才能使课程改革的思路明晰起来。实施新课程要"以人为本",目前已形成共识。但"以人为本"不只是一个抽象的概念,我们需要理解它的丰富内涵:实施新课程要以"人的什么为本",以"什么样的人为本"? 在"以人为本"的课程理念下,应当追求什么样的教育教学方式和培养目标? 人是一种生命的存在。将对人的认识与理解置于生命之中,将对人的教育落实在促进每一个鲜活的人的生命健康成长之中,这才是真正的教育[1]。正如杰·唐纳·华特士所说,生命本身就是一个大教室,不只是孩子,包括我们自己,都应该听听生命怎么说。

实施新课程,要以人的生命为本。"以人为本"是新课程的一个重要理念。要深刻地理解"以人为本",必须关注人的生命世界。人是以生命的方式存在的,没有生命的存在也就没有人的存在。生命是人智慧、力量和一切美的情感的唯一载体,因此,教育的"以人为本"首先应当是以人的生命为本,生命是人成长与发展的力量本源,是教育的元基点。其次,要弄清以"什么样的人"为本的问题。人是整体的人,是"有意志、有情感、有想象的存在物"。人是自然生命、精神生命和智慧生命的统一体。即便是儿童,他们与成人一样,有着各种需要。把一个人在体力、情绪、伦理各方面的因素综合起来,使他成为一个完善的人,这就是对教育基本目的一个广义的界说[2]。据此,"以人为本"应当是以鲜活的、现实的、完整的人为本。确立以人的生命为本的教育理念,才能使我们从知识课程观的狭隘眼界中走出来,使学生的学习不仅是对知识技能的掌握,更应当是生命的整体生成,换言之,以"生命为本"的教学,才可能让学生的认知、情感、意志、态度等都参与到学习中来,使学生在理解和掌握知识的同时,获得精神的丰富和完整生命的成长。

实施新课程,要让生命自由地生长。自由是人的最高属性,人的存在和自由是不可分的。生命只有在自由中才能健康地生长,过多的捆绑只会扭曲生命。然而,我国现存教育中,学生的自由是匮乏的。德是"规训化"的,智育是灌输式和训练式的。在这样教育下,学生沦为知识的奴隶和被驯服的工具,失去了学习和发展的自由,人的自由本性不是被唤醒、激活、张扬,而是被抑制、被消解。人的自由性与主体性、创造性成正相关,没有自由,个性被束缚,人的主体性、创造性便失去了生成的条件。生命的本质是自由地生长,生命的自由本质的一个标志是自主性,其自主生长性活动是教育的实现机制。人的生命成长离不开外界环境与条件,然而生命本身具有自主性,外界因素可以影响它,但无法取代它,如果取代它,生命本身就失去了意义。实施新课程,要"解放儿童",在学习目标、学习内容、学习形式、学习进程等方面给学生以选择的自由,因为既然自由的活动是生命的本真的存在方式,自然应当成为本真的教育方式。追求教育的自由境界,对于冲破现存教育束缚人发展的种种桎梏,为学生创设一个有助于其生命充分生长的情境,使教学焕发出生命活力,培养完整和谐的人、自主创新的人,具有特殊的积极意义。

实施新课程,要重视培养人的生命智慧。智慧为人类所独有,人的生命因智慧而延展、弘扬、闪光。一个充满智慧的世界才是一个美好的世界,一个充满智慧的人才能拥有幸福的人生。智慧是利用知识、技能、能力等解决实际问题和疑难的本领或才智,是"对宇宙人生的某种洞见"。知识是形成智慧的因素,但知识不等于智慧。知识对人来说是外在的、客观的、静态的,而智慧是人生命的主体性、创造性和超越性的结晶。必须把知识观念的力量转化为人主体实践的力量,才成为人的素质即智慧。知识的简单累积和简单套用,不能解决复杂的问题。拥有知识的人看到一块石头就只是一块石头,一粒沙就是一粒沙子,而拥有智慧的人能在一块石头里看到风景、在一粒沙子里发现灵魂。传授给学生知识并不是教育的根本目的,通过知识教学开发智力、培养智慧,这才是教育的真谛。面对生存环境恶化和知识经济的挑战,要求人们不仅要有知识,更重要的是必须有智慧。然而,当下的学校教育普遍存在"课程过于注重知识传授的倾向",甚至以知识的传授与掌握为主要目的,使教育成为记诵之学、机械之学、模仿之学、"克隆"之学。这是一种有知识、缺智慧的教育,已不能适应时代的要求。实施新课程要从传授知识走向培养智慧,使教育教学活动闪耀着智慧之光。

新课程理念下的教学,应当尊重生命、关爱生命,开发生命潜能,提高生命质量,其蕴含着重要的生命意义与价值。"教学过程不是一种单纯的认识过程,而是生命意义的发生、创造与凝聚过程,是生命力量的呈现与发展的过程,是主体对于生命内涵的体验过程。教学不只是传授知识的活动,而是一种生命活动,是生命存在的基本存在方式"[3]。在教学中,师生不断领悟世界的意义和人本身存在的意义,不断激活生命、确证生命、丰富生命,不断提升生命的质量和价值。师生不再是传统的"授-受"关系,而是通过教学中的交往、对话、理解而达成的合作关系。在这种关系中,师生双方都作为自由自主的人投入到共同创造的氛围中,互相吸引,相互接纳,各自独立而又相互理解与回应,共同体验生命的涌动和精神的拓展,感受智慧的挑战和成长的快乐。

参考文献:

[1] 刘慧.寻找教育的元基点——生命教育[N].成长导报,2001-9-26.
[2] 联合国教科文组织国际教育发展委员会.学会生存——教育世界的今天和明天[M].华东师范大学比较教育研究所,译.北京:教育科学出版社,1996:120.
[3] 辛继湘.新课程与教学价值观的重建[J].课程.教材.教法,2003(4):18-21.

[本文系全国教育科学"十五"教育部规划课题"小学生命教育的理论和实践研究"(FHB030684)阶段性成果,发表于《成才导报》(2004年2月18日)]

重构课程理念:从"知识本位"到"生命本体"

长期以来,知识的课程观居于主宰地位,这种观念视传授教材本身呈现的知识为目的,教学即以教材负载的知识和技能的传授与掌握为宗旨。这种课程观漠视人生命的生长性、完整性和智慧性,表现为低层次、单向度、外铄式的价值取向和教学样态,导致了教育的缺失和异化。人的本质是一种生命存在。教育的根本目的是促进人生命的成长与发展。因此,要富有成效地实施新课程,必须重构课程理念,实现教育向生命的回归,即完成由"知识为本"向"生命本体"的转变。笔者试从以下三个方面对此进行探讨。

一、从"知识层次"提升到"智慧层次"

审视当下的学校教育,普遍存在"课程过于注重知识传授的倾向"。这种倾向磨灭了教育本应有的"智慧光芒",使其变为一种低层次、非本质化的知识性追求,即"知识性教育"。新课程要适应时代的要求和人自身发展的需要,必须克服知识性教育的倾向,构建智慧性教育。

首先,注重培养智慧,反映了时代对教育的迫切要求。在知识经济社会形态下,智慧资本是新经济的灵魂。智慧资本的核心是指特定的人才和技术组合所拥有的创造力以及这种能力的持久性,即人的智慧力。所谓智慧是指利用知识、技能、能力等解决实际问题和困难的本领或才智。在瞬息万变的网络化时代,要求人不仅要有知识,更重要的是必须有智慧。21世纪的人才,对智慧的需求会越来越大。基于此,为了在科技和经济竞争中取得优势,近年来世界许多国家尤其是发达国家都积极进行教育改革,核心是重视对人智慧的培养。"超越知识本位主义培养智慧活动主体"正在成为当代教育的内在逻辑和基本命题。正如陈桂生教授所说:"以'有智慧的教育'取代'缺智慧的教育',恐怕已属大势所趋。"[1]

其次,从当前的教学实际看,必须实现由"知识课程"向"智慧课程"转变。传统的课程是一种以知识为目的的课程。教学中教师考虑的是如何有效地呈现知识,学生如何有效地接受知识,也强调掌握知识的方法,但这些方法都是为知识的获得服务的,是知识目的的手段。为了应试,采取灌输式、死记硬背、题海战术等机械性的教学方式,使学生成为掌握知识技能的应考工具。在这样的教学中,学生总是在被动地接受知识,缺少主动思考和探究,尽管在考试中取得高分,却往往"高分低能"。显然,这是一种缺少智慧的教育。在瞬息万变的当代社会,教育要适应时代的需要,必须以"有智慧的教育"取代"缺智慧的教育"。由于课程在教育改革中的关键性地位,首先要树立智慧课程观。"这种观念视教材为教学使用的教材,它不否认教材所负载的知识和技能的传授与掌握,但却不以此为主要目的,或仅以此为途径和手段,而是通过它去实现智慧或发展的目的,教材呈现的知识即被视为从属和附庸的"[2]。这里,以"智慧统率知识",教材知识成为研究和思考的材料,通过它去激活思维、发展智慧,即以人的智慧发展为基本目的和价值取向。我国新一轮课程改革目标提出,"改变课程实施过于强调接受学习、死记硬背、机械训练的现状,倡导学生主动参与、乐于探究、勤于动手,培养分析和解决问题的能力"[3]。这种目标定位,可以视为对"以知识为本位"的教育的挑战,对以"智慧为本位"的教育的一种积极追求。再者,从"传授知识"走向"培养智慧"是对教育真谛的追求。第一,智慧是指人的主体性、实践性、创新性的本质力量。"智慧是指向人的实践能力或实际本领的,智慧的对象是实际的问题与现实的困难,智慧的方式是具有实践性、探索性、创造性的活动"[4]。第二,知识不等于智慧,不等于人的本质力量。培根有句广为流传的名言:"知识就是力量。"随着对知识认识的深化,培根这句名言受到了质疑和挑战。知识是获得并储存起来的学问,它的属性是外在的、客观的、被动的。要发挥知识的力量,必须把知识转化为主体的实践力量。第三,知识中包含着智慧的因素,是智慧生成的重要材料,但知识没有被实践被运用,就不能表现为活的生命,当然也不能显示其力量。知识的简单累积或简单套用不能解决复杂、疑难的问题。可见,传授给学生知识并不是教育的根本目的,通过传授知识,开发智力,培养人的智慧,这才是教育真正的意义。教育不仅是知识性的生存方式,而且更是一种智慧化的生活方式。

二、从"认识领域"调整到"生命全域"

人的生命是多层次的、多方面的整合体。现代心理学和生理学的大量研究证明,人的心理与生理之间、智力因素与非智力因素之间存在着相互依存、相互影响和相互制约的关系。狄尔泰认为,人是整体的人,是"有意志、有情感、有想象的存在物"[5]。由于构成完整的个体的各种因素之间存在着密切的联系,所以要生成一个完整的、完善的、全面发展的个体，必须完整、全面地实施教育。"把一个人在体力、智力、情绪、伦理各方面的因素综合起来，使他成一个完善对的人，这就是对教育基本目的一个广义的界说。"[6]

如上所述，传统的课程是以"知识为目的"的，在当前学校的教学中，教师往往只考虑如何教授知识，很少考虑情感态度的培养，学生学习这些知识的出发点不是学生的兴趣，更不是学生的需要，而是为了考试。在强化学生掌握知识和技能的同时，失去了大量的教育机会，失去了对学生全面发展的关注。尽管教师在教学中有时也注意非智力因素的培养，但它是为学生更好地学习知识服务的，是学生学习知识的手段，不是教学的真正目的。这种以"知识为目的"的教学把丰富、复杂的教学过程简括为特殊的知识性认知活动，把它从整体生命活动中抽象、隔离出来。这样，必然使课堂变得机械、沉闷和程式化，缺乏生气和乐趣，缺乏对智慧的挑战和好奇心的刺激，不仅连传统课堂教学视为最主要的认识性任务都不可能得到完全和有效的实现，而且在知识形成过程中，情感、态度、价值观这些人的素质中极为重要的因素也没有得到应有的培养。这样的教学，严重消解着人生命的完整性、丰富性，使学生成为被知识异化的单向度的人。目前，不少青少年学生存在着严重的心理障碍，对他人和社会缺少关爱，缺少理想和生命价值的追求，尽管造成这些现象的原因是多方面的，但与这种片面性的知识教育也有着内在的联系。

为了改变上述状态，教育必须从"知识至上"的狭隘的眼界中走出来，关爱、促进生命的整体发展，使学生的学习不仅是对知识技能的掌握，更应当是生命的整体生成。正如叶澜教授所指出的："必须使教育目标不仅反映时代的要求，而且顾及生命整体的各个层次和方面，使教育是对整个人的健全教育而不是只关注某一方面发展的畸形的教育"[7]。令人欣喜的是，关爱生命整体发展的教育理念，在新一轮课程改革中得到了重要体现。《语文课程标准》中指出："课程目标根据知识与技能、过程与方法、情感态度与价值观三个维度设计。三个方面相互渗透，融为一体"。这一规定表明，我国已将基础教育的目标由"认知领域"调整到"生命全域"，这是一场深层次的观念变革。其重大意义在于，通过这样的变革，促使我们的基础教育向生命全面敞开，促使我们的学校真正成为鲜活生活、完整生命的摇篮，让所有生命的全部价值都将在学校得到高扬。

三、从"知识专制"转换到"自由生长"

长久以来,知识课程观主宰着学校教育。知识课程观在教学活动中表现为"知识专制",即教师根据教材传授知识,学生根据要求接受和掌握知识;以知识的传授与接受为目的,制定规范化的教学计划,设计课堂教学既定的程序,向学生布置指令性的作业。在这种教学状态下,学生是被动的服从者,沦为知识的奴隶,失去了学习的自由。审视当下的学校教育,这种"知识专制",注入式、机械训练式的教学仍普遍存在。

知识课程观之所以长期占据主导地位,是因为把人类的个体成长发展归因于外部塑造。如夸美纽斯认为,"人心中什么都没有写,但是什么都能写上"[8]。洛克认为,"人心中没有天赋的原则",人心如同一块"白板"[9]。华生更是把环境的决定作用强调到极端,他说:"给我一打健全的儿童,我可以用特殊的方法任意地加以改变,甚至使他们成为乞丐、盗贼。"[10]以这种教育理念指导教育教学,学生的主体作用不会得到真正的尊重,他们不可能成为学习的主人,学习者的能动性最终不过是教育者要达到外在某种目的的工具而已。在课程目标上,教材是掌握的对象,它本身就是目的;在课程的实施过程中,教师把学生的心灵视作是可以灌满的"容器",为了让他们掌握知识,于是采用填鸭式、死记硬背和题海战术。长期地被动地接受、服从,自由作为人生命的最高属性,不是被唤醒、激活、弘扬,而是被抑制和消解。

当前,教育要回归生命本体、尊重生命,已经成为时代的强烈呼声。面对知识经济的来临和剧烈的市场竞争,"教育的基本作用,似乎比任何时候都更在于保证人享有他们充分发展才能和尽可能牢牢掌握自己的命运而需要的思想、判断、感性和想象的自由"[11]。这是因为,一方面,人的本质是一种生命存在,生命的本质是自由地生长,人的这一本质使人永远处于自主生长之中;另一方面,生命的自由自主的生长性活动是教育的实现机制,必须依据生命的这一规律施教,才能促进学生更好、更快地发展。据此,教育不仅要充分激发和利用学习者的主体能动性和个体心理特征,以使学习者的学习发展更好地适应和满足外部环境的需要,而且要真正转变教育观念,把学习者从外部环境的运转工具转换到自身生存和发展的目的上来,让学习者自由地把握外部环境的需要和自身既有状态和要求,自由地明确和设定学习发展的目标和内容,选择和利用学习条件和方式把握和操作学习发展的环节和进程,从而使学习者能动地、创造性地发展自我、超越自我。

我国新一轮基础教育课程改革体现了对生命自由本性的尊重,倡导让生命自由生长的价值取向。这种价值取向,在《语文课程标准》中得到了体现:一是强调"学生是学习的主人",在识字、阅读、习作和综合性学习等语文教学的各个方面对学生的主体地位都有明确要求;二是在学习的内容、形式和进程等方面都给学生以选择的自由;三是要求采用"对话式教学。这一规定的意义在于,强制灌输式教学将成为一种"违法"行为,平等对话的合作式师生关系将取代不平等的陈旧的师生关系。在对话交互关系中,教师和学生双方将会自由地思考、想象和创造。这样的教学就可以帮助一个人以一切可能的形式去实现他自己,使他成为发展变化的主体——实现他自己潜能的主人。质言之,把"知识专制"、外部塑造式教育转换为自主开发、内在生成式教育,是新课程的一种重要的理念,因为既然自由的活动是生命的本真的存在方式,自然应当成为本真的教育方式。

参考文献:

[1][4]靖国平."转识成智":当代教育的一种价值走向[J].教育研究与实验,2002(3):11-16.

[2]杨启亮.教材的功能:一种超越知识观的解释[J].课程.教材.教法,2002(12):4.

[3]中华人民共和国教育部.基础教育课程改革纲要(试行)[J].学科教育,2001.

[5]邹进.现代德国文化教育学[M].太原:山西教育出版社,1992:26-27.

[6]联合国教科文组织国际教育发展委员会.学会生存——教育世界的今天和明天[M].华东师范大学比较教育研究所,译.北京:教育科学出版社,1996:120,197.

[7]叶澜.时代精神与新教育理想的构建——关于我国基础教育改革的跨世纪思考[J].教育研究,1994(10):6.

[8]王天一,夏芝莲,朱美玉.外国教育史:上册[M].北京:北京师范大学出版社,1989:250,255.

[9]朱作仁.教育辞典[M].南昌:江西教育出版社,1987:376.

[10]联合国教科文组织国际教育发展委员会.教育——财富蕴藏其中[M].北京:教育科学出版社,1996:58.

[本文系全国教育科学"十五"教育部规划课题"小学生命教育的理论和实践研究"(FHB030684)成果,发表于《江苏教育研究》2003年第9期]

为学生的生命发展奠基

——小学"热爱生命"教育校本课程的探索

一、问题提出的背景

生命教育的提出有着深刻的时代背景。从世界范围来看,人类面临着严峻的生存危机。一方面,对大自然无休止地攫取使人类赖以生存的环境不断恶化;另一方面,功利主义、科学主义使人染上了时代"精神分裂症",从而导致人的人生意义淡漠、精神偏激,社会与人际冲突加剧,暴力、杀人、自杀等现象日趋增多。面对上述问题,国内外一些学者指出,要在由人、社会、自然所构成的三维立体价值空间中重新认识教育的价值。鉴于此,近年来许多国家和地区在中小学开展了生命教育。我国开展生命教育,除了上述背景外,还有两个重要原因:一是在学校和家庭教育中,强制注入式教学和应试性机械训练使学生生命发展遭到抑制甚至异化,少年儿童感受不到生命的乐趣,身心健康堪忧;二是我国由于长期缺乏系统性生命教育,部分国民缺乏对生命有限性和生命价值的认知,导致生命意识淡薄,主体精神匮乏,生命潜能没有得到应有的开发,人力资源大大浪费。这些,已经成为当前影响人及我国经济、社会发展的重大障碍因素。

产生这些问题的原因是多方面的,但人们缺乏生命意识和生命智慧是最根本的原因。通过教育培养学生科学的生命观和生命智慧,对学生主动、健康的成长和提高生命质量,对开发我国人民的生命潜能和提升民族素质,对建设和谐社会和实现社会主义现代化的宏伟目标都具有十分重要的意义。当下的中小学课程虽然包含了大量的生命教育因素,但大多是片段和零碎的,没有形成科学的体系,其实施的系统性和广度、深度远远不能适应时代的要求。基于上述认识,我们在生命教育研究中,开发了"小学'热爱生命'教育校本课程"。经过三年的探索,取得了可喜进展和令人鼓舞的教育效果。

二、课程的性质、功能与目标

小学热爱生命教育校本课程的设计和实施以党的基本理论为指导,借鉴多学科的最新研究成果,遵循儿童的身心发展规律,联系学生现实生活,从生理、心理、伦理等方面对学生进行全面、系统的生命教育,旨在唤醒、激发学生的生命自觉,培养学生科学的生命观,促进学生生命智慧的有效生成。

"热爱生命"教育活动课程是生命教育的重要组成部分。其核心理念是:以生命为原点和最高价值,以培育生命智慧为重点,促进少年儿童主动、健康、和谐的发展。其主要功能是:培养学生科学的生命观和尊重、珍爱生命的情感、态度及能力,促进学生的身心协调发展和个性健康发展,提高学生的生存技能、自主发展能力和生命质量,使学生的生命充盈和完满,为学生的终身发展、终身幸福奠定基础。此项课程,一方面可以作为独立的课程形态,弥补学科课程在生命教育方面的不足;另一方面,也可以与学科课程相互配合,促进学科课程改革,推动教育教学的生命化进程。

"热爱生命"教育活动课程的目标可以具体表述为培养学生"五种生命意识"和"十种良好习惯"。

1. 五种生命意识

1) 尊重敬畏意识。每一个生命都是世界上独一无二的最优秀的个体,都应当得到尊重和珍爱。为此,要引导学生初步认识生命现象,喜爱充满生机的世界,感悟生命的伟大和神圣,生成尊重生命的意识和情感。2) 和谐互惠意识。任何一种生命都不能离开环境而独立生存,"生命物种权利等并相互依存"[1]。因此,要引导学生正确认识人与人、人与自然的关系,培养与他人、与大自然和谐相处及保护环境的意识。3) 自强自立意识。生命能自组织,即生命具有自主和生长性。物竞天择,适者生存。为此,要着力培育学生自强不息的品格,使学生学会认识自我、规划自我、发展自我,培养积极乐观的心态和奋发进取的精神。4) 安全保健意识。生命对于人的个体来说只有一次,不可重复。生命既十分顽强,又十分脆弱。生活中时常会出现危及生命安全的事情。身体各个系统只有健康、协调,才能保障生命的正常运行,因而要引导学生认识安全保健的重要性,增强安全保健意识。5) 珍惜时间意识。人的生命是有限的和短暂的,珍惜时间就是珍惜生命。只有惜时、守时、科学高效地利用时间,才能实现生命的意义和价值。因此,要引导学生认识时间的价值,树立强烈的时间观念。

2. 十种良好习惯

1）能尊重、欣赏和热爱动物、植物，养成爱护动物和植物的习惯；2）尊重、赏识和善待他人，能宽以待人、乐于助人，与他人密切合作、和谐相处，养成礼貌待人的能力及习惯；3）爱护自然环境，珍惜资源，养成节约使用水、电、纸等的良好习惯；4）掌握安全知识，有互救的责任心，有安全自保能力，养成自我保护的习惯；5）养成合理饮食、自觉锻炼身体、科学用脑、讲究卫生等良好的生活习惯；6）能面对困难和挫折，自信自强，养成自我激励、自主调整心态的习惯；7）热爱劳动，热爱家庭，热爱学校，养成乐于为家庭和集体做事及生活自理的习惯；8）主动学习，勤奋求知，养成踏踏实实、持之以恒学习的习惯；9）学会自主发展，能制订并实施个人的学习计划，合理安排学习与娱乐，养成自我管理的习惯；10）珍惜时间，讲究效率，能科学地使用时间，养成惜时、守时的习惯。

三、研究的思路、过程与方法

1. 研究思路

在热爱生命教育的研究中，我们采用了"理论适度先行，理论与实践互动，推进双重建构"的研究思路。第一步，我们通过借鉴多学科在生命和生命教育方面的最新研究成果，提出热爱生命教育活动课程的教育目标、教育内容、教育方式的初步构想；第二步，我们和实验教师一同讨论这些构想的可行性及如何将其转化为教育实践，并根据构想分单元设计活动方案；第三步，运用"活动设计"开展教育活动，每项教育活动之后，听课者和执教者一起讨论、分析活动设计的可行性、实效性及如何改进、完善；定期召开专题研讨会，听取实验教师的意见。在设计者和实验者的互动中，"认识—实践—认识—实践"，使得课程的教育目标渐趋合理，活动内容系列逐步形成，活动设计不断完善，教育活动形式日趋丰富。

2. 研究过程

在一期研究（1996—2000）的基础上，经过长时间的酝酿，我们于 2002 年秋制定了《课程纲要》，并以此为指导开展了生命教育系列活动。到 2003 年 6 月，我们已积累了多个课例，并在此基础上于该年 7—8 月份经整理、完善，编成《热爱生命·活动设计》一书。一期实验在泗洪县教师进修学校附属小学（省级实验小学；以下简称附小）进行。二期实验于 2004 年开始，实验学校已扩展到 6 所乡镇中心小学，实验班由 4 个班发展到 22 个班，参与实验研究的教师人数由 14 人发展到 50 余人。2005 年秋，《热爱生命》教材由江苏教育出版社出版，此书由"课程纲要""活动设计"

"实践探索"3部分组成,它为此项课程的开设提供了理论指导、实践操作和经验借鉴。目前,我县和其他县(区)及徐州、连云港、淮阴、南通等市共有46所104个班级使用上述教材开设小学"热爱生命"教育活动课。

3. 研究方法

在研究中,除采用了文献法、调查法、观察法等教育科研方法外,我们重点使用了以下两种研究方法:1)行动研究。第一步,实验教师根据课程整体构想,分单元撰写主题活动设计,然后组织课题组成员对"活动设计"进行讨论修改;第二步,一位实验教师运用活动设计在班级组织教育活动,课题组其他成员参与听课,认真观察,做好课堂记录;第三步,下课后,执教者和听课者对活动过程和活动效果进行深入地讨论,对活动设计和活动组织策略提出改进意见。有的活动设计经过多次试用、修改才取得较为满意的效果。其后,把修改过的活动设计推广到其他实验班使用。2)叙事研究。在研究中,我们倡导实验教师通过对教育活动与日常生活中发生的事件进行思考,来理解生命、理解自己、理解学生,深化对生命教育的认识和感悟,与此同时,还倡导实验教师撰写生命教育故事,通过对教育事件的观察、描述、分析,发掘或揭示隐藏于事件背后的意义、思想或理念,进而改进自己的教育实践。这些故事可分3类:一是教育活动实录和精彩片段。此类文章真实、鲜活地记录了师生对生命的感悟、思考和情感的升华及行为的变化。二是在学科课程教学中发生的故事。此类故事记叙了开设"热爱生命"教育活动课程之后,师生在学科教学过程中学生对生命的理解和感悟。三是课外的教育故事。开展生命教育研究之后,教师的教育观念、教育方式,师生在课外生活中对生命的认知、情感、态度和日常行为都进入一个新境界。这类故事讲述了师生在课外生活中对生命的感受、体验和追求,细腻生动,令人深思,给人启迪。这种理解与存在相统一的本体论的研究方式,使实验教师对生命、生活和教育有了更多的思考和领悟;他们不仅发现了工作的乐趣,表现出积极的情感和人格投入,而且孕育、生成了生命化的教育智慧。

四、课程特点与施教方法

1. 课程特点

1)系统性。热爱生命教育活动的内容由6个单元构成,每个单元的教育主题由5~7个活动完成。六个单元共35个教育活动,构成一个较为完整的尊重、珍爱生命价值和发展个人独特生命观的内容体系。2)自主性。活动的设计和组织体现了对生命自由本性的尊重,注重发挥学生的自主性,让学生积极地动手、动脑、动眼、动口,用多种器官去认识、感悟、理解生命。有些活动设计还让学生课外自主查阅资料、实地调查,在生活实际中自主实践,亲身体验。3) 活动性。让"活动"贯穿始终,活动设计充分考虑学生年龄特征和心理特点,活动课程的内容和形式力求走进学生生活,生动活泼、丰富多样、寓教于乐。4) 生成性。活动的设计和实施既注重预设,更注重"资源"和"过程"的生成。"活动设计"作为开展生命教育活动的一种凭借,具有开放性和弹性。活动借助"事实"激活学生的生活经验,引发感悟、思考、想象、对话,使学生在自主探寻、互动交流中理解生命、理解他人或社会,生成真切、鲜活、灵动的生命体验和生命智慧。

2. 实施课程的教学方法

生命教育呼唤教学方法的创新。实施此项课程,若沿用传统的教学方法,不仅难以取得预期的效果,而且会抑制、阻碍学生生命的发展。为了提高施教效果,我们探索了生命化教学法。下面简述两种:

1) 故事教学法

每个民族都曾把"讲故事"作为主要教育方式,但到了近现代,在学校教育中,叙事的教育方式被遗忘了,"转向脱离人的生活世界的教条的、抽象的道德原则与道德规范的灌输与说教","这样,道德教育逐渐地远离了人的生活,也就失去了它自身的魅力与生命力"[2],智育也变成了抽象、枯燥的知识传授和应试能力的机械训练。当今社会正由封闭、一元向开放、多元转变,故事所具有的生活性、情境性、感染性和启示性是其他教育方式所无法替代的。

基于此,在生命教育实践中,我们对故事教学法进行了认真探讨,总结出故事教学的基本结构:激趣导入→感知理解→自由对话→延伸创造。(1) 激趣导入。运用灵活多样的形式,提出问题,激发学生参与活动的欲望。如"该不该轻生"这项讨论活动的起始,组织者问大家:"同学们,你们听说过有人自杀的事情吗?"从而引发学生阅读、聆听、探究的强烈兴趣。(2) 感知理解。所选故事均与教育活动的主题密切相关。故事由教师或学生讲述,或由幻灯片或其他媒体展示,学生通过听、看、读,感知、理解故事。(3) 自由对话。在阅读(聆听)故事之后,师生、生生进行对话交流,表达阅读故事后的感悟。对话的内容可分两个层次,一是对故事内涵的讨论交流,二是联系生活实际的议论探寻。(4) 延伸创造。让学生在阅读、讨论的基础上,通过自主实践活动,进一步深化认识和体验,并将获得的认识、情感转化为行为习惯。这一环节是学生创造自己的生活,演绎自己的人生故事。

2）唤醒教学法

在每一个人的身体之中都沉睡着一个等待召唤的"巨人"。这个"巨人"的内涵极为丰富，包括尊重和热爱生命的潜意识和惊人的智力潜能。教育的责任是采取有效的方式，唤醒、激励、引导"巨人"认识自我，激励自我，发展和完善自我。在生命教育实践中，我们对此作了一些尝试。(1) 观赏式唤醒。引导学生认识生命现象，欣赏生命的美丽，以唤起学生对生命的尊重、敬畏和热爱之情。(2) 发现式唤醒。引导学生发现自己身上的长处、闪光点和发展潜能，唤起每一个学生学习和发展的自信。(3) 提示式唤醒。如让学生用纸抄写一些名言警句贴在自己的房间，每天定时读一读，以此提醒和激励自己。(4) 静思式唤醒。让学生安排一定的时间(8分钟)对自己当天的学习和生活静下心来进行回忆、评价。具体做法是：让学生对自己提问，如我今天在学习上有哪些收获？是怎么来的？我今天在礼貌待人方面做得怎样？实践证明，这一做法不仅有助于优化学习过程、提高学习质量，而且能有效培养学生在做人、处事方面的自察自省意识，提高自我监控、自我完善的能力。

五、效果分析

在生命教育研究的过程中，我们深切地感受到，生命教育既是关爱人类发展的一种本体论的教育新理念，也是关乎教育改革成败的核心环节，同时还是一种卓有成效的教育策略。换言之，生命教育具有本体论和方法论的双重价值。从三年多的实践来看，"热爱生命"教育课程对学生的成长和教师的发展产生了以下几方面的积极影响。

1. 有效地促进学生生成尊重、关爱他人和它类生命的意识、情感、态度及行为习惯。

实施此项课程使学生初步懂得了"生命既很伟大又很脆弱""生命体权利平等、相互依存""人与人、人与自然要和谐相处"等道理，培养了尊重和关爱生命的意识、情感。如一个学生在日记中写道："今天，我看到一棵嫩芽变黄了，我认为它是干的，便端来一盆水准备给它浇水。当我正要往下倒水的时候，才发现它是被水浸的，而不是干的。我赶紧把盆放了回去。好险啊，我差一点害了它。"这位学生有了对生命的尊重、敬畏之心和生命脆弱的认识，正是教育者所期望的"看见一丛鲜花就怦然心动"的情怀！在"善待他人"的活动课上，一个学生说："我以前爱嘲笑别人的缺陷。这会伤害别人，今后，我再也不这样做了。"由此，我们真切感受到童心中尊重他人意识的苏醒和生长。这种生命意识、情感的生长带来的是学生行为的变化，如实验班团结、友爱的风气明显优于对比班。这种生命意识的唤醒和生成,为学生的人生图景打下了生命伦理的"底色"!

2. 增强了学生安全保健意识和自我保护能力。

开展主题教育活动,一是使学生深切地认识到人的生命只有一次,不能重复,从而增强安全意识,提高自我保护的能力。比如,在活动中讨论"书掉进河里该不该捞"的问题时,学生纷纷说,"书和文具可以再买,但生命用钱是买不到的","不能自己冒险捞书包,可以请大人来帮助捞"。讨论既使学生对物品和生命的价值有了较为清楚的认识,也使他们明白做错了事可能导致的恶果。这样,学生面对类似情境时就能做出理智的选择。二是学生学会了合理用餐、自觉锻炼身体和战胜挫折、调控情绪、拒绝不良习惯的知识和方法。这对稚嫩且正在成长的少年儿童而言,将会终身受益。

3. 增强了学生的时间意识,提高了学生的学习自觉性和自我发展能力。

在"让世界充满爱"的活动中,学生说:"一天我帮校办商店张奶奶倒了一大袋脏兮兮的垃圾,她奖励我5角钱,我没要,我的心里甜滋滋的。"学生对劳动和助人这种感受、体验,使生命意义在瞬间得以生成。在"认识时间,珍惜时间"的活动中,师生共同计算人的一生大概的时间,学生深切地感到"人生短暂","人的生命是由一分一秒组成的,一分一秒都要珍惜,不能浪费"。在"发现自己的生命潜能"的活动中,学生认识到每一个人身上都有巨大的潜能,从而努力寻找自己的优势、强项,发现自己的潜能,个个眼里都闪着自信的光芒。我们从中读出了学生精神力量生长的信息!通过这些主题教育活动,实验班学生增强了学习信心,学会了自我管理,初步养成了惜时、守时、科学用时的良好习惯,学习效率明显增强。

4. 促进了学生批判意识和质疑能力的发展。

由于"热爱生命"教育活动内容的新颖性、丰富性、生活性,活动方式强调自由"对话"、自主实践,因此学生兴趣盎然,积极参与,思维活跃,问题意识强,敢于质疑。实验班学生的批判、质疑的个性品质在学科课上也有令人欣喜的表现。比如,在学习《争论的故事》(苏教版小语第六册第17课)时,学生对课文的内容提出质疑。文中讲兄弟俩在大雁的烹饪方式上争论不休,弟弟要煮着吃,哥哥要烤着吃,有人建议"把大雁剖开,煮一半,烤一半","兄弟俩都很满意"。学生对此提出疑问,"大雁,怎么能逮住煮着吃,烤着吃呢?""大雁也是生命,不能残害"。他们说得多么好啊!很值得教材的编者深思。

5. 增强了教师的自我发展、自我超越意识。

实验教师通过学习生命知识和生命教育理论，深化了对生命的认知，尤其是在与学生的互动中升华了对自己生命的理解。实验教师在引导学生懂得人生命短暂、要珍惜时间、充分发挥生命潜能、实现人生价值时，也会思考自己：应该怎样珍惜自己的生命，让每一天都过得更充实、更有意义？这就唤醒、激发了实验教师的生命自觉——由"半醒半睡"度日到心中有目标并为自己制订发展计划，由被动机械地重复劳动到积极主动、创造性地工作和生活。我们惊喜地看到，大多数实验教师在人生价值取向、生命动力系统和生存方式等方面发生了质变！生命走向自觉、充盈和完满！在实验中，课题组成员的敬业精神、教学水平和教育科研能力都得到明显提高。3年来，实验教师在各级各类教学竞赛中获奖60余人次，在省市级报刊上发表论文30余篇。

6. 促进了实验教师教育观念的更新和教育行为方式的变革。

在研究过程中，实验教师逐步树立了"尊重和热爱生命""生命是教育之本""让生命自由生长""培养生命智慧"[3]等生命教育理念，并将这些教育理念渗透在自己的教育活动中，从而推动了教育行为的变革。这些变革不仅表现在热爱生命教育活动课上，还表现在学科课程教学和课外的教育活动中。在课堂上，我们感受到教育者对学生个性和需要的尊重，对不同意见的包容，感受到平等对话、合作交流的教学佳境和生命自由生长的气息！

实践告诉我们，当教育高扬生命的价值时，它就会创造新的境界，生成新型的教育实践。走近这种教育"情境"和"样态"，你会感到它宛若生命那样美丽动人。

参考文献：

[1] 王正平. 深生态学：一种新的环境价值理念[J]. 新华文摘，2001(4)：179-182.

[2] 刘慧，朱小蔓. 生命叙事与道德教育资源的开发[J]. 上海教育科研，2003(8)：6.

[3] 钱巨波. 生命论的教育理念[J]. 江苏教育研究，2004(2)：4.

[本文系全国教育科学"十五"教育部规划课题"小学生命教育的理论和实践研究"(FHB030684)研究成果；由钱巨波、孟众、赵勇合作完成，发表于《中国教育学刊》2006年第1期]

"小学生命教育的理论和实践研究"总报告

一、研究的基本观点和主要结论

(一) 基本观点

1. 生命教育是人类解决当前生存危机的重要路径。 生命教育的提出有着深刻的哲学意蕴和时代背景。从世界范围来看,人类面临着严峻的生存危机。一方面,以技术革命为基础的对自然的攫取造成了"全球问题",即人类赖以生存的环境被严重破坏;另一方面,功利主义、科学主义使人染上了时代"精神分裂症",人生意义淡漠和浪费生命、自毁和他毁生命现象日趋严重,弱肉强食、物欲横流、价值危机等问题具有普遍性和整体性。从历史的维度来看,人类的行为(所体现的人性)并未发生多大的变化。面对上述问题,国内外一些学者指出,人类若要走出生存困境,"让这个世界变成一个更好的地方",必须在由人、社会、自然所构成的三维立体价值空间中重新认识教育的价值——教育要肩负起历史使命,从人内心最深处着手改变,教育学生尊重生命、关爱生命,做到人与自身和谐统一、人与他人和谐相处、人与自然和谐共生。对儿童少年进行生命教育是人类解决当前生存危机的一条根本之策。

2. 生命是教育的基点和目的。 人是以生命的方式存在的,没有生命的存在也就没有人的存在。生命存在是实现人生价值和理想的前提条件,离开生命一切将无从谈起。因此,生命是教育的基点。从这个意义上讲,教育的"以人为本",应当是以人的生命为本,进一步说,教育要以整体的、现实的、鲜活的人的生命为本。康德说,人是目的,而不是手段。教育因生命而发生,生命因教育而精彩。教育的根本目的是为了生命成长、发展与幸福。因此,教育应以生命为根本目的。然而,现存的教育受教育功利价值观支配,一方面,它是一种不完整的教育。这种不完整教育的种种弊端,导致教育主体性的丧失和知、情、意的割离,把人生命的丰富性简单化,制约了受教育者的自由和谐发展;另一方面,它表现出明显的"工具模式",其内在价值——促进人的心灵成长与提升的价值被极大地消解了,结果是为社会培养了大批"技能人""经济人""政治人"等单向度的异化的人,并已经给人类社会的发展带来严重的负面影响,有些甚至是灾难性的。教育以人的生命为本,把促进人的自由、全面的发展作为最高目的,才能改变功利主义教育观主宰、异化教育的不良局面,实现教育向"人"的回归。

3. **人的生命活动是教育的依据和实现机制。**确立"生命是教育之本"的理念,还具有方法论的意义,即从这一观点出发,获得思考教育问题、解决教育问题的新的思想方法。从个体发展观来看,人的成长与发展来自个体生命的内在逻辑。教育,是"人之自我建构的实践活动"。教育只有建基于人的生命活动之上,才能完成自己的使命,进一步说,教育只有遵循人的生命规律,才能实现合目的性与合规律性的统一,克服其缺失与异化,走向健全与高效的正途。

4. **生命教育是推进教育改革,提高民族生命素质的有效措施。**我国开展生命教育,除了上述背景外,还有两个重要原因:一是在学校和家庭教育中,强制注入式教学和应试性机械训练使学生生命发展遭到抑制甚至异化;二是我国由于长期缺乏系统化生命教育,部分国民缺乏对生命有限性和生命价值的认知,生命意识淡薄,主体精神匮乏,生命潜能没有得到应有的开发,人力资源大大浪费。这些,已经成为当前影响人及我国经济、社会发展的重大障碍因素。"正在到来的是一个重视人的主体地位的时代,是一个需要生命的主体在生活实践中充分发展自己潜力的时代,因而对个体生命的热爱和多方面发展的促进是教育不容忽视的价值取向。"生命教育将会带来教育观念和教育方式的重大变革,导引"教育回归本真",使教育真正成为关爱和促进人的健康发展的教育;将会使教育在壮大中国人的生命、开发中国人的潜能、提高中国人的生命质量等方面发挥重要作用。

5. **生命教育将带来教育学的革命和重建。**教育是基于人的生命,直面人的生命,为了提高人的生命质量而进行的社会活动。教育学必须建基于人类自身的生命活动之上。教育学要立足于生命立场,高扬生命价值,以生命为本,依据人的生命规律,引领教育观念由机械论向生命论转变,教育模式由传统的工具形态走向应然的生命形态,体现对人的终极关怀,成为成就人生之学。以生命的视界来重新审视教育世界和教育现象,必将带来教育学的深刻变革和重建。

(二) 主要结论

经过两个阶段十年的探索,我们对生命教育的理论和实践有以下几点认识:

1. **生命教育具有本体论和方法论的双重价值。**生命是教育的目的,又是教育

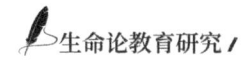

的实现机制。教育应高扬生命价值,尊重和关爱生命,依据生命规律施教,就会获得思考教育问题、解决教育问题的新思路、新方法,创造出新的教育境界。

2. **开展生命教育研究能有效地推动教育教学变革。**在研究过程中,我们以生命活动规律为依据,以唤醒、激励、点化和润泽生命为旨趣,开发生命化校本课程,构建生命化学科课堂教学策略,优化了学校课程结构,推动了学科教学改革和教育教学质量的提高,促进了学生自由、全面、和谐的发展。

3. **开展生命教育促进了学生生命素质的生成。**生命教育能有效培养学生的生命自觉、生命道德和生命智慧,促进学生的身心协调发展和个性健康成长,为学生的终身发展、终身幸福奠定基础。

4. **开展生命教育研究促进了教师自我发展、自我超越。**实验教师通过学习生命知识和生命教育理论,深化了对生命的认识,唤醒、激发了他们的生命自觉;在生命教育活动中感受到生命的情趣、价值,升华了对自己生命的理解,从而,促进了教师生存方式的转变,由被动机械地重复劳动走向积极主动、创造性地工作和生活,不断地完善自我。

5. **生命教育课程对学校各类课程具有引领和统合作用。**当下中小学课程虽然包含了大量的生命教育因素,但没有形成体系,相关的内容只是片段的、零碎的思想火花,其生命教育广度和深度都远远不能适应时代的要求。生命教育呼唤专项的、独立的课程。在研究过程中,我们设计和实施"热爱生命""爱智慧"两种校本课程,对学生进行较为系统的生命意识、生命情感和生命智慧教育,能有效地促进潜能开发、智慧生成和健全人格的形成。

二、研究的思路、过程与方法

(一) 研究思路

本课题是一项综合性、系统性教育变革研究,包括教育理论和教育实践的全面变革,如教育理念、教育目标、教育内容、课程和课堂教学、教学方法变革,师生生存方式的变革等,因此,采用"认识—实践—再认识—再实践"螺旋推进,即以推进教育变革为中心的研究思路,可归纳为:"面向教育问题,理论适度先行,推进教育变革,理论与实践互动,推进双重建构。"

(二) 研究过程

我们对生命教育的探索,至今已有十个年头。1996年春,我们借鉴了多学科在人生命方面的研究成果,结合自己的思考,撰写了《小学生命教育实验研究方案》,在泗洪县教师进修学校附属小学开展生命教育实验研究；次年，该课题在江苏省教育学会立项。在实践方面，我们从生命的视角重在对生命意义教育、珍惜时间教育、学科教学策略等方面进行探索。珍惜时间教育取得了明显成效。实验班学生时间意识明显增强，学习效率显著提高。课题组成员撰写的《珍惜时间教育的实践与思考》一文发表于《学校管理》1998年第6期。在理论方面，钱巨波撰写的《生命教育论纲》一文，刊于《江苏教育研究》1999年第3期，阐述了对生命教育的时代意义、含义、教育目的、教育原则和课程等方面的一些思考。虽然从现在看来这些探讨很肤浅、很零碎，但还是抓住了生命教育的一些真义。这些探索所取得的成效和获得的启示，给课题组同仁以极大的鼓舞，让我们看到，生命教育的美好前景！

2001年，在第一阶段研究的基础上，我们对原《小学生命教育实验研究方案》作了修改、完善，申报省教育科学"十五"规划课题。2002年，该课题被江苏省教育科学规划领导小组办公室批准为省"十五"规划重点课题；2003年，全国教育科学规划领导小组办公室将该课题列为全国教育科学"十五"规划课题。

本课题采取整体设计，分阶段、有重点地推进研究的策略。研究工作经历了以下四个阶段：

第一阶段(2001.8—2002.2)：(1)召开总课题组会议。分解子课题。子课题1：开展生命教育理念研究；子课题2："热爱生命"教育研究；子课题3："爱智慧"教育研究；子课题4：生命化学科教学策略研究。确定课题组成员分工。拟定子课题研究方案。(2)讨论制订课题研究工作制度。(3)培训实验研究教师。(4)随机确定实验班和对照班(实验班，中年级、高年级各2个)。

第二阶段(2002.3—2003.8)：(1)落实子课题研究工作。研究生命教育校本课程开发工作，设计教育活动在实验班试上；设计"生命化学科课程教学策略"，在实验班试上。课题组每周听实验班研究课一节，听课后交流，提出改进意见；提炼整合，归纳生命论教育理念。(2)2002年9月，制订"热爱生命"教育、"爱智慧"教育活动课程纲要，以此为指导开展生命教育系列活动；到2003年6月积累多个课例，在此基础上于7—8月经整理、完善，编成《热爱生命·活动设计》一册和《爱智慧·活动设计》两册，在实验班试用；搜集并分析教师撰写的教育故事。(3)2003年暑期，总结生命化学科教学策略研究工作，其课堂教学结构初步定型。这一年，总课题组召开6次会议。

第三阶段(2003.9—2004.8)：(1)初步完成生命论教育理念的建构。

(2) 2003年9月始,按初步定型的校本教材开展生命教育系列活动,并研究其活动过程基本模式(步骤、方法);按初步定型的生命化教学策略上课,并在教学中继续完善;搜集并分析教师撰写的教育故事;每学期期末,分析教育效果。(3) 子课题整理研究成果,结题;2004年暑期,再次修改完善两种校本教材和学科教学课堂教学结构,定型。(4) 总结研究成果。《江苏教育研究》2004年第2期,课题博览栏目发表了本课题4个子课题研究成果。

第四阶段(2004.9—2006.7):(1) 2004年9月起,继续完善生命化学科教学策略(课堂教学结构)和两种校本教材活动施教方法,并定型。(2) 2004年9月起,实验班由附小扩展至6所中心小学,实验班由4个班发展到22个班,参与实验研究的教师人数由14人发展到50余人。(3) 2004年9月起,启动教育的生命机制和学习机制研究。(4) 2005年10月,《热爱生命》(1册)和《爱智慧》(2册),由江苏教育出版社出版。本县和外县市有33所小学使用此教材开展生命教育。(5) 2006年2月起,全面搜集整理课题研究资料,认真分析研究,撰写研究总报告。准备结题。

(三) 研究方法

在研究中,我们将文献法、调查法、实验法、行动研究、叙事研究和经验总结法进行综合运用,尤为重视行动研究和叙事研究的结合。理论研究,采用文献法,查阅书刊,从学理上,采英撷华,提炼整合,探寻生命教育目的、内涵、理念及教育实现的生命机制和学习机制等;实践操作研究,主要采用行动研究与叙事研究相结合的方法,重在推动教育实践变革。

行动研究的做法。第一步,我们借鉴了多学科在生命和生命教育方面的最新研究成果,提出生命教育活动课程的教育目标、教育内容、教育方式的初步构想;第二步,我们和实验教师一同讨论这些构想的可行性及如何将其转化为教育实践,并根据构想制订研究计划和施教方案,如"热爱生命""爱智慧"校本课程活动设计、学科教学方案等;第三步,按照"研究计划""活动设计"开展教育活动;第四步,每项活动之后,听课者和执教者一起讨论、分析活动设计的可行性、实效性及如何改进、完善。在设计者和实验者的互动中,使活动内容系列逐步形成,活动设计不断完善,教育活动形式日趋成熟,并总结、发现、提炼生命教育规律和方法。

叙事研究的做法。从2002年秋开始,课题组倡导通过教育活动和日常生活中发生的事件来理解生命、理解自己、理解学生,深化对生命教育的认识,评价生命教育活动的效果;与此同时,我们还倡导实验教师撰写生命教育故事,通过对教育事件的观察、描述、分析,发掘或揭示内隐于事件背面的意义、思想或理念,以此来改进自己的教育实践。这类故事可分三类:一是教育活动实录和精彩片段。此类文章真实、鲜活地表现了师生对生命的感悟、思考和情感的升华及行为的变化;二是在学科课程教学中发生的故事,如一个教育故事记叙了学生对现有语文教材中不尊重生命内容的质疑,反映了学生对它类生命的尊重与和谐共生意识的增强;三是课外的教育故事。开展生命教育研究以后,教师的教育观念、教育方式,师生对生命的认知、情感、态度和日常行为发生了可喜的变化。这些故事,讲述了他们对生命的感受、经验、体验和追求,细腻生动,给人启迪。

在研究的过程中,我们将行动研究和叙事研究两种研究方法结合起来。在开展行动研究的第三步,即在实验班按"活动设计"开展教育活动过程中或之后,实验教师围绕生命教育主题撰写生命教育故事;课题组搜集此类故事,以此分析"活动设计"实施的效果,即运用"叙事研究",揭示事件背后的理念、思想或意义,以了解师生通过开展生命教育活动,对生命问题的认识、情感和行为的变化,即生命新质的生成情况。据此,修改完善"活动设计"、改进施教方法。用这样的做法,螺旋推进"活动设计"的完善和活动过程的不断优化,促进教师对生命教育的理解,从而推动"行动研究"向深度发展。

三、本研究的进展

(一) 对生命教育的理论的探讨

1. 对有关生命教育内涵辨析

本研究的前两阶段(1996—2003年)均以"生命教育"为题。在研究的过程中,我们逐步认识到,目前研究"生命教育"的文章和论著,其"问题域"是很不相同的。归纳起来,主要有以下三种。

第一种,国外针对生命问题的疗治性生命教育。生命的问题包括自杀、伤害他人、对异类生命的残害、暴力、吸毒、艾滋病等。西方的生命教育多由此而起,开展诸如自杀干预、禁毒教育、预防艾滋病教育、生命安全教育、环境教育、爱护异类生命教育等教育活动。第二种,我国港台地区的生命教育。我国香港和台湾地区的生命教育包括关爱自己、关爱他人、关爱大自然,探讨人与自己、人与人、人与社会、人与自然及人与宇宙的和谐。第三种,近年来,我国大陆地区兴起的生命教育,具有特色内涵,但就其实质看,教育目的和教育内容或与上述第一种大同小异,或在第一种的基础上加进第二种的一些内容。上述生命教育,就其目的和内容看,它与感恩教育、法治教育、环境教育等一样,属于一种专项教育。从其功能看,它是教育内容的一个组成部分,而非统领整个教育的理念。

我们的"生命教育"研究,与上述三种"问题域"具有质的不同。本研究是在生命的视野中对教育本质的重新理解,对教育的重新规划,对整个教育的变革研究。我们提出:"教育的改革和发展应当遵循人的生命规律,教育学必须以人类自身的生命活动作为自己的现代视界";"在学校教育中,根据人的生命本质及发展规律和社会进步的需要,制定教育目的,构建课程体系,组织教育教学活动,使受教育者的身心得到充分自由和谐的发展,成为充满生命活力、具有健全人格、鲜明个性和创新智慧的一代新人"[1];主张"生命是教育的元基点""生命是教育之本""教育要以整体的、现实的、鲜活的人的生命为本""人的生命活动是教育的实现机制,教育只有遵循人的生命规律,才能实现合目的性与合规律性的统一"[2]。可见,我们的问题域是以生命视界探讨教育的价值观、教育目的、教育内容、课程、教育方式及课堂教学等教育整体的变革问题。上述三种"生命教育",只是本研究的一部分内涵。

据此,我们认为将自己所探寻的"问题"称为"生命论教育"较为恰切。"生命论",指关于生命的学说,此"论"之义,与进化论、相对论之"论"之义用法相同。"生命论教育"即基于生命的学说的教育。这一概念的确定,有助于明晰我们以生命视界探讨教育的"问题域",厘定我们研究的边界。

2. 对生命论教育理念的归纳和提炼

我们试对生命教育理念方面进行梳理、整合、提炼,将其概括为"生命是教育之本和教育的最高目的、教育要关爱生命整体发展、教育要让生命自由生长、教育人尊重和热爱生命、教育要重视培养生命智慧、教育具有重要生命意义和价值"等六大理念[2]。

(二)对生命教育实践的探索

1. 开发生命教育校本课程

课程是实施生命教育的关键环节。当下中小学课程虽然包含了大量的生命教育因素,但没有形成体系,相关的内容只是片段的、零碎的思想火花,其生命教育广度和深度都远远不能适应时代的要求。生命教育呼唤专项的、独立的课程。为了推进生命教育研究和实施,我们在总结"九五"期间开展生命教育活动研究的基础上,于2002年秋开发了"热爱生命"和"爱智慧"两种校本课程。前者侧重于培养学生科学的生命观和尊重、珍爱生命的情感、态度及能力,后者侧重于引导学生喜爱智慧,追求智慧,生成生命智慧;二者相互渗透,相辅相成,构成一个较为完整的生命教育体系。

1) 小学"热爱生命"教育校本课程

(1) 课程的目标。可概括为培养学生"五种生命意识"和"十种良好习惯"。五种生命意识:尊重敬畏意识、和谐互惠意识、自强自立意识、安全保健意识、珍惜时间意识。十种良好习惯:①能尊重、欣赏和热爱动物、植物,养成爱护动物和植物的习惯;②尊重、赏识和善待他人,能宽以待人、乐于助人,与他人密切合作、和谐相处,养成礼貌待人的能力及习惯;③养成爱护自然环境,珍惜资源,节约使用水、电、纸等的良好习惯;④掌握安全知识,有互救的责任心,有安全自保能力,养成自我保护的习惯;⑤养成合理饮食,自觉锻炼身体,科学用脑,讲究卫生,拒绝毒品等良好的生活习惯;⑥能面对困难和挫折,自信自强,养成自我激励、自主调整心态的习惯;⑦热爱劳动,热爱家庭,热爱学校,养成乐于为家庭和集体做事及生活自理的习惯;⑧主动学习,勤奋求知,养成踏踏实实、持之以恒学习的习惯;⑨学会自主发展,能制订并实施个人的学习计划,合理安排学习与娱乐,养成自我管理的习惯;⑩珍惜时间,讲究效率,能科学地使用时间,养成惜时、守时的习惯。

(2) 课程的特点。①系统性。"热爱生命"教育活动内容由六个教育单元构成,每个单元的教育主题由5~7个活动完成。六个单元共35个教育活动,构成一个较为完整的尊重和珍爱生命教育的内容体系;②自主性。活动的设计和组织注意发挥学生的自主性,让学生积极地动手、动脑、动眼、动口,用多种器官去认识、感悟、理解生命。有些活动设计让学生课外自主查阅资料、实地调查,在生活实际中自主实践,亲身体验;③趣味性。活动设计充分考虑学生年龄特征和心理特点,活动课程的内容和形式力求生动活泼、丰富多样、寓教于乐。活动形式有看一看、听一听、演一演、做一做、算一算、测一测、唱一唱、说一说、议一议等;④生成性。活动的设计和实施,既注意预设,更注意"资源"和"过程"的生成。"活动设计"作为开展生命教育活动的一种凭借,"是外出旅行的指南针,而不是固定路线和时刻的火车",具有开放性和弹性。活动借助"事实"激活学生的生活经验,引发感悟、思考、想象、对话,在自主探寻、互动交流的过程中理解生命、理解他人和社会,生成真切、鲜活、灵动的生命体验和生命智慧[3]。

2) 小学"爱智慧"教育校本课程

(1) 课程目标。①引导学生学做真人,学会交往。在"智慧课"活动中,让学生懂得乐于助人、热爱劳动、善于创造,生活才有意义,才能得到真正的快乐和幸福;体悟尊重他人,具有合作精神和交往能力,才能建立友谊,才能取得事业上的成功。这些人生真谛,通过"爱智慧"活动植入学生的心灵,让学生学会关心,学会合作,学会交流。②培养学生正确的哲学观念,提高认识能力。通过活动,启发学生分辨事物的局部与全部、现象与本质、真与假、善与恶,体悟联系、变化、自由、希望、信念及天人合一等观念。③开启学生的思维,培养灵气。通过活动,启迪学生思维灵性,拓展、生成解决问题的新思路,培养学生的发散思维能力、想象能力、推理能力等创造素质。④知行结合,培养学生的实践能力。读、思、做紧密结合,让学生动脑动手解决实际问题,开展小创作、小调查、小实验、小发明等活动,培养学生的科学态度和动手能力。⑤培养学生的学习智慧和自主发展能力。通过活动,让学生学会学习,掌握科学、高效的学习方法,学会主动发展,生成自我完善和自我管理的能力。

(2) 课程特点。根据儿童不同年龄阶段的心理特点、生活经验和认知能力,将"爱智慧"内容编排分为中、高两段,分别适用于三、四年级,五、六年级的学生。①系统性。每段设计十二个单元,每个单元的主题比一期教材更加明确、集中。两册24个单元,构成一个较为完整的生命智慧教育内容体系。②生成性。每个单元编排三篇课文,每篇课文分为"智慧故事""智慧舞台""智慧魔方"三个模块。"智慧故事"中蕴含着哲学观念、思维灵性、创新意识及怎样做人做事学习的道理、技巧,为学习者提供各种"智慧图式"。"智慧舞台"是阅读故事之后,师生交流讨论的平台。对故事内涵讨论质疑,联系生活,触类旁通。在交流讨论中发现意义,开启心智,获得感悟。"智慧魔方"设计两类活动:一是让学生在阅读感悟故事、议论故事的基础上,付诸实践;二是拓展思路和提供方法。三个模块相辅相成,形成一个完整的智慧生成机制。③趣味性。活动课程的内容和形式丰富有趣、生动活泼,寓教于乐[4]。

3) 对生命教育校本课程施教方法的探索

生命教育呼唤教学方法的创新。实施此项课程,若沿用传统的教学方法,不仅难以取得预期的效果,而且会抑制、阻碍学生生命的发展。为了提高施教效果,我们探索了三种教学法。

故事教学法。每个民族在其古代都是以"讲故事"为主要道德、智慧教育方式,但到近现代,在学校教育中,叙事的教育方式被遗忘了,"转向脱离人的生活世界的教条的抽象的道德原则与道德规范的灌输与说教","这样,道德教育逐渐地远离了人的生活,也就失去了它自身的魅力与生命力"[5],智育也变成了抽象、枯燥的知识传授和应试能力的机械训练。当今社会正由封闭、一元向开放、多元转型,故事所具有的生活性、情境性、感染性和启示性是其他教育方式所无法替代的,它将会作为一种重要的教育形式在学校教育中发挥极为重要的作用。在实践中,我们总结出故事教学的基本结构:激趣导入—感悟故事—议论交流—笃实践行。

唤醒教学法。在每一个人的身体之中都沉睡着一个"巨人"等待被召唤。这个"巨人"的内涵极为丰富,如尊重和热爱生命的潜意识和惊人的智力潜能。教育的责任是采取有效的方式,唤醒"巨人"激励、引导"巨人"主动发展,健康成长。在生命教育实践中,我们对此作了一些尝试。①欣赏式唤醒。引导学生认识生命现象,欣赏生命的美丽,以唤起学生对生命的尊重、敬畏和热爱;②发现式唤醒。引导学生发现自己身上的长处、闪光点和发展潜能,以唤起每一个学生学习和发展的自信心;③提示式唤醒。如让学生用纸抄写一些名言警句贴在自己的房间,每天定时读一读,以此提醒和激励自己。如学生每天读一读"今日事,今日毕""一寸光阴一寸金,寸金难买寸光阴",能有效地唤醒、增强学生的时间意识;每天读一读"我能行!""我能成功!"能激发学生的自强意识;④静思式唤醒。让学生安排一定的时间进行"静思"。这种做法能有效地培养学生在学习、做人、处事方面的自省自察意识,提高自我教育和自我完善的能力。

启智教学法。我们以人的生命自觉性、认知规律及智慧生成机制为依据,经过几年实践,总结出启智教学四步骤:①激趣爱智。采用多种有效方式唤起、激发学生的喜爱和探求兴致;②自探悟智。学生通过感知故事,理解故事的内容,悟出故事中的哲理、方法及新奇、鲜活的思维方式,从而使其内化为主体自身的东西。在"爱智慧"活动课中,一是让学生乐于阅读、倾听、积极探究;二是采用多种形式,让学生感悟。除了经常采用读中悟,还采用听中悟、演中悟、做中悟;③互动启智。在感知和初步理解故事的基础上,师生、生生展开自由对话,启迪思维灵性,碰撞出智慧的火花;④实践生智。引导学生开展"智慧行动",使"知"与"行"紧密结合起来,以促进智慧的内化和实践智慧的生成。这四个模块相辅相成,有机组成智慧生成的完整过程。

2. 构建生命论教育理念下的学科教学策略

(1) 生命论教育理念下语文课堂教学策略

我们以人的生命特征、认知模块特性和语文学习规律为依据,构建了语文课堂阅读教学"微格模块与关系结构"策略,在小学中高年级使用,经两轮四年实验,效果较为显著。所谓微格模块,指在语文课堂阅读教学中引导学生进行有效学习的微型教学操作单元。这种操作单元不是简单的教学步骤或环节,而是由多种要素优化组合构成的、相对独立的微型教学操作系统。在语文阅读教学中,使用与儿童认知阶段和阅读理解机制相适应的微型教学操作单元(微格模块),能有效地提高学生的学习质量。我们研制了六种分别适用于语文课堂阅读教学不同阶段的"微格模块":①激发启动;②自读初探;③自由对话;④品赏深探;⑤展示表现;⑥反思评价。我们可以运用上述六种微格模块组合成多种可操作的课堂教学结构系统。这些课堂教学结构不是线性的、单向的教学程序,而是全息的、多向的、互动的教学系统。不同的组合结构具有不同的教学功能,分别适用于不同的课堂教学要求。例如,结构一"激发启动—自读初探—自由对话—反思评价"组合适用于一篇课文的第一课时的教学,结构二"激发启动—品赏深探—展示表现—反思评价"组合适用于一篇课文的第二课时的教学,结构三"激发启动—自读初探—自由对话—品赏深探—展示表现—反思评价"组合可用于一节课学完一篇课文的教学,结构四"激发启动—自读初探—自由对话"组合适用于文章片段的教学[6]。

(2) 生命论教育理念下的数学课堂教学策略

从生命教育观来看,小学数学课堂应当尊重人生命的生长性、自由性、探究性、完整性,充满对生命的关爱精神,焕发生命活力,闪耀着生命光彩,使学生的学习不仅是知识、技能的掌握,还是数学智慧的生成和人格的健全与发展的过程,实现由"知识课堂"向"生命课堂"的转变,即实现数学教学向生命回归。近年,我们对构建小学数学"生命课堂"作了初步探索,总结出以下四种教学策略:①享受学习自由;②引导自探感悟;③鼓励展示才智;④设置静思时空。依照上述教学策略,构建了小学数学课堂教学结构,可简化为:激趣导入—自学探究—自由对话—智慧舞台—静思时空[7]。

四、效果分析

在生命教育研究的过程中,我们深切地感受到,生命教育既是关爱人类发展的一种本体论的教育新理念,还是一种卓有成效的教育策略。换言之,生命教育具有本体论和方法论的双重价值。从三年多的实践来看,生命教育对学生的成长和教师的发展产生了以下几方面的积极影响。

1. 促进了学生生命的完整成长和发展

(1) 促进了学生尊重、关爱他人和它类生命的意识、情感、态度及行为习惯的生成。开展"热爱生命"教育活动,使学生初步懂得了"生命既很伟大又很脆弱""生命体权利平等、相互依存""人与人、人与自然要和谐相处"等道理,培养了尊重和关爱生命的意识、情感。如一个学生在日记中写道:"今天,我看到一棵嫩芽变黄了,我认为它是干的,便端来一盆水准备给它浇水。当我正要往下倒水的时候,才发现它是被水浸的,而不是干的。我赶紧把盆放了回去。好险啊,我差一点害了它。"这位学生有了对生命的尊重、敬畏之心和生命脆弱的认识,产生了关爱生命的意识和情感,正是教育者所期望的"看见一丛鲜花就怦然心动"的情怀!在"善待他人"的活动课上,一个学生说:"我以前爱嘲笑别人的缺陷。这会伤害别人,今后,我再也不这样做了。"由此,我们真切感受到童心中尊重他人意识的苏醒和生长。在"学会关心""学会交往""学会合作"等主题教育活动中,引导学生感受爱的力量,感悟尊重他人和会交往、会合作的重要性,学会尊重他人和与人交往、合作的方法。这种交往意识、能力的成长带来的是学生行为的变化,实验班团结、友爱的风气明显优于对照班。

(2) 促进了学生增强安全保健意识和自我保护能力。开展此类主题教育活动,一是使学生深切地认识到人的生命只有一次,不能重复,从而增强安全意识,提高自我保护的能力。比如,在活动中讨论"书掉进河里该不该捞"的问题时,学生纷纷说,"书和文具可以再买,但生命用钱是买不到的""不能自己冒险捞书,可以请大人来帮助捞"。讨论既使学生对物品和生命的价值有了较为清楚的认识,也使他们明白做错了事可能导致的恶果。这样,学生面对类似情境时就能做出理智的选择。二是学生学会了合理用餐、自觉锻炼身体和战胜挫折、调控情绪、拒绝不良习惯的知识和方法。这对稚嫩且正在成长的少年儿童而言,将会终身受益。

(3) 促进了学生生命自觉、志向水平和自我教育能力的提升。通过"成功的秘密""信念的力量"等教育活动,引导学生领悟立志和树立远大理想对人生的重要性,懂得只有坚持不懈努力才能成功的道理。从对学生的访谈中可知,实验班学生的抱负水平和学习的坚持力好于对照班。在"学会求知""自我管理"等单元的活动中,引导学生掌握科学、高效的学习方法,学习自我计划、自我监督、自我调控、自我激励等方法,使他们提高了主动发展意识和自我教育能力。实验班学生学习的主动性、计划性和学习效率,明显好于对照班。

(4) 促进了学生学习质量的提高。一方面,实验班的学科教学"把教学提高到生命层次",教师引导学生自探感悟、自由对话、展示才智、反思评价,学生自主性、探索性被唤醒、激发;课堂上,学生思维活跃,问题意识强,敢于质疑,闪耀着智慧的光芒,学习质量明显提高。实验班学生的敢于批判、质疑的个性品质突出,在学科课上有令人欣喜的表现。另一方面,通过生命教育活动,学生深切地感到"人生短暂","人的生命是由一分一秒组成的,一分一秒都要珍惜,不能浪费",增强了时间意识,初步养成了惜时、守时和科学用时的良好习惯;还认识到每一个人身上都有巨大的潜能,增强了学习和发展的信心,提高了学习的积极性和主动性。一些后进生也转变了学习态度,提高了学习效率。在2004—2005学年两次期末考试中,22个实验班语文、数学平均分比对照班分别高4.2%、8.6%,高分人数比例分别高5.1%、8.9%,低分人数比例分别低7.3%、11.9%。

(5) 促进了学生对生命意义、生命价值的认识和感悟。引导学生开展"寻找生命的意义""生命的追求""学做真人"等活动,学生在参与中品尝和体验劳动的乐趣、创造的幸福及关爱他人的欣慰,初步懂得了什么是真正的幸福、人应该追求什么、人应该怎样生活,使他们体悟人生真谛,懂得怎样做人,明确了人生的应然性追求。在"让世界充满爱"的活动中,学生说:"一天我帮校办商店张奶奶倒了一大袋脏兮兮的垃圾,她奖励我5角钱,我没要,我的心里甜滋滋的。"学生对劳动和助人的这种感受、体验,使生命意义在瞬间得以生成。

(6) 促进了学生哲学思维、创新思维和质疑能力的发展。在"爱智慧"教材"事物的变化""分辨真与假""学会思考""奇思妙想""学会创造"等单元的学习中,教师引导学生感悟现象与本质、整体与部分、真与假、变化、联系等哲学观念,初步懂得事物的丰富性、复杂性,学会变换思路、联想等解决问题的思维方法。由于生命教育校本课程活动内容的新颖性、丰富性、生活性及自由"对话"、自主实践的教育活动方式,因此活动课上,学生兴趣盎然,积极参与,踊跃发言,学生的问题意识、批判意识、求新求异意识明显增强,质疑能力、创新精神显著提高。如,在学习《争论的故事》(苏教版小语第六册第17课)时,学生对课文的内容提出质疑。文中讲兄弟俩在大雁的烹饪方式上争论不休,弟弟要煮着吃,哥哥要烤着吃,有人建议"把大雁剖开,煮一半,烤一半""兄弟俩都很满意"。学生对此提出疑问,"大雁,怎么能逮住煮着吃,烤着吃呢?","大雁也是生命,不能残害"。他们说得多么好啊!很值得教材的编者深思。

2. 促进了实验教师的自我发展、自我超越

实验教师通过学习生命知识和生命教育理论,深化了对生命的认知,尤其是在与学生的互动中升华了对自己生命的理解。实验教师在引导学生懂得人生命短暂,要珍惜时间,充分发挥生命潜能,实现人生价值时,也会思考自己:应该怎样珍惜自己的生命,让每一天都过得更充实、更有意义?这就唤醒、激发了实验教师的生命自觉——由"半醒半睡"度日到心中有目标并为自己制订发展计划,由被动机械地重复劳动到积极主动、创造性地工作和生活。我们惊喜地看到,大多数实验教师在人生价值取向、生命动力系统和生存方式等方面发生了质变!在实验中,课题组成员的敬业精神、教学水平和教育科研能力都得到明显提高。近三年,实验教师在各级各类教学竞赛中获奖60余人次,在省市级报刊上发表论文30余篇。

3. 推动了学校教育教学的变革

在研究过程中,实验教师将"尊重和热爱生命""生命是教育之本""让生命自由生长""培养生命智慧"等生命教育理念,渗透于教育教学活动中,推动了教育教学行为的转变。这些转变不仅表现在生命教育活动课上,还表现在学科课堂教学和课外的教育活动中。在课堂上,我们感受到教育者对学生个性和需要的尊重,对不同意见的包容,感受到平等对话、合作交流的教学佳境和生命自由生长的气息!许多教育故事反映了实验教师对生命差异的敏感和他们春风细雨般教育方式所产生的良好效果,令人欣喜。实践告诉我们,当教育高扬生命的价值,它就会创造出新的境界,生成新型的教育实践。走近这种教育"情境"和"样态",你会感到它宛若生命那样美丽动人。

五、社会影响

1. 研究成果得到了专家的肯定和好评

2003年10月中旬,江苏省教育科学研究院《江苏教育研究》编辑部主任金连平研究员一行3人来我县考察"生命教育研究",认为此项研究既具有现实性又具有前瞻性意义,并积极支持我们发表研究成果;2004年6月中旬,南京师范大学冯建军教授和省教育厅曹世敏博士来我县实验学校泗洪附小听了4节研究课和实验情况介绍,看了研究资料,认为我们的生命教育研究工作做得很扎实,很有新意。江苏省教科院王铁军教授对我们编写的《热爱生命·活动设计》《爱智慧·活动设计》校本教材给予较高的评价。

2. 研究成果引起了同行的关注

近三年,本课题组在《中国教育学刊》《江苏教育研究》等刊物上发表了11篇专题论文;《为学生的生命发展奠基——小学"热爱生命"教育校本课程的探索》一文,收入2005年9月在南京师范大学召开的"信息时代的未成年人道德教育国际学术研讨会"学术论文集。2004年6月中旬,南京外国语学校(分校)、徐州教科所、淮安市教研室、淮安市北京路小学及本市兄弟县区学校130多人来我县附小考察生命教育研究,听研究课,研讨交流,对我们的研究工作给予较高的评价。研究成果被多位研究者引用和借鉴。

3. 多所小学使用本课题组的校本教材开展生命教育活动

目前有45所小学使用《热爱生命》《爱智慧》两种校本教材开展生命教育活动。本县33所;本市兄弟县区8所,泗阳县裴圩小学、城厢小学,沭阳县东关实小、七雄小学,宿城区洋河镇小学、陈集小学,宿豫区实小、顺河第二中心小学;外市4所,徐州市铜山张集中心小学,南通市通州区实小,连云港市连云区实小、墟沟小学。

六、有待解决的问题

1. 生命教育的理论研究成果难以适应开展生命教育的需要

人的生命活动规律是实施生命教育的依据,依据不够清晰,实施的生命教育就不可能是恰当的、有效的和最佳的。这种基础理论的缺失必然制约着生命教育理论和实践研究的进展。本课题的"设计论证报告"中将"生命论教育的原理研究"列为探索重点,但在实际研究中,只对"生命论的教育理念"作了一些探讨,没能做出有分量的研究成果。

2. 对生命论教育实践的探索不够全面、深入

一是各子课题研究进展不够平衡。"热爱生命""爱智慧"两种校本课程和生命论语文教育、数学教育两学科课堂教学策略研究取得较大进展,而生命化德育模式研究、班级生命文化建设研究等子课题由于其主持人的工作调动等原因进展不大。二是只进行单项研究,尚未进行整合研究。三是在研究的过程中,虽然进行了一些新的实践建构,并取得一定的效果,但这些实践成果还比较粗疏。

3. 研究思路和方法较为单一

从研究的思路看,还停留在理论指导实践的思路,理论与实践的双向互动、启发与滋养不够;从思维方式看,主要运用线性的、因果的思维方法考虑教育问题,很少运用复杂性方法思考教育问题;从研究方法看,主要采用的是行动研究和叙事研究,缺少科学范式与人文范式的有机结合。

"小学生命教育的理论和实践研究"总课题组
2006年9月20日

参考文献：

[1] 钱巨波.生命教育论纲[J].江苏教育研究,1999(3):4-7.

[2] 钱巨波.生命论的教育理念[J].江苏教育研究,2004(2):42-45.

[3] 钱巨波,孟众,赵勇.为学生的生命发展奠基——小学"热爱生命"教育校本课程的探索[J].中国教育学刊,2006(1):41-44+50.

[4] 孟众,魏永乐.让生命智慧有效生成——小学"爱智慧"教育校本课程的开发与研究[J].江苏教育研究,2004(2):46-48.

[5] 刘慧,朱小蔓.生命叙事与道德教育资源的开发[J].上海教育科研,2003(8):12-17.

[6] 钱巨波.生命化语文课堂教学:微格模块与关系结构[J].江苏教育研究,2007(3):13-15.

[7] 刘桂芹,马洪斌.让数学课堂闪耀着生命光彩——生命教育理念下的数学课堂教学策略探讨[J].江苏教育研究,2004(2):48-50.

[2002年1月,本课题被江苏省教育科学规划领导小组办公室批准为"十五"规划重点课题(批准号:B/2001/02/063);2003年,全国教育科学规划领导小组办公室将本课题列为全国教育科学"十五"规划教育部规划课题(批准号:FHB030684)。2006年12月结题。2007年4月,获江苏省第二届教育科学优秀成果三等奖。课题组负责人:钱巨波;主要参加人:张涛涛、孟众、赵勇、张徐健、张国玉、沈飞、魏永乐、刘桂芹、杨红娟、朱莉、阚乃顺。此报告由钱巨波撰写]

生命化语文课堂教学:微格模块与关系结构

语文是人生命的体验与表达,是人生命内涵和生命力的重要构成。语文教育的根本目的是为了促进人生命的成长与发展,它理应尊重生命,唤醒生命,激扬生命。然而,长期以来,实用工具主义教育观居于主宰地位,由此形成一种以"讲析—训练"为特征的语文课堂教学范式,它不仅"费时多、效率低",还遮蔽、抑制和消解了人生命的自主性、完整性、智慧性和审美性,导致了语文教育的异化。生命既是语文教育的目的,又是语文教育的实现机制,换言之,语文教育只有遵循生命规律,才能走向健全与高效。本次课程改革"把教学提升到生命层次,使教学过程成为生命被激活、被发现、被欣赏、被丰富、被尊重的过程"[1],体现了对生命的尊重和关爱精神。语文教育由"实用工具"向"生命本体"转型是一种必然选择。基于以上认识,近几年笔者和课题组在"生命教育"研究中着力于生命化学科教学的探索,以人生命的自组织学习机制、认知模块特性及阅读过程规律为依据,构建了语文课堂阅读教学"微格模块与关系结构"策略,在初中和小学中高年级使用,效果显著。现简述如下,请方家指正。

一、微格模块:构建具有独立功能的微型教学操作单元

所谓微格模块,指在语文课堂阅读教学中引导学生进行有效学习的微型的教学操作单元。这种操作单元不是简单的教学步骤或环节,而是由多种要素优化组合构成的、相对独立的微型教学操作系统。建立教学操作模块有其心理学依据。首先,"阅读是一种由多种心理因素组成的复杂的智力活动",它包括思维、情感、动机、兴趣、想象、注意等[2];其次,儿童认知"存在着多样功能上独立的、具有内在决定的功能的单元(模块),并且彼此最小地发生相互作用","儿童的认知过程可以分解为一组功能独立的模块";最后,"儿童的认知是一个领域、一个领域逐个获得的"[3]。综上可知,儿童阅读理解机制是由认知、兴趣、动机、情感等多种因素构成的、一组功能独立的心理信息模块。由此,我们推测,在语文阅读教学中,使用与儿童认知阶段和

阅读理解机制相适应的微型教学操作单元(微格模块)，能够有效地提高学生的学习质量。基于以上认识，我们研制了"激发启动、自读初探、自由对话、品赏深探、展示表现、反思评价"六种分别适用于语文课堂阅读教学不同阶段的"微型教学模块"。

1. 激发启动。 激活、唤起学生的阅读期待是阅读教学的首要环节。所谓阅读期待，指人有关阅读审美探究的生命欲求和冲动。具体地说，是读者在阅读文本之前所具有的认知结构及由此产生的阅读欲望，它支配着阅读全过程，是影响阅读质量的重要的心理因素。阅读期待包含阅读主体的知识、经验、情感、兴趣、动机等因素，并有机生成"读者在阅读前所拥有的指向文本及文本创新的预期结构"[4]，成为读者阅读活动的动力和理解文本依赖的心理机制。如果没有外部特殊刺激，阅读期待便经常"潜藏于人的意识的深处"，处于"沉睡"状态，因此，阅读课首要一环是唤醒、激发和培育学生的阅读期待。经常采用的教学方式有问题唤起、知识激活、迁移诱发等。

2. 自读初探。 阅读是人吸纳"文化营养"，滋养心灵、发展生命力的重要方式。学生须"自能读书"才能有效地从书籍中获取精神力量。由于人的阅读能力主要在阅读实践活动中生成，所以"阅读是学生的个性化行为，不应以教师的分析来代替学生阅读实践"，要把阅读的自主权还给学生，"让他们在阅读实践中逐步学会精读、略读和浏览"[5]。儿童是天生的学习者、探究者，有巨大的学习潜能，要相信他们自己能够读通、读懂课文。因此，阅读课在激活学生的阅读期待之后，要给学生充足的时间，让他们静下心来读书、思考、揣摩，使他们切实感知课文，"由字词到句，由句到段，由段到篇，逐步弄懂，形成意义联系"，理解课文主要"写什么"，初步整体把握课文，并发现问题，找出疑问，为自由对话做准备。教学中，要注意四点：(1) 营造宁静的读书氛围，让学生自读课文；(2) 自学课文之前，可引导学生自定学习目标，也可进行"非指示性"自探；(3) 要给学生充足的时间，让他们读通、读懂课文；(4) 培养学生边读边思，随想随记，以及点、圈、画等读书习惯。

3. 自由对话。 这一教学模块是指在学生自读感悟、初步理解课文的基础上，引导学生用"对话"方式，自由表达自己对课文的感悟和理解。这一教学策略体现了当代教学观的一个重要转换，即教学主体关系由教师绝对权威转向师生对话合作。需要注意的是，这种"对话"不同于传统教学中检验性、应答性、封闭性的对话，而是师生双方作为自由自主的人投入教学中，各自独立而又相互理解与回应。对话的目的不完全是为了寻求一致或共识，而是为达到理解和沟通，分享和启发，形成批判意识和建构能力。就语文教育活动而言,对话是在倾吐、倾诉和相互启发、共享中,使"双方共同拥有一个辉煌瞬间",从而生成语文素质和精神力量。由于"意义产生于主体间的敞开、交流和视界融合",因此,民主、合作和理解是形成对话的基本条件。其中,"民主"是对师生关系的要求,"合作"是对学习方式的要求,"理解"是指"对话者"对"文本"感知、领悟的程度,唯有交流者对共同话语有一定的"觉解",才可能就某些问题进行"对话"。教学中,要注意以下几点:(1) 鼓励学生畅谈、交流自读课文的体验、收获;(2) 引导学生学会倾听,注意从他人的发言中得到启示;(3) 启发学生质疑、答疑;(4) 教师要注意引导,适时点拨。

4. 品赏深探。这一教学模块有两类:一是在"自由对话"之后、学生初步理解课文的基础上,从"整体感知"转向"部分深探",引导学生细读、精读课文,体悟、欣赏探究课文的精要之处,将语文学习导向深入;二是从"部分深探"到"整体品赏"。语文教材中的文章内容丰富,文情并茂,值得欣赏的东西很多。要启发学生品出课文的"美味儿"来,才能使其真正获得审美体验,生成语文素养。教学中,需要注意两点:(1) 启发学生发现"哪些地方写得好,写得精彩?"即让学生体悟、寻找、发现"美点";(2) 引导学生运用多种方式体悟、品味、欣赏课文的美妙之处。常用的方法有:①品读法。基本方法是自由诵读、体悟,在多次和多种诵读中逐步加深对课文的理解和体验;②聚焦法。该方法适用于某一方面特别值得学习的课文教学。此方法是让学生集中于精华之处,细细品味,欣赏探究;③冥想法。此方法是教师为学生营造一种氛围,引导学生进入文本的情境,达到"物我两忘",感受、享用文本之美。

5. 展示表现。此教学模块旨在鼓励学生用自己喜欢的方式表达对课文的感悟、理解。儿童都有展示表现的欲望。儿童的表现,蕴含着他们对自然与社会的无限好奇,对自身生命力量的一种尝试检验。就语文学习而言,展示表现"是人的言语生命冲动和欲求的自由表达",其意义在于,一方面学生通过展示满足了表现欲望,确证自己生命的力量,唤醒、发展了自主、自立、自强精神,培养创新个性;另一方面展示表现是"知识"的外化,即学生把从阅读中获得的领悟、体验应用于实践活动。学生在设计表现方案和实际表现活动中,实现了语文学习内化与外化的统一,从而促进语文素质的有效生成。教师要积极创造条件,提供展示平台,鼓励学生表现自己对课文品赏的收获。教学中,需要注意三点:(1) 教师要引导学生从整体上理解、欣赏文章之美,让他们感受收获和成功;(2) 学生要选准展示内容,用自己喜欢且擅长的表现方式进行展示;(3) 在别人展示时,学生要认真观赏,共享成功的快乐。

6. 反思评价。反思评价是对自我的审视,指作为主体立足于"自我"之外,认识、考察、判断自己学习行为的活动。它是学习者巩固知识和深入理解知识的有效途径,是优化学习过程和思维方式的关键环节。这是因为"学习最终是学生自我需求、自我处理的过程",所以他们必须"能意识和体验到自己的认识过程、学习能力水平,已掌握知识的程度……从而能根据自己的情况做出改进自己学习的决策"[6]。学习反思是一种主动思考,是促使学生充分发挥学习自主性的过程,是自我实现的内在机制。在这一过程中,学生的主体性得以有效生成。反思评价的内容包括:一是对自己所学习的知识和技能情况的检视;二是对自己学习过程和方法的回忆与分析;三是在自我评价、分析的基础上进行自我调控。这一教学策略旨在引导学生对自己本节课的学习情况进行回忆、检查和监控,因此可用在"品赏深探""展示表现"之后、一节课结束之前。其做法是:(1)创设"反思"情境。让学生身体放松,静心而坐。(2)提出"反思"的问题。如:"这节课学习了哪些内容?我有什么收获?还有什么不懂的问题?我是怎样学的?哪些地方(方面)需要改进?"等。初始阶段,可主要由教师提出"静思"的问题,以后要逐步过渡到由学生自我提问。(3)要引导学生对照问题,逐一回忆、思考,相互交流"反思"的收获。

二、关系结构:运用"模块"组合课堂教学的时空框架

人的生命活动是一个过程,是一系列历经时间与空间的流动。教育,作为人之自我建构的实践活动,是一个在时间与空间的流动中,生成生命意义的过程。人的生命具有自为性、文化性、超越性,因而"教育的过程属性具有转化与生成、情境化与关系结构、确定性与不确定性的统一等特征"[7]。从教育的过程属性出发,"今日教育领域的线性的、序列性的、易于量化的秩序系统——侧重于清晰的起点和明确的终点——将让位于更为复杂的、多元的、不可预测的系统或网络"[8]。由于"教育实践是在一定的时空中具体地、情境地和多样地展开的",因此,现存单一的、线性的课堂教学程序已不能适应人生命发展的需要,必须构建生命化、多样化的课堂教学结构,才能满足人学习的需要,有效地提高语文教育质量。在研究中,我们根据教学需要,运用上述六种"微格模块"组合成多种课堂阅读教学关系结构。这些课堂教学结构不是线性的、单向的教学程序,而是全息的、多向的、互动的关系结构。不同的组合结构具有不同的教学功能,分别适用于不同的课型。例如:结构一"激发启动—自读初探—自由对话—反思评价"组合适用于一篇课文的第一课时的教学;结构二"激发启动—品赏深探—展示表现—反思评价"组合适用于一篇课文的第二课时的教

学;结构三"激发启动—自读初探—自由对话—品赏深探—展示表现—反思评价"组合可用于一节课学完一篇课文的教学;结构四"激发启动—自读初探—自由对话"组合适用于文章片段的教学。实践证明,这些课堂教学结构能有效地唤醒、激发学生的主体精神,发展学生的探索性、创造性,提高阅读质量。

上述课堂阅读教学组块结构,体现了阅读教学的"全息的、多向的、互动的"复杂关系,它有以下特点:一是自组织性。法国哲学家埃德加·莫兰把生命体的自组织特征概括为"自我的——通过环境反复进行的——组织活动"[9]。人的自组织特征指"能够从环境吸取能量和信息,以补偿自然增熵所失去的有序,无须外来指示便使系统要素产生共同行为,从无组织到有组织,从低程度到高程度复杂组织的开放系统"[10]。人生命的自组织本质特征,在哲学上的表述即自主、自觉、自为性。教育和学习作为人构建自身的活动,具有高度的自组织性。在上述几种组块结构中,学生的自主学习活动贯穿课堂教学的始终,"用对话式交往关系方式取代独白式",让生命"展示表现",体现了对人生命自主、自觉、自为性的尊重,从而保证了学生成为语文学习和发展的主人。二是完整性。一般地,精读,深入阅读一篇文章需要经历"整体—部分—整体"的过程,据此,阅读教学应是一个螺旋上升的"关系"过程。上述几种课堂阅读教学结构遵循了这一规律,体现了阅读教学的完整过程。如"激发启动"旨在唤起学生的阅读欲望,表现了教师、学生、文本三者的驱动关系;"自读初探"模块其功能是引导学生充分感知课文,懂得"主要写什么",初步整体理解课文;"品赏深探"模块旨在引导学生在初步整体理解课文之后,对课文进行"部分探究";"展示表现"和"反思评价"模块既是立足于整体理解文本的学习环节,又是促进语文学习的内化与外化、巩固与提高的有效形式。每种组合结构都体现了阅读教学过程、关系的阶段性或完整性。三是时空性。每种组合结构都体现了阅读教学过程的时空关系。从历时性看,它们是不同类型的课堂阅读教学流程;从共时性看,每种"微格模块"不是简单的教学步骤或环节,而是由多种要素优化组合构成的、具有独立功能的、占据一定空间的微型教学关系操作单元。四是灵活性。可根据教学实际需要,运用"微格模块"组合成多种课堂阅读教学框架。其"灵活性"正体现了"教学有法、教无定法"的意蕴。总之,语文课堂阅读教学组块结构较好地体现了生命性、科学性、艺术性三者的有机统一。三年的教学实验表明,在课堂阅读教学中,运用组块结构策略有助于发挥学生的自主性,克服语文课堂教学的混沌性、随意性和盲目性,使"课堂焕发出生命活力",进入新的境界。

参考文献：

[1] 余文森,吴刚平.新课程的深化与反思[M].北京:首都师范大学出版社,2004:46.

[2] 朱作仁.语文教学心理学[M].哈尔滨:黑龙江人民出版社,1984:290.

[3] 翟文静,熊哲宏.认知发展的领域特殊性与信息封闭——关于"儿童认知模块性"研究的理论思考[J].华东师范大学学报(教育科学版),2006(3):62-66+89.

[4] 曹明海,陈秀青.语文教育文化学[M].济南:山东教育出版社,2005:24.

[5] 中华人民共和国教育部.语文课程标准[M].北京:北京师范大学出版社,2003:17.

[6] 吴也显,刁培萼.课堂文化重建的研究重心:学习力生成的探索[J].课程·教材·教法,2005(1):19-24.

[7] 郭元祥.论教育的过程属性和过程价值——生成性思维视域中的教育过程观[J].教育研究,2005(9):3-8.

[8] 小威廉姆·E.多尔.后现代课程观[M].王红宇,译.北京:教育科学出版社,2000:4.

[9] 埃德加·莫兰.复杂思想:自觉的科学[M].北京:北京大学出版社,2001:214.

[10] 杨桂华.人类社会与自组织系统理论[J].教学与研究,1998(3):26-31+63-64.

[本文系江苏省教育科学"十一五"规划重点课题"生命教育发展性研究"(B-a/ 2006/02/055)成果；发表于《江苏教育研究》2007年第3期]

基于生态伦理学的生命道德教育探讨

生态伦理学打破了仅仅关注如何协调人际利益关系的人类道德文化传统,主张把伦理学的视野从人扩大到一切生命和自然界,强调"人类需要将善恶、良心、正义、义务等观点应用到处理自然、生态关系中去"[1],要求人类将其道德关怀从社会延伸到非人的自然存在物或自然环境,呼吁人类把人与自然的关系确立为一种道德关系。这是人类伦理道德观念史上的一次重大变革。生态伦理学为改进学校德育、建设生态文明乃至完善人类本性提供了新的理论资源和实践进路。本文就生态伦理学对生命道德教育的价值引领意义及推进路径作用做些探讨,并就教于专家和同仁。

一、生态伦理学的产生背景及主要观点

近代由欧洲率先兴起、而今潮涌于全球的现代化运动,虽然推动科技和经济的发展,并极大地满足了人们的物质需求,但也给人类带来了严峻的生态危机。从世界范围来看,"人与自然的矛盾日益尖锐,环境污染、土地沙漠化、能源枯竭、生物多样性锐减等全球问题越来越表现出整体性、复杂性、深刻性和严重性等难以救治的特点"。随着全球范围生态危机的加剧,人们不得不重新认识自然生态系统对人类自身的意义和价值,反思人类与大自然的关系。现代生态伦理学就是这种认识和反思的一种结果。

生态伦理学由法国哲学家诺贝尔和平奖获得者施韦泽、美国环境学家利奥波德和美国哲学家罗尔斯顿等创立,他们主张"把人的自我利益与大自然中的所有物种、生命共同体、生态系统的利益紧紧联系在一起,把人类道德共同体的范围扩大到整个生物圈或生态系统"[2]。其基本观念可归纳为:①道德关怀应当包括一切生命体和非生命自然物;②生物物种和非生命自然物具有自身的"内在价值";③"生命物种平等、生物圈平等"原则;④人类要尊重自然、善待生命,与自然和谐相处;⑤人类承担着保护生态环境的伦理道德责任。生态伦理学的主张改变了伦理学的两个决定

性概念和规范:其一,伦理学正当行为的概念必须扩大到包括对自然本身的关心,尊重所有生命和非生命自然物;其二,道德权利的概念应当扩大到自然界的实体和过程,"确认它们在一种自然状态中持续生存的权利"。

生态伦理学的主张和观念是"人类在实践基础上进行的自我批判,人的一次重新自我定位,价值领域的一场革命","可以看作是20世纪人类文明最重要的思想成果之一"。因为自古以来,道德待遇是人特有的,只对人讲道德,而现在要把人类伦理行为扩大到一切生命物种和非生命自然物,赋予它们价值,承认它们的生存权利,并制定新的道德原则和规范约束人的行为,必将对人类的理性、价值观及实践活动产生积极而深远的影响。

二、生态伦理学对生命道德教育的意义

生态伦理学所提供的思想资源和道德资源,为人类破解所面临的生态危机提供了强有力的理论支撑和实践路径。一般地说,人们的行为受价值的支配。据此,人类若要走出生态的困境,从根本上说,必须从人的内心深处着手改变,即在生态伦理学的导引下纠正长期以来形成的生态价值的偏误和生态伦理道德缺失。正如一些学者所言:"要从根本上改变我们的处境、救治全球性问题,就必须使地球人遵行一种敬畏生命、亲近自然、追求崇高、关心负责、正义和平的全球伦理。"[3]进一步说,因为"整个历史也无非是人类本性的不断改变而已"[4],所以,必须通过开展生态伦理道德教育,促使人们摒弃"传统人格"中视征服自然、攫取自然为"合情合理"的道德观念,把"尊重自然,珍爱生命""人与自然互利互惠、和谐相处"作为道德追求和实践行为。就生态伦理学对生命道德教育的作用而言,笔者认为有以下几方面。

首先,生态伦理学是生命道德教育的重要一维——为生态道德教育提供了理论支撑。教育学生正确处理人与自然的关系,即培养学生珍爱生命,保护环境,与自然和谐相处,是生命道德教育的应有之义和重要内涵。但在传统伦理学的视野中,开展生态道德教育的理由和依据是不充分的。因为传统伦理学的道德"边界"局限于人与人、人与社会,而人类对它类生命体及非生命自然物则不受道德约束,可以根据自己的需要,任意攫取、践踏甚至残害,即使强调人类要"保护环境",也是基于"利己"主义的"立场"——为了"实现人类社会的可持续发展"。对此,生态伦理学家帕斯莫尔直言不讳:"我们人类对环境问题和生态问题的破坏负有道德责任,主要源于对我们人类生存和社会发展以及子孙后代利益的关心。"理论和实践都告诉我们:如果不承认它类生命体及非生命自然物具有内在价值,认为它们拥有"道德权利"是不

适当的,那么,"珍爱生命,保护环境"的观念就不可能在人的心中真正确立,更不可能将其作为必须奉行的道德规范,而保护生态的行为也只能是局部的、极为有限的。正如利奥波德所言:"我不能想象,在没有对大地(自然)的热爱、尊重和敬佩,以及高度赞赏它的价值的情况下,能够有一定对大地的伦理关系。"[5]若要解决人与自然日益尖锐的矛盾与冲突,人类就必须抛弃许多长期形成的价值观念和习惯,确立新的价值观和伦理观,选择正确的生态行为。生态伦理学因此而产生。正如传统伦理学的使命不是提出道德要求,而是为道德要求提供道德理由一样,生态伦理学的使命也不在于提出"保护生态"这一道德要求,而在于为该要求赋予道德理由和依据。生态伦理学强调自然界万物具有"内在价值"、"道德权利"及"生命物种平等"、"人类与自然必须和谐相处"等观念,不仅有助于深化人们对自然价值的认知,还为生态道德教育的"合法性"提供了充分的依据。

其次,生态伦理道德是形成健全生命道德结构的重要因素。当前人类所面临的生态危机,本质上是人格危机。"从表面上看,生态危机问题的产生原因主要在于人类不合理利用先进的科学技术,盲目开发和使用自然资源而导致自然环境恶化和人与自然关系紧张,但究其根源,我们则会发现生态危机问题的深层根源在于工业文明社会的占有式人格,即人格的危机。"[6]这种占有式人格,表现为在人与自然的关系上,一切以人的利益为中心,对自然无节制地开发、利用甚至破坏,之所以如此,从根本上讲是生态道德的缺失。由于人与自然、人与人的关系,是构成个体与客观世界的两种基本关系(人与社会的关系是人与人关系衍生出来的),所以,能正确处理这"两种关系"的人,才可能实现道德的圆满。当一个人的生态道德缺失,即相辅相成的两大道德"支架"少了一个,就必会造成其生命道德结构的残缺,乃至人格的严重缺陷,其恶果是:破坏环境,残害生命,"人类成了最危险的动物!"由此,生态伦理道德对于构建生命道德、形成健全人格的重要意义就凸显出来。一方面生态道德在个体的道德结构中占有基础性的地位。一个"将道德关怀延伸到包括土壤、山川、植物和动物所组成的自然界"的人,其科学理性、大爱情怀,为他道德成长提供了心理基础。另一方面,生态道德具有辐射性、感染性和迁移性。由此而产生的对它类生命以及非生命自然物的尊重和喜爱之情,必会对处理人与人关系产生积极的影响。"移情""爱屋及乌"等心理效应,即说明这一点。现实中,有"面对一丛野花就怦然心动的情怀"的人,对他人也往往会生出恻隐之心,做出善良之举。

最后,开展生态伦理道德教育是人类"把本性提高一步"的重要途径。真正的生命道德教育必须直面人性本身。有学者不无忧虑地指出：与两千年前相比，社会制度和科学技术取得了巨大进步，但人类的道德水平却没有明显提高。20世纪世界的两大灾难，一是人类对自然环境的破坏，一是人类对自己同胞的暴力，即是这一论断的有力证明。人类从大自然中走来，从动物界脱颖而出，成了"万物之灵"，创造了辉煌的物质文明和精神文明，但应扪心自问：我们人类比一般动物的"道德"水准究竟高了多少？阅读研究动物"道德"问题的文献，审视人类的道德状况，我们不禁羞愧、汗颜！面对人世间的贪婪自私、以强欺弱、尔虞我诈、残害性命等种种现象，我们不能不承认：21世纪的今天，一般动物身上所固有的占有性、攻击性、暴力性等特性，在我们人类身上依然存在，而且在程度上没有减少。人类凭借高智商所生成的组织能力和科学技术力量对环境的严重破坏、对人类自身的残害，更令人震惊！例如，第二次世界大战就伤亡近2亿人。就此而言，人类(指部分)比之"动物"其"恶行"有过之而无不及。人类"本性"的阴暗面，是人类社会一切不正义、不公平和人为灾难的根源。人类若要明天更美好，就必须认认真真、扎扎实实地推进自身"本性"的改善和提升。这是人类文明史上最大的难题。古往今来，许多有识之士为破解此难题从政治、文化、教育等领域进行了不懈的努力，并探索出多种有效路径。生态伦理学就是一条新的理论思路和实践途径。一方面通过开展生态道德教育拓展和充实人的善良本性。生态伦理学主张"把整个宇宙生物圈看成一个相互关联、相互依赖、相互作用的生态系统"，强调把原来仅限于人类的道德关怀延伸到它类生命和非生命自然物，把自己由自然共同体的征服者转变为与自然共同体和谐相处的普通成员，并竭尽全力地珍惜和维护自然共同体生态系统的稳定和均衡。以此理性和价值取向，引领和规约人对自然的道德行为，有益于人们生成大爱情怀和"向善"品性，从而促进人类丰富道德内涵，提升道德境界。另一方面通过开展生态伦理道德教育培养人们的全球性公德。生态伦理道德同其他领域道德比较起来，更具有普世性和全球性。生态环境治理的好坏，关乎全球人、全社会受益或受害，而不是哪一部分人，这就使生态环境治理中的道德准则在不同国家、地区或阶层都可共用，由此产生的效果将惠及全人类。生态伦理道德是一种全球道德，它要求每个人关怀环境，爱护自然，这种伟大的情感，有助于冲淡人们对自我利益的过分关注，并排除"囚徒困境"中的囚徒拥有对普遍规则的例外选择权。要之，"把人的自我利益与大自然中的所有物种、生命共同体、生态系统的利益紧紧联系在一起，把人类道德共同体的范围扩大到整个生物圈或生态系统，这是人类价值观念上的重要进步"[7]；并以此"价值观念"引领人们的行为,以完善人的理性、道德乃至人格。

三、推进生命道德教育的生态伦理学路径

1. **将开展生态伦理道德教育提升至应有的高度**。在思想上,当前对生态伦理道德教育的育人价值和功能认识不足,即使在生命教育研究中也是如此。一方面生命道德教育只关注对人生命尊重和珍惜的教育。例如一些论者认为:"所谓的生命道德教育就是要使我们的学生知道如何对待自己生命的道德教育,其目的是为了帮助我们的学生认识生命、理解生命,从而引导他们珍惜生命、爱护生命,实现生命的价值。"这里"生命道德教育"显然仅限于人的生命范围。另一方面虽然一些研究者将"人与自然之间的关系纳入道德的范畴",但对其缘由和依据尤其是它对人类道德提升、个体道德发展的意义、机理,缺少深入而系统的阐述,即使陈述,也是或笼统或浅尝辄止。从近年来我国生态道德教育状况来看,虽然国家在德育工作文件中对培养学生的生态道德素养已提出要求,但并未对此从价值观和战略的高度予以阐述。例如,《中共中央、国务院关于进一步加强和改进未成年人思想道德建设的若干意见》(2004年)中,将学会处理"人与自然"的关系列入未成年人思想道德建设的主要任务;教育部关于发布《中小学生守则》、《小学生日常行为规范(修订)》和《中学生日常行为规范(修订)》的通知(2004年)中,将"热爱大自然,爱护生活环境"列入《中小学生守则》,将"爱护庄稼、花草、树木,爱护有益动物和生态环境""保护环境,爱护花草树木、庄稼和有益动物"分别列入《中学生日常行为规范》和《小学生日常行为规范》。价值观为人自认为正当的行为提供充足的理由,决定着人的行为的取向。如果不把生态道德教育提升到塑造新一代正确价值观的战略高度提出来,那么,其贯彻和实施效果是可以想见的。由于人类面临生态失衡、环境恶化的深层次根源在于人类文明所奉行的错误价值观,在于人类伦理及道德指向的局限,在于人类"占有式"人格,所以,生态伦理道德教育应当"致力于一种以整个生态系统及其存在物(包括人类)的整体利益为目标的价值伦理观的建设",笔者认为,既要把它作为生态文明建设的一项关键措施予以贯彻和落实,又要把它作为深化生命道德教育,改善和提升个体德性,实现人类"占有式人格"向"生态人格"转型的一项基础性工程来规划和实施。鉴于上述原因,目前生命道德教育因生态伦理道德教育的缺位和理论薄弱必然影响其实践效果。

2. **深入探讨生态伦理道德教育的学理问题**。根据生态伦理学、德育学原理,结合自己的教育实践经验,笔者认为开展生态道德教育学理进路可以是:从生态规律

向生态伦理观转换—由生态伦理观提出生态道德规范—依据生态伦理观与道德规范开展生态道德教育。

(1) 从生态规律向生态伦理观转换(或转向)。这种转换是基于现实生态道德教育的需要。只有实现这种转换，才能在观念层面阐明这种需要的合理性，使其有一个可靠的理性依据。这涉及"事实"判断与"价值"判断的转换问题，即我们通常说的：何以从"是"合理地推出"应该"。生态规律是生态伦理道德教育"合法性"的科学基石。从生态规律向生态伦理观转换，实质是一种推理，即生态知识在伦理道德领域的逻辑延伸的过程。此过程有两个"必须"：第一个"必须"是生态学描述，必须遵循生态规律。第二个"必须"是生态伦理观的确立。这是人类在必须服从生态规律的前提下做出的价值选择。研究生命现象和生命活动规律的生物学，在对学生进行生态伦理道德教育方面具有独特的优势。生物教育活动可在介绍生态知识的基础上，相机和适时地进行生态规律向生态伦理观的转换。例如：在教授"生态系统和生物圈"时，可在让学生懂得"脱离了环境的生物无法生存""非生物的成分是生态系统不可缺少的因素"的基础上，进一步引导学生讨论和认识阳光、空气、水、土壤等"自然物本身具有内在价值"，它们的价值不依赖于人类的需要；在教授"食物链"时，可在生态系统的食物链和食物网知识教学的基础上，引导学生认识"处在每一个环节上的生物"，具有其不可替代、不可或缺的"内在价值"；等等。

(2) 由生态伦理观制定生态道德规范。生态道德规范是一组道德戒律，它是根据生态伦理学基本观念制定、用以约束人的行为的一组规则，规定了人们的行为怎样才是道德的，哪些是不道德的，因而这种"规范"便于在现实生活中执行。世界自然保护联盟、联合国环境规划署和世界自然基金会于1991年发表《保护地球——可持续生存战略》报告，提出人类可持续发展的原则。在其第一个原则中提出："人类现在和将来都有义务关心他人和其他生命。这是一项道德准则。"在其第二项原则中指出："尊重和爱护我们彼此和地球，应以一种可持续的生存的道德准则表示出来。"报告认为，"关心地球是每个人的事情"。施韦泽提出"善是保持生命、促进生命……恶则是毁灭生命、伤害生命"的伦理原则[8]。我们要依据上述生态伦理观与原则，结合中小学生心理特点和知识经验，制定出可操作的生态道德规范或守则。

(3) 依据生态伦理观与道德规范开展生态道德教育。利用生态伦理观与生态道德形成的内在联系进行生态道德教育。例如：引导学生确认"生物物种及非生命自然物具有自身的内在价值"，以帮助他们形成正确的生态价值观。人类活动是一种以一定的价值观为指导的理性行为。在生物教学中,让学生认识到,"土壤、山川、植物和动物所组成的自然界"的价值不依赖于人类的需要,"自然界的多样性具有自身的内在价值""每一个有生命的'螺丝和齿轮'对大地的健康运作都是重要的"。由此他们就会从思想深处敬畏生命、爱护自然。再如:引导学生理解"生命物种平等、生物圈平等"的观念,有助于让学生在各种实践活动中以平等的心态,像对待朋友那样尊重和爱护其他生命物种。生态伦理学强调,"人是自然界的一部分,人与自然物是平等的","生命体和非生命体自然物在自然状态下相互依存、互惠共生,是一种平等关系,并都具有持续存在的权利"。学生树立此种观念,他们才可能摒弃主宰自然心态,在现实生活中公正公平地对待它类生命和一切非生命自然物,做到与自然和谐相处。再如:引导学生懂得"人类理应承担保护生态环境的伦理道德责任"。生态伦理学指出:"人类是地球上唯一具有伦理道德观念和理性思维的主体,生态伦理学规则的制定和执行都应由人类自身来承担,人类之外的其他生物没有这种意识和行动。"[9]所以,这就决定了人类既是地球生态系统中的普通成员,又是自然界有机体中的调控器官,肩负着维护生态平衡、促进人与自然协调发展的道德代理者的职责。学生懂得了以上道理,有助于增强保护生态环境的自觉性和责任感。

3. 扎实开展生态伦理道德教育。(1) 营造"生态道德教育"的文化氛围。"生态伦理道德教育"的意义和要求被广大师生理解、认同和接纳,才能变为大家的自觉行动。要多措并举,通过国旗下讲话、广播、板报、画廊、教室布置等,宣传提升生态道德的意义,营造有利于开展"生态道德教育"的氛围和环境。(2) 开发"生态道德教育"课程资源,为开展此项教育提供载体和支撑。我们生命教育研究课题组编写的《热爱生命·活动设计》校本教材中"认识生命,欣赏生命"和"尊重生命,爱护生命"两个单元中都安排了"生态道德教育"的内容;我们利用网络,搜集"生态道德教育"图片、文字资料等,建立"生态道德教育"资料库,制作"生态道德教育"光盘、录像带。(3) 充分挖掘学科课程中生态伦理道德教育的因素,在学科教学中渗透生态伦理道德教育。例如,生物、地理等学科都蕴含着丰富的生态伦理道德教育资源。(4) 组织丰富多彩、形式多样的生态道德专题教育活动。例如:邀请专家来校做环保专题报告,组织学生观看环保宣传视频,举办以"生态道德教育"为主题的班会、演讲比赛、征文评奖、辩论会等。通过生态伦理道德教育,学生们提高了认识,有的节假日不再参加打鸟活动,有的把受伤的小鸟养好伤后放归大自然,班里爱惜花草蔚然成风,使学生生成了一种"大爱情怀"。这种情怀,是人的真、善、美品性的根基和土壤。

4. 引导学生积极参与生态道德教育实践。"自然生态环境保护的伦理责任,只有不再仅仅作为一种知识,而是作为一种实践理性时才是现实的。"[10]因此,要引导学生以整体、平等、联系的观点来理解自然,以尊重、关爱、交流、审美、共同发展的原则去处理人与其他一切非人类存在物的关系,要让学生关心周边环境问题,从而提升生态道德素养。

组织学生进行野外综合实践活动。例如,课题组教师带领学生到国家级湿地保护区——杨毛嘴湿地保护区,进行实地参观考察。通过活动,学生加深了对生物与环境关系的认识,还真切地感受了大自然的无限生机和优美,培养了热爱大自然、爱护生物的情感。这种朴素情感,可以衍生为人类与其他物种同存共荣、人与人之间互敬互爱的道德良知和大爱情怀。

组织学生开展保护环境调查。例如,课题组教师组织学生对工业园区新引进的项目"蓄电池生产"进行环境污染调查,发现蓄电池厂排放的废水污染了流经县城的汴河,河里的生物越来越少,并威胁着居民的饮用水安全。学生们郑重地将调查报告交给环保局,很快引起有关方面的重视,促使蓄电池厂对废水排放采取了整改措施。此类活动,既有助于学生深切地认识生态危机的现状,增强了他们保护生态的责任感,又能有效培养学生的生态道德素养。

生态伦理的原则和道德规范一旦进入实践,就会对学生的生态道德行为产生积极影响。例如通过"动物是我们的朋友""爱护花木"等活动,学生们提高了认识。这种"大爱情怀"和道德素养,是人的生命道德的根基和土壤。课题组教师在班里开展了"节俭是美德"系列活动之后,学生的节约意识明显增强,并逐渐形成了"不必要东西不买、能用的东西不丢"的好风气和好习惯。如果深思这些"细节",可以惊奇地发现,它们是生命道德的鲜活的"细胞"。

参考文献:

[1] 高予远.生态伦理中的"是"与"应该"[J].哲学动态,2007(3):47-51.

[2] 王正平.深生态学:一种新的环境价值理念[J].上海师范大学学报(哲学社会科学版),2000(4):1-14.

[3] 邬志辉.课程全球化的四种哲学观评析[J].东北师大学报,2003(6):115-121.

[4] 马克思,恩格斯.马克思恩格斯全集:第1卷[M].北京:人民出版社,1995:172.

[5] 章海荣.生态伦理与生态美学[M].上海:复旦大学出版社,2005:206.

[6] 岳伟,徐洁.培育生态人格——生态文明建设的教育使命[J].教育研究与实验,2015(1):

18-22.

[7] 毛文凤.生态智慧与生态式教育[J].华东师范大学学报(教育科学版),2008(3):25-32.

[8] 阿尔贝特·施韦泽.对生命的敬畏[M].陈泽环,译.上海:上海人民出版社,2006:129.

[9] 张锐.生态伦理学的若干前沿问题[J].新华文摘,2010(8):40-41.

[10] 鲁绍臣.现代化建设要以生态文明为导向——"生态伦理与知识的责任"国际会议综述[J].哲学动态,2009(5):100-101.

[本文系江苏省教育科学"十一五"规划重点课题"生命教育发展性研究"(B-a/2006/02/055)成果,在第三届中国陶行知研究会生命教育专委会学术年会暨第二期生命教育骨干教师培训会交流,编入该届会议论文集]

走向生命论教育

一、从"生命教育"到"生命论教育"的探寻

20世纪90年代中期,我走上生命教育探寻之路缘于以下原因:一是身在教育"现场"的感受,加之期刊上教育研究成果的启发,我逐渐认识到,我国现存教育存在着一些深层次问题。现实教育中普遍的注入灌输、题海战术、加班加点,使学生成为应考的工具;学生学得被动,学得枯燥乏味,身心俱疲,不堪重负。这种教育状况令人忧虑!二是正值世纪之交,为了迎接即将来临的21世纪,世界许多国家都在积极地进行教育改革。我想,面对新世纪,中国教育也要做出应答。当时,我国教育界兴起素质教育研究热潮,我以为,素质教育只给出教育目标的规定性,从实质上看,它只是全面发展教育概念的时代性转换,并未提供构建现代教育的理论思路、实践途径和有效策略。时代迫切要求教育创新。我国教育创新的路子何在?这个问题时常在我脑子里盘旋。

1995年,叶澜教授的力作《时代精神与新教育理想的构建——关于我国基础教育改革的跨世纪思考》和封孝伦先生的佳构《从自由、和谐走向生命——中国当代美本质核心内容的嬗变》,给我以极大的启示。叶教授指出:"必须使教育者对全部教育过程的规划以对人的生命发展的能动特点的尊重和开发作为最重要的支点。"封孝伦先生认为:20世纪80年代后期以来,中国的美学家们"同时顿悟了生命在人类的审美活动中扮演主角"。由此,我想,人是一种生命的存在,人的成长实质是生命的成长,教育作为人类构建自身的活动,"生命"理应扮演其主角。1996年春,我借鉴了多学科在人生命方面的研究成果,结合自己的思考,撰写了《小学生命教育实验研究方案》,在泗洪县教师进修学校附属小学落实实验班,开展生命教育实验研究。1997年春,申报省教育学会"九五"课题,被批准立项。1998年,我撰写了《教育发生的生命视域》《生命教育论纲》两文。后者阐述了我对生命教育的时代意义、含义、目的及教育原则和课程等问题的一些思考,刊于《江苏教育研究》1999年第3期。在实

践方面,我们从生命的视角对生命意义和价值教育、珍惜时间教育和学科生命性教学策略三个方面研究教育实践变革问题。珍惜时间教育子课题,经过在实验班扎扎实实开展时间教育活动,效果逐渐显现。实验班学生时间意识明显增强,学习效率显著提高。课题组成员撰写的《珍惜时间教育的实践与思考》一文发表于《学校管理》1998年第6期。上述研究,虽然现在看来这些探讨很肤浅,但还是抓住了生命教育的一些真义。初步探索所取得的成效,给课题组同仁以极大的鼓舞,我们看到,生命教育的美好前景!

2001年,我们以《小学生命教育的理论和实践研究》为题,申报省教育科学"十五"规划课题。2002年1月,该课题被江苏省教育科学规划领导小组办公室批为省"十五"重点课题;2003年,全国教育科学规划领导小组办公室将该课题列为全国教育科学"十五"规划教育部规划课题。经过5年的努力,课题研究在理论和实践方面取得了较大进展。经过这两个阶段的探索,我们感到,此项研究对于推进教育变革,对于提高人的生命质量、提升民族素质乃至改善和提升整个人类素质都具有重要意义。

在上述研究的过程中,我们逐步认识到,本研究从生命视域探讨教育的全面变革问题,使用"生命教育"这一概念,是不确切的。

第一,从语义上看,生命教育与感恩教育、法治教育、环境教育等一样,属于一种专项教育。专项教育,它的教育目的、教育内容,都是教育的一部分,而非关于整个教育的理念。专项教育与教育的关系,是部分与整体的关系,而我们从生命视野探讨的教育问题,是整体与整体的关系。

第二,我们研究的生命教育不是一种专项教育。它是在生命的视野中对教育本质的重新理解,对教育的重新规划,对现存教育的变革,是一种综合性教育变革。1996年,我在《小学生命教育实验研究方案》中提出:"在学校教育中立足于人生命的整体性和人发展的能动性,把生命规律和教育规律统一起来,使受教育者得到充分的和谐的发展。"1999年,我在《生命教育论纲》(《江苏教育研究》1999年第3期)中提出:"教育的改革和发展应当遵循人的生命规律,教育学必须以人类自身的生命活动作为自己的现代视界";"在学校教育中,根据人的生命本质及发展规律和社会进步的需要,制定教育目的,构建课程体系,组织教育教学活动,使受教育者的身心得到充分自由和谐的发展,成为充满生命活力、具有健全人格、鲜明个性和创新智慧的一代新人"。2004年,我在《生命论的教育理念》(《江苏教育研究》2004年第2期)中主张"生命是教育的元基点""生命是教育之本""教育要以整体的、现实的、鲜活的人的生命为本""人的生命活动是教育的实现机制,教育只有遵循人的生命规律,才能实现合目的性与合规律性的统一"。可见,我们是从生命视界,探讨教育目的、教育内容、课程、教育方式及课堂教学等教育整体的变革问题。

第三,"生命教育"的内涵,已约定俗成。它有三种类型:第一种,国外针对生命问题的疗治性生命教育。生命的问题包括自杀、伤害他人、对异类生命的残害、暴力、吸毒、艾滋病等。西方的生命教育多由此而起,开展诸如自杀干预、禁毒教育、预防艾滋病教育、生命安全教育、环境教育、爱护异类生命教育等教育活动。第二种,我国港台地区的生命教育。我国香港和台湾地区的生命教育包括关爱自己、关爱他人、关爱大自然,探讨人与自己、人与人、人与社会、人与自然及人与宇宙的和谐。第三种,近年来,我国内地(大陆)兴起的生命教育,具有特色内涵,但就其实质看,教育目的和教育内容或与上述第一种大同小异,或在第一种的基础上加进第二种的一些内容。这三种生命教育从目的、内容看,都属于专项教育。我们的研究与上述生命教育的"问题域"具有质的不同。

有鉴于此,我们认为将自己所探寻的"问题"称为"生命论教育"较为恰切。"生命论",指关于生命学说或生命理论,此"论"之义,与进化论、相对论之"论"之义用法相同。"生命论教育"即基于生命的学说的教育。使用这一概念比较符合我们研究的"问题域"。

二、生命论教育的时代意义

第一,时代呼唤生命论教育。当前人类面临着严重的"生存危机"。由欧洲率先兴起、而今潮涌于全球的现代化运动,虽然推动科技和经济的发展,并极大地满足了人们的物质需求,但给人类带来了严重的生存困境。从世界范围来看,"人与自然、人与他人、人与自我关系出现了全面的异化状态,环境污染、生态失衡、资源短缺、人口爆炸、粮食匮乏、核弹威胁、国际恐怖、物欲横流、价值危机、精神崩溃等全球问题越来越表现出普遍性、整体性、复杂性、深刻性和严重性等难以救治的特点"[1]。从我国来看,一方面经济建设取得了巨大的成就,市场经济使"具有独立人格的个人开始出现","人得到了极大的解放";另一方面,一些地方发展经济以牺牲环境为代价,一些人金钱至上、道德滑坡,导致了诈骗行为增多,甚至发生了毒奶粉、假药事件,使人感到精神家园的失落和生命受到威胁,这已成为影响我国现代化进程和建设和谐社会的严重障碍。

人类怎样才能化解种种生存危机,走出生存困境,共创共享现代化之惠,奔向幸福之路?由于人类当今面临的种种大问题,与以人类中心主义、个人中心主义和工具主义等为核心的现代西方发展模式有着逻辑必然性,所以,"要从根本上改变我们的处境、救治全球性问题,就必须使地球人遵行一种敬畏生命、亲近自然、追求崇高、关心负责、正义和平的全球伦理",实现人类"文明大转型"。因为"社会的改造要靠教育的改造"(杜威语),"人无限膨胀的主观抽象性,无尽的欲望和意志,恰恰是教育所要疗救的现代人的恶疾"[2]。故而,这一"全球伦理"的确立、遵行和人类"文明大转型"的完成,迫切要求教育肩负起历史责任。

第二,构建和实施生命论教育,是教育的内在逻辑。教育是基于生命、直面生命、为了生命发展和幸福的事业。然而,现存学校教育以学习和掌握应试所需要的知识为主要目的,强制灌输、机械训练为主要教学策略,使"学生成为考试机器、解题能手的过程中,生命健康受到了损害,生命权利受到了侵犯",抑制了人生命的健康成长和自由发展。当前我国中小学生学得累、学得苦,这是不争的事实。教育只有尊重和关怀人的生命,教育观念由机械论向生命论转变,教育方式由传统的工具形态走向应然的生命形态,才能实现教育的真义,体现对人的终极关怀。教育在人类自身的生命活动的地基上重构自身,应当是学校教育教学改革的根本性的进路。

第三,构建和实施生命论教育,对提高我国公民素质有着特殊的意义。我国国民身上有着许多优秀的文化遗传基因,如勤奋、善良、节俭、热情、坚忍等,但由于历史上长期的封建农耕经济和专制文化的生态,许多人缺乏对生命有限性和生命价值的认知,生命意识、主体精神匮乏,存在依附、从众、守旧、散漫、马虎等弱点,导致了生命创造潜能没有得到应有的开发,造成了人力资源的极大浪费。教育高扬生命价值,以生命为本,将可能更好地唤醒、生成人们的生命自觉,有效地推进近代以来曾受到几代中国改革者持续关注的国民性改造工程。

三、生命论教育的要义

目前,关于生命的教育研讨,大多从个体生命的角度、从相对微观的视角对其进行研究,而人及其生命不仅是一个现实、具体的个体存在,更是一个历史、文化、意义的存在。因此,教育作为一项关怀、舒展人之生命,成就人生之事业,让整个世界和在这个世界生存的所有生命比以往更好的伟业,其视野必须从人扩大到一切生命和自然界,必须从"类生命"文化的维度,在更为广阔的视野下对其进行探索。生命论教育就是这样一种探索。生命论教育,简言之,就是将人"类生命"的精华融于生命、完善生命的教育。它以生命为基点和目的，以"类生命"的真善美，培育生命自觉，建构生命道德，启迪生命智慧，完善生命的发展，提升生命的质量，实现生命的价值。其内涵主要有三点。

第一，培育生命自觉。

马克思指出："一个种的全部特性、种的类特性就在于生命活动的性质，而人的类特性恰恰就是自由的自觉的活动。"[3]这一对人的本质的表述，在人类自我认识的途中树立了一座思想坐标。生命自觉，作为人的本质把人与动物区别开来。苏格拉底的"认识你自己""未经审察的人生不值得过"，孔子的"吾十有五而志于学，三十而立，四十而不惑，五十而知天命，六十而耳顺，七十而从心所欲，不逾矩"和曾子的"吾日三省吾身"，都是在一定意义上，对人类生命自觉的表述。生命自觉是人性的精华，是人精神素质结构中的最具活力的因素。此即"自为的生命存在，以意识为基础，孕育着主体的选择和追求，包含着创造和自由的向往，从'骨子'里、本性中，使生命迸发出勃勃的生机和活力"[4]。

古今杰出人物，都以丰满的人生经历证明了生命自觉在人生全程中的重要价值。例如，李时珍在数十年行医以及阅读古典医籍的过程中，发现古代本草书中存在着不少错误，决心重新编纂一部本草书籍。1552年，李时珍着手编写《本草纲目》，参考了800多部书籍，考古证今，穷究物理，多次外出考察，经过27年的努力，于1578年完成《本草纲目》初稿，又经过10余年三次修改，前后共计近40年，于1590年完成了192万字的巨著《本草纲目》。从历时性看，生命自觉的逻辑结构是：自明（对自己生存状态知晓）→立志（指自立自强，树立目标）→笃行（为自己确立的目标矢志不渝地努力）。其中，自明，即清楚自己的追求和知识、能力等现状，这是个体发展的前提和基础。立志，指个体意向、目标之确立，它是人发展的动力和关键。诸葛亮说："非学无以广才，非志无以成学。"王阳明先生说："志不立，天下无可成之事。"笃行，指一种忠贞不渝，踏踏实实，坚持不懈的行为，只有有明确的目标、坚定的意志的人，才能真正做到"笃行"。笃行是实现人生目标的根本保证，也是生命自觉的最终形成。

生命自觉，是人之为人的一种内在的精神力量，它是个体成人、成才和创造自己美好生活的根本动力和智慧。进入21世纪，发展加速，竞争激烈，生存环境呈现多变、多元、多彩、多险的迷离状态，人更需要增强生命自觉。时代呼唤具有高度生命自觉的人。"教育已逐步成为一种自觉的类本质活动。人的存在与发展状态，从自在自发走向自觉自为,这是人类自身的伟大革命,具有自觉教育意识主体的发展也正是人的现代化的一个重要标志。"[5]培育生命自觉,是现代社会对教育的迫切要求。

第二,建构生命道德。

在本真意义上,"教育基本上是一项道德事业,之所以如此是,因为它的目标是改善。它试图让接触它的每个人,老师以及学生,比现在更好。放眼全球,它尽力让这个世界变成一个更好的地方"[6]。当前人类面临着严重的"生存危机",教育如何让这个世界变得更好呢?马克思指出:"整个历史也无非是人类本性的不断改变而已。"[7]"人性"是社会种种现象之根源,人类社会的进步依赖于人类本性的不断改善。教育要让这个世界变得更好,就必须直面人性,去尽力完善和提升人性。

为什么要完善和提升人性?这需要对人性的现状有清醒的认识。有学者指出:与两千年前相比,社会制度和科学技术取得了巨大进步,但人类的道德水平却没有明显提高。20世纪世界的两大灾难,一是人类对自然环境的破坏,一是人类对自己同胞的暴力。第二次世界大战就伤亡近2亿人。目下,全球环境日益恶化,世界上地区战争仍频频发生。这些事实,即证明这一判断的正确性。面对人类贪婪自私、以强欺弱、尔虞我诈、残害性命等种种现象,我们不能不承认:21世纪的今天,一般动物身上所固有的占有性、攻击性、暴力性等特性,在我们人类身上依然存在,而且在程度上没有多大的改变。正如阿道尔诺所言:并非所有历史都是从奴隶制走向人道主义,还有从弹弓时代走向百万吨炸弹时代的历史。由此,肩负着改造社会使命的教育,不能再沉湎于"在教育的背后,存在着人类天性之完满性的伟大秘密"[8]之中,"教育学基本理论的突破,需要从对'人'的认识反思开始"[9],不能再对人性问题"犹抱琵琶半遮面",直面真实的人性,教育才能有大作为。

建构生命道德,是人类"把本性提高一步"的重要途径。因为它要求人类将其道德关怀从社会延伸到非人的自然存在物或自然环境,呼吁人类把人与自然的关系确立为一种道德关系。"人类需要将善恶、良心、正义、义务等观点应用到处理自然、生态关系中去"[10],才能有效克服人类中心主义和个人中心主义倾向,树立"天地之大德"。这是人类道德观念史上的一次重大变革。要完成此次道德观念及其道德教育的变革,用"类生命"的光辉照耀和滋养人的灵魂,是一种必然选择。因为"'类生命'是在本性生命(种生命)基础上由人自觉创立的赋有价值内涵的生命"[11]。它汲取了整个人类优秀的文化遗产达到"天地境界",是人之"自由个性"与"类"性得到全面、和谐发展的生命形态。以此观照人的道德建构,才能避免价值倾向的偏失。对我国而言,全球一体化进程的加快和信息化时代的来临,使我国教育面临双重挑战——既要充分认识到唤醒学生个体生命意识、舒展学生个体生命的重要性与紧迫性,又要重视防范西方社会个体生命意识过分张扬所产生的严重后果,所以,实施生命道德教育,建构新一代的生命道德,是应对这一挑战的有效之策。

第三,启迪生命智慧。

生命智慧是一种胸怀天下:勇于担当,能利用知识、技能等解决人际问题和疑难的综合能力系统。智慧的基本属性是真、善、美,即真是智慧的源头,善是智慧的境界,美是智慧的表达。它是"关于宇宙人生的总见解,即关于人性与天道的认识",是"个体生命活力的象征……是个体在知识、理性、情感、实践等多个层面上生发,在教育过程和人生历练中形成的应对社会、自然和人生的一种综合能力系统……是每个个体安身立命、直面生活的一种品质、状态和境界"[12]。古今中外杰出的科学家、艺术家、政治家等社会精英运用智慧,推动了社会进步。即使一个普通的人,也需要智慧,有了它,才能做好工作,才能生活美满。生命智慧是人能力素质中的最有价值的部分。因此,培养智慧是教育的真谛。正如怀特海所说:"教育的全部目的是使人具有活跃的智慧。"面对高科技的挑战和激烈的国际竞争,世界许多国家,尤其是发达国家都在积极进行教育改革。这场教育改革的一个重要特征,是强调对人智慧的培养。我国传统的课程以知识的传授与掌握为目的,学生总是被动地接受知识,缺少主动思考和探究。这种有知识、缺智慧的教育,已不能适应现代社会的需要。因此,由传授知识向培养生命智慧转变,是生命论教育的追求。

此三种要义,有机构成生命论教育的基本框架,它们各司其职,相辅相成,相得益彰,共同塑造具有生命自觉、生命道德、生命智慧的一代新人。这种新型人格,能担起实现中华民族伟大复兴和创造全人类美好明天的重任,能成就自己的幸福人生。

参考文献:

[1] S.拉塞克,C.维迪努.从现在到2000年教育内容发展的全球展望[M].马胜利,高毅,丛莉,等,译.北京:教育科学出版社,1996:94.

[2] 刘小枫.当今教育状况的几点观察[J].中山大学学报(社会科学版),2006(2):1-3+123.

[3] 马克思,恩格斯.马克思恩格斯全集:第42卷[M].北京:人民出版社,1979:96.

[4] 冯建军.生命与教育[M].北京:教育科学出版社,2004:24.

[5] 鲁洁.超越与创新[M].北京:人民教育出版社,2001:372.

[6] 菲利普·W.杰克森.什么是教育[M].吴春雷,马林梅,译.合肥:安徽人民出版社,2012:52.

[7] 马克思,恩格斯.马克思恩格斯全集:第1卷[M].北京:人民出版社,1995:172.

[8] 康德.论教育学[M].上海:上海人民出版社,2005:5-6.

[9] 张曙光,鲍宗豪,刘瀚,等."创新时代的哲学社会科学"笔谈[J].中国社会科学,2003(1):83-98+206.

[10] 高予远.生态伦理中的"是"与"应该"[J].哲学动态,2007(3):47-51.

[11] 高清海,胡海波,贺来.人的"类生命"与"类哲学"[M].长春:吉林人民出版社,1998:9-10.

[12] 田慧生.时代呼唤教育智慧及智慧型教师[J].教育研究,2005(2):50-57.

[本文系江苏省教育科学"十一五"规划重点课题"生命教育发展性研究"(B-a/2006/02/055)成果]

"热爱生命"教育的内涵与追求

近年,"生命""生命活力""生命教育"等词语在研究教育的文章和著作中频繁出现。越来越多的研究者认为,教育应当尊重生命、关爱生命,顿悟教育离不开人的生命规律,把研究的视点投向了人的生命。关注生命,已经成为当前国内外教育理论探索和教育实践改革的一种重要趋势。笔者认为,我国这方面的研究若能深入地进行下去,将会带来教育学的一次重大变革,为实施素质教育提供新的理论支撑,导引"教育回归本真",使教育真正成为关爱和促进人的健康发展的教育;将会使教育在壮大中国人的生命,开发中国人的生命潜能,提高中国人的生命质量等方面发挥更为有效的作用。

一

生命教育的提出有着深刻的哲学意蕴和时代背景。从世界范围来看,人类面临着严峻的生存危机。一方面,以技术革命为基础的对自然的攫取造成了"全球问题",即人类赖以生存的环境被严重破坏;另一方面,功利主义、科学主义使人染上了时代"精神分裂症",人生意义淡漠和浪费生命、自毁和他毁生命现象日趋严重。面对上述问题,国内外一些学者指出,人类若要走出生存困境,必须在由人、社会、自然所构成的三维立体价值空间中重新认识教育的价值;人类若要避免经济上和生态上的危害,就必须从人内心最深处着手改变。早在 1968 年,美国杰·唐纳·华特士就创建阿南达学校,倡导和践行着生命教育思想。日本于 1989 年明确提出以尊重人的精神和对生命敬畏之观念来定位道德教育目标。从我国来看,加强尊重和热爱生命的教育也十分迫切。一是我国生态环境恶化,如沙尘暴肆虐,水污染十分严重;二是我国目前正处于社会转型时期,物质至上所带来的精神危机和激烈竞争所造成的生存压力,使人感到精神家园的失落和生命受到威胁;三是在学校和家庭教育中,知识至上和成绩至上使学生成了被知识异化了的人,体会不到生命的乐趣,缺乏对生命的认知和情感。有关资料显示,我国中小学生暴力、自杀、伤害他人现象时有发

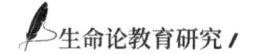

生;报载清华大学某生"硫酸伤熊"事件引起社会的广泛关注;四是我国许多国民缺乏对生命有限性和生命价值的认知,主体精神匮乏,导致生命潜能没有得到应有的开发,造成了人力资源的极大浪费。基于此,一些有识之士呼吁,"生命教育亟待加强"。

二

近年,从生命视角探讨教育问题的文章、论著多如天上的繁星,总体上看,这类研究可分为两类:一是国外和我国港台地区针对青少年的自杀、杀人和生态环境恶化的严重现实,在中小学开展了"生命教育"。其主要内涵为:引导学生正确认识生命现象,热爱自身生命、尊重他人生命、爱护自然生命;培养人文精神和关爱情怀;正确认识生命的价值,理解生活的意义,以积极的态度面对生活中的挫折和痛苦;学会认识自我,规划自我,实现自我,创造生命的意义。生命教育在我国港台地区自20世纪90年代启动,目前已经在中小学全面推进。二是我国大陆学者立足于生命整体观和教育价值观,对教育目的、教育内容、教育方式及课堂教学、课程作了多维度、多层次的探讨。目前,这方面的研究多为理性思辨,尚未见系统的实践研究成果。从教育目标和教育内容看,前者可看作狭义的生命教育,后者可视为广义的生命教育。笔者认为,如果前者谓之"生命教育",那么后者称之为"生命论教育"较为恰切。所谓"生命论教育",即生命视域、生命学说的教育。从研究现状来看,生命论教育有以下特征:①本体性。生命是人智慧、力量和一切美好情感的唯一载体。人最根本的是生命,离开了生命,一切将无从谈起;同时生命的成长与发展规律是教育的实现机制,即教育必须遵循人的生命规律。因此,教育应当以人的生命为本。②价值性。教育的根本目的是为了人生命的发展、完善和幸福。生命是教育的逻辑起点和归宿,是教育的基础性价值和最高目的。教育应当尊重、关爱、弘扬和壮大生命。③智慧性。人是创造自己,自己能够主宰自己命运的存在物。教育作为人类构建自身的最为高级的活动,理应凝结着人类的智慧,并以培养人的生命智慧为根本目的。概而言之,生命论的教育理念如下[1]。

1. 生命是教育之本。 教育"以人为本",确切地说,教育应当以人的生命为本。首先,生命是教育的元基点。人是以生命的方式存在的,没有生命的存在也就没有人的存在。生命存在是实现人生价值、理想的前提条件。"教育是直面人的生命、通过人的生命、为了人的生命质量的提高而进行的社会活动。"[2]其次,人的生命活动是教育实现机制。教育必须遵循人的生命规律,才能实现合目的性与合规律性的统一,克服缺失与异化。

2. 关爱生命整体发展。 人的生命是多层次、多方面的整合体。人的生理与心理之间,智力与非智力因素之间存在着相互依存、相互影响和相互制约的关系。关注人生命整体的教育,才是完整的教育。所以,教育必须从"唯知识""唯技能"狭隘的视界中走出来,关爱、促进生命整体的和谐的发展。

3. 让生命自由生长。 自由是人的最高属性。生命发展是自主的和主动的。人只有在自由的环境中才能得到充分和谐的发展。人的创造性与人的自由性有内在的正相关。一个人在活动中享受充分的自由,他的创造人格和创造能力方可有效生成。因此,教育应当是自由的领域。

4. 尊重和热爱生命。 当前,人类面临着严峻的生存危机。人类生存环境日益恶化,人的精神失衡,生命意义缺失,暴力、伤害、自残现象日趋严重。人类若要避免经济上、生态上及价值上的危害,就必须从人的内心深处着手改变,这就要加强尊重和热爱生命的教育。实施生命教育,首先教师、家长和社会要尊重儿童,即把他们当作一个丰富的完整的人,一个正在成长中的伟大的生命来对待,尊重他们的个性与需要,维护他们的自尊与自由。其次,要教育学生尊重和关爱他人和它类生命。

5. 培养生命智慧。 强调培养人的生命智慧,是对教育真谛的积极追求,也反映了时代对人才素质的要求。现代社会要求人不仅要有知识,更要有智慧。所谓智慧,是指利用智力、知识、技能等解决实际问题和疑难的本领。知识不等于智慧。知识是客观的、静态的、被动的,要发挥知识的力量,必须把知识转化为人主体的实践力量,即智慧。知识本位的教育不是真正的教育,真正的教育应建基于知识,并最终"酿造"出人生的智慧,培养"有智慧的人"。

我们所探讨的"热爱生命"教育是生命论教育一个重要组成部分,同国外和我国港台地区开展的生命教育内涵相近。它在生命论教育中占有重要地位。它重在培养学生科学的生命观,唤醒生命自觉意识,促进学生生理生命、精神生命的和谐、健康发展,引导学生正确认识人与人、人与自然的关系;能与他人和它类生命和谐相处。上述生命素质的生成,对学生的全面发展和终身发展,具有重要的奠基作用。

三

教育学生尊重生命、关爱生命、珍惜生命是时代赋予当代中国教育的重大使命。"热爱生命"教育正是为完成这一使命而进行的一种实践探索。它具有三个特点:①奠基性。从热爱生命教育对学生发展的价值来看,它着眼于全体学生的生理生命、精神生命的和谐发展,为学生的终身幸福奠定基础;着眼于学生自我动力系统的健康发展,为提高学生的生存能力和生命质量奠定基础;着眼于培养学生对自然和社会的正确认知和实践体验,为营造健康和谐的生命环境奠定基础。学生通过热爱生命教育所生成的心智,为学生的学习、发展奠定了生理、心理和伦理等方面的坚实基础,即为学生指明了正确的人生方向,提供了可持续性发展的动力支持。②系统性。根据热爱生命教育目标,我们设计了完整的教育系列活动。其内容包括:第一,引导学生正确地认识生命现象,感悟生命的伟大与神圣,培养学生对生命的尊重和敬畏。使学生既认识生命的伟大与崇高,又认识生命的渺小与脆弱;既了解人类的生命价值,又了解自然界中其他生命的意义,才能生发出对生命的敬畏与热爱。第二,引导学生正确理解人与人、人与它类生命的关系,学会与他人、与它类生命和谐相处,互惠共生。个体生命是"类生命"的一部分,离开了"他人"其个体生命就不复存在。利他是个体生命存在的一种意义方式。人是大自然的一部分,大自然永远是养育人的母体。"所有的自然物具有内在价值,生命物种权利平等。"[3]爱护大自然,也就是爱护人类自己。人与人、人与大自然要和睦相处。要走出"唯吾独尊"的误区,学会对其他生命伙伴的权利和生存空间的尊重。对生命个体来说,每次生命都是唯一的。因此,要尊重、善待、爱护各种生命体。第三,引导学生尊重、珍惜自己的生命,奋发进取,实现生命的意义和价值。一是要加强健体和安全教育。要引导儿童少年认识和把握人的身体成长、发育和保健的规律,确立科学的饮食观念,养成良好的健体习惯和生活方式。大脑是关系到人生命活动效能的关键性器官,必须重视健脑教育。同时,学校要重视生命安全教育,帮助学生确立自我保护意识,培养自我保护的能力。二是重视对学生进行生命意义和人生态度的教育。一个人生活得有意义、有价值,才是幸福的人生。幸福不是他人给的,而是劳动给的,是创造给的。因此,珍惜生命,必须发挥自己的生命潜能,展示才华,为社会努力工作,尽情创造。同时,教育学生从容地面对人生中的各种困难与逆境,在生活中自尊、自信、自爱、坚韧不拔,保持积极进取的人生态度。三是要加强自主发展的教育。要唤醒培养学生的生命自觉意识,引导他们认识自我,发现自己的生命潜能,学会生涯规划,不断提高自主发展能力。四是要重视对学生进行珍惜时间的教育。柏格森对人做了时间性的理解,他说只有时间才是构成生命的本质要素。人的生命是短暂的,珍惜时间就是珍惜生命。由于我国国民身上普遍存在"时间病",即缺乏时间意识、效率意识和紧迫意识等,导致人的生命潜能没有得到很好开发,造成人力资源的极大浪费。

因此加强时间教育,对提高我国的国民素质具有十分重要的现实意义。要以珍惜时间教育为核心,教育学生知时、惜时、守时,科学用时,增强时间观念,养成珍惜时间、高效地利用时间的能力和习惯。简言之,上述教育内容包括了生命意识、生命情感教育,爱护生命的教育和发展生命的教育。这三个方面,相互渗透,协同推进,体现了教育的科学性和系统性。③实践性。无论多么先进的教育理论,如果不将其转化为教育实践,只能是"纸上谈兵",不能发挥应有的作用。我们研究热爱生命教育的思路是"理论适度先创,理论与实践互动,促进双重建构,重在提高实效"。一是根据教育目标和教育内容架构,为教师开展热爱生命教育活动提供了可操作的活动方案。二是对生命性教学法进行了实践探索。传统教育对生命的压制不仅表现在教育目标、教育内容方面,还表现在教育方式、教学方法方面。因此,要有效地实施生命教育,必须对教育方式、方法进行革新。基于此,我们在生命教育研究中,对故事教学法、对话教学法、唤醒教学法进行了实验研究。从实践看,运用上述教学法开展的教育活动呈现出自由创造、主动发展的生动图景。三是对生命性评价理念和评价方式,进行了有益的尝试。我们认为若用传统的教育评价理念和评价方式来评估丰富性、复杂性的生命发展,不仅是无效的而且是有害的。因此,评价改革须相应展开。在热爱生命教育评价中,我们注意体现五性,即多元性、过程性、激励性、导向性和自主性;同时,还着力对叙事型质性评价做了认真探讨。从实践结果看,教师通过细心观察,运用事件对学生的生命意识、情感、态度及能力习惯的发展状况进行解释分析,信度高、效果好。这种评价是具体的、有深度的、个性化的,不仅能够真实地了解生命的成长,还有助于产生新的教育视界。

参考文献:

[1] 钱巨波.生命论的教育理念[J].江苏教育研究,2004(2):42-45.

[2] 舒扬.走进"新基础教育"——华东师大叶澜教授访谈录[J].基础教育,2004(5):6-11.

[3] 王正平.深生态学:一种新的环境价值理念[J].上海师范大学学报(哲学社会科学版),2000(4):1-14.

[本文节选自钱巨波和孟众主编的《热爱生命——小学生命教育实践与探索》(江苏教育出版社 2005 年出版)一书。该书系全国教育科学"十五"规划教育部规划课题"小学生命教育的理论和实践研究"(FHB030684)成果]

小学"热爱生命"教育活动课程纲要

前言

当前,从世界范围来看,人类面临着严峻的生存危机。一方面,人类对大自然无休止的攫取使地球生态环境被严重破坏,另一方面,物质至上和激烈竞争使人精神失衡,生命意义缺失。为了走出生存困境,近年许多国家和地区在中小学开展了生命教育。我国当前除存在上述危机外,还有两个问题亟待解决:一是许多国民缺乏对生命有限性和生命价值的认识,导致生命潜能没有得到应有的开发,造成人力资源的极大浪费;二是在学校和家庭教育中,知识至上使学生成为知识的奴隶,一些儿童少年缺乏对生命的认知和应有情感,自毁、他毁生命现象时有发生。因此,要卓有成效地提高民族生命质量,实现构建社会主义和谐社会和社会主义现代化建设的伟大目标,必须在中小学开展生命教育。

小学热爱生命教育活动课程的设计和实施以科学发展观为指导,借鉴哲学、生态学、生命科学、心理学、教育学等学科的最新研究成果,遵循儿童的身心发展规律,联系学生现实生活,从生理、心理、伦理等方面对学生进行全面、系统的生命教育,着力培养学生科学的生命观以及尊重和珍爱生命的情感、能力及习惯,促进学生生命素质的全面、和谐、自由的发展。

第一部分:课程性质、地位与课程理念

一、课程性质与地位

"热爱生命"教育活动课程反映了当代教育发展的趋势和人文学科的最新成果,是培养学生现代生态文明观、社会文明观及自主发展能力,为学生终身发展、终身幸福奠基的一门新兴的校本课程,具有基础性、统领性、综合性和普适性。实施此项课

程,能有效地培养学生科学的生命观,有利于提高儿童少年学生的生存技能、自我发展能力和生命质量;有利于激发他们树立为祖国繁荣富强而努力学习、奋发成才的志向;有利于将中华民族坚韧不拔的意志熔铸在儿童少年学生的精神中,培养他们勇敢、自信、坚强的品格。

"热爱生命"教育活动课程,一方面作为独立课程形态,发挥其尊重和热爱生命教育的功能,以弥补学科课程在这方面的不足;另一方面,此项课程与学科课程相互作用,促进学科课程改革,推动着教育教学的生命化进程。

此项课程在小学中年级或高年级开设一学年。编制活动设计,作为教师开展生命教育活动的凭借。

二、课程的基本理念

1. 促进学生生命素质的发展

此项课程着眼于全体学生的身心和谐发展和个性的健康发展,重在唤醒、激发生命自觉,培养学生科学的生命观和尊重、关爱生命的情感、态度及行为习惯,促进学生生命意义系统和动力系统的有效生成,为学生的终身发展奠定基础。

2. 尊重生命的特性

生命是教育之本。生命是教育的出发点和最高价值。教育的根本目的是为了提高人的生命质量。同时,人的生命活动是教育的实现机制,教育必须遵循人的生命规律。

人的生命是一个复杂的生命体,既具有自然生命,又具有超自然的精神生命和智慧生命,是自然生命、精神生命和智慧生命的统一体。教育中,要尊重生命的能动性和完整性,关爱生命的整体发展,凸显生命的灵动,激发生命的动力,张扬生命的个性。

3. 积极倡导自主、践行、体验的学习方式

人的生命发展具有自主性和实践性。在教育活动中,要以学生为活动主体,引导他们动手、动脑、动眼、动口,走进现实生活,积极实践,亲身感受、体验、理解生命,倡导自主、践行、体验的学习方式。教育内容的确定,教育方法及评价方式的选择,都应有助于这种学习和发展方式的形成。

第二部分：课程目标

在"热爱生命"教育活动中，重在培养学生现代生态文明观、现代社会文明观和尊重、关爱生命的情感、态度及行为习惯，提高学生认识自我、发展自我的能力。具体表述为培养学生"五种生命意识"和"十种良好习惯"。

一、五种生命意识

1. **尊重敬畏意识**。每一个生命都是世界上独一无二的个体，都是珍贵的、伟大的，都值得我们尊重。所有的生命都具有其价值。我们只有敬畏生命，才能热爱生命。无论植物、动物，还是人，每个生命都应当得到尊重和珍爱。引导学生初步认识生命现象，喜爱充满生机的世界，感悟生命的伟大和神圣，培养学生尊重生命的意识和情感。

2. **和谐互惠意识**。任何一种生命都不能离开环境而独立生存，而要与环境发生密切的关系。生命物种权利平等并相互依存。每一个生命对地球的健康运作都是重要的。人是大自然的一部分，大自然永远是养育人的母体。爱护大自然，也是爱护人类自己。人生活在社会大家庭中，每一个人都需要与他人交往合作，相互关爱，才能很好地生存。人与人、人与自然都要和谐相处，互惠共荣。引导学生正确认识人与人、人与自然的关系，培养与他人、与大自然和谐相处及保护环境的意识。

3. **自强自立意识**。每个生命都应积极向上，努力成长，充满生机。生命能自组织，即生命具有生长性。物竞天择，适者生存。在学习和生活中，无论遇到什么困难，只有积极主动，自强不息，才能取得成功。一个人要生活得有意义、有价值，必须勤奋学习，努力工作，尽情创造。引导学生钦佩顽强的生命，学会认识自我、悦纳自我，培养积极乐观的心态和奋发进取的精神。

4. **安全保健意识**。生命对于人的个体来说，只有一次，不可重复。在人的一生中，生命是最重要的，一个人没有了身体生命，其他的一切都将无法实现。生命既十分顽强，又十分脆弱，在生活中时常会出现危及生命安全的事情，必须特别重视安全自保。身体各个系统健康协调，才能体现出生命的魅力。引导学生认识安全保健的重要性，增强安全保健意识。

5. **珍惜时间意识**。人的生命是有限的和短暂的，时间是一去不复返的。珍惜时间，就是珍惜生命。惜时、守时、科学高效地利用时间，才能实现生命的意义和价值。不仅要珍惜自己的时间,还要珍惜他人的时间。引导学生认识时间的价值,树立强烈的时间观念。

二、十种良好习惯

1. 能尊重、欣赏和热爱动物、植物,养成爱护动物和植物的习惯。

2. 尊重、赏识和善待他人,能宽以待人、乐于助人,与他人密切合作、和谐相处,养成礼貌待人的能力及习惯。

3. 养成爱护自然环境,珍惜资源,节约使用水、电、纸等物品的良好习惯。

4. 掌握安全知识,有互救的责任心,有安全自保能力,养成自我保护的习惯。

5. 养成合理饮食,自觉锻炼身体,科学用脑,讲究卫生,拒绝毒品等良好的生活习惯。

6. 能面对困难和挫折,自信自强,合理调控自己的情绪,养成自我激励、自主调整心态的习惯。

7. 热爱劳动,热爱家庭,热爱学校,养成乐于为家庭和集体做事及生活自理的习惯。

8. 主动学习,勤奋求知,养成踏踏实实、持之以恒学习的习惯。

9. 学会自主发展,能制订并实施个人的学习计划,合理安排学习和娱乐,养成自我管理的习惯。

10. 珍惜时间,讲究效率,能科学地使用时间,养成惜时、守时的习惯。

第三部分:实施建议

一、教材编写建议

1. 教材编写要以马克思主义为指导,坚持科学发展观,面向现代化,面向世界,面向未来。

2. 教材要体现时代的特点,关注人类,关注自然,有助于学生形成现代生态文明观、现代社会文明观和自主发展能力。

3. 教材既要注重继承与弘扬中华民族生命智慧,又要努力吸取其他民族的生命智慧,体现当代科学文化的最新研究成果。

4. 教材的体例和呈现方式应体现自主性、实践性、趣味性,活动形式丰富多样。

5. 教材要有开放性和弹性。要留给教师和学生选择、拓展的空间,以便更好地发挥他们的创造性。

二、课程资源的开发和利用

1. "热爱生命"教育活动课程资源包括课内外、校内外学习资源。除"活动设计"提供的学习资源外,还要重视挖掘学科课程中的生命教育资源,充分开发其他生命教育资源,如:图书、报刊、电影、电视、网络等。此外,自然和社会环境、家庭和学校生活等都可以成为生命教育活动的资源。

2. 学校应积极创造条件,努力为"热爱生命"教育活动提供必需的教学设备和图书资料及参观、考察的经费。

3. 任课教师应重视课程资源的开发利用,并引导学生多方面地开发生命教育学习资源。

三、教育活动建议

1. 充分发挥师生双方在活动中的主动性和创造性

学生是学习和发展的主人。要注意激发学生的活动兴趣,引导他们积极参与活动,在活动中探究、感悟、体验。教师应创造性地使用教材,积极开发课程资源,为学生创设良好的自主、实践、体验的学习情境。活动要在师生、生生的平等对话中进行。活动可由教师组织、学生自主组织或师生共同组织。教师的作用重在引导、启发。

2. 准确把握课程目标

此项课程的主要目标是通过教育活动培养学生尊重和珍爱生命的意识、情感、态度、习惯及认识自我、发展自我的能力。此项课程不是知识、技能的教学,而是生命智慧教育。

3. 按照活动课程的特点设计和组织教育活动

教育活动要体现自主性、实践性、开放性和体验性。课程的实施需要运用多学科的知识,激活、调动师生的生活经验,并在活动中整合、生成,因此,教师要注意学习和掌握实施此项课程所必需的相关知识,并深入研究学生的需要、兴趣及生活经验。在组织教育活动时,要注意培养学生的主体精神,引导他们亲身参与实践,获取直接经验和情感体验,养成良好的习惯。课程的实施以"活动设计"为凭借,使活动的内容和方式充分开放,着力拓展教育活动的时空,引导学生融入自然,关注社会。

4. 实施此项课程与多学科渗透生命教育相结合

各门学科课程和其他各类教育活动都蕴含着丰富的生命教育因素。在学科教学和各类教育活动中,要充分挖掘和利用其蕴含的生命教育因素,运用各种有效形式对学生进行生命教育。建立以热爱生命教育课程为"龙头",与学科教学及各类教育活动有机渗透、相互配合、共同推进的实施机制。

5. 努力探索生命化的教学方法

实施此项课程必须遵循人生命成长与发展的规律。因此,在生命教育活动中,要努力探索符合生命特点的教学方法,如故事教学法、唤醒教学法等。

四、评价建议

1. 评价要注重过程性和情境性。要通过生命教育活动的过程、情境和学生日常表现及作品,对他们的生命意识、情感及行为习惯的发展水平进行评价。

2. 评价要体现激励性和导向性。对学生在尊重和珍爱生命方面的日常行为表现以鼓励、表扬的评价为主,多元激励,随机引导。

3. 采用以叙事型质性分析为主的评价方式。要运用事件对学生在尊重和热爱生命的意识、情感、态度及能力、习惯方面的表现进行有深度和全面性的评价,特别注意分析学生"新质"的生成状况。教师要在师生、生生之间的互动、合作和对话及日常生活中细心观察学生意识、情感、态度及行为的表现,对其生命素质的发展状况作出有深度的解析,并注意选取最具代表性的事例来评价学生生命素质的发展水平。

4. 注意自评与互评相结合。要把评价的权利还给学生,让学生做评价的主人。引导学生进行叙事性、反思性自我评价,让他们通过评价认识自我、发现自我,更明智、更有效地发展和完善自我。积极引导学生互评和家长参与评价。在评价时要尊重学生的个体差异。

[2002年春,为开发小学"热爱生命"教育校本教材制订此纲要,此文收入钱巨波和孟众主编的《热爱生命——小学生命教育实践与探索》一书,该书由江苏教育出版社于2005年出版]

小学"热爱生命"教育活动课实录与评析

案例1:"生命的成长"活动实录与评析

(《热爱生命》校本教材活动3)

执教:张 敏 记录、评析:阚乃顺

活动目的

通过活动,让学生感悟生命的顽强,积极向上,培养他们对生命敬畏之心。

活动准备

1. 提前10天请学生培育一株(或几株)生长周期短的植物,并观察记录植物的生长过程。

2. 选一曲舒缓的音乐。

3. 短文录音《石头缝里的树》。

活动过程

一、谈话导入

师:小朋友们,今天老师给你们带来了一组照片,想看吗?

生:想看。

师:(多媒体展示照片)你们看这几张照片反映了一个孩子的成长历程。你们能看出分别是什么时期拍摄的吗?

生:第一张是"百日照",我是从照片上的题字看出来的。

生:第二张可能是一周岁时的照片,这个小朋友已经会走路了。

生:这是上幼儿园时候的照片。

生:这是上小学时候的照片。

……

师：是啊，很多生命就是这样从小到大，渐渐成长起来的，现在我们一起来想象0～1岁的婴儿是怎样成长的，好吗？

二、冥想成长，交流感悟

师：(播放课件)胎儿在妈妈的腹中是怎样成长的呢？请小朋友仔细观看，并同时想象如果那胎儿就是自己，会有哪些感受。

生(观看课件图像)

师：(播放一段舒缓的音乐)现在，请你们闭上眼睛，全身放松，吸气、呼气，身体放松(六次)……你正睡在妈妈的腹中，汲取着妈妈的营养，渐渐长大。有一天，你挣扎着，脱离了母体，来到了人世。你偎依在妈妈的怀里，吸吮着妈妈的乳汁……吸饱了，睡熟了，醒来了，继续吸吮，渐渐地，渐渐地，你会笑了，会玩了，能听懂周围的声音了，会自己说话、自己走路了……

生：我觉得我很幸福，因为有妈妈喂养我、呵护我。

生：我觉得妈妈养育我很辛苦，既要喂养我，又要防止我生病。

生：我担心妈妈太忙照顾不过来我，那样我病了、饿了、跌倒了怎么办呀？

师：人从出生到长大，虽艰难，但又是那样充满活力。植物是怎样成长的呢？下面交流一下你们亲自培育一株植物的情况。

三、展示成果，分享收获

师：老师请你们自己培育的植物，都带来了吗？都是些什么植物呀？先在小组内交流一下。

师：我们请几位小朋友向全班同学进行汇报。

生：老师，我培育的是一棵蚕豆苗。

生：我培育的是黄豆苗。

生：我在花盆里种了一颗花生米。我把花生米埋在土里，然后浇上水，我很着急，两天后见它还没有动静，就用手扒开泥土，发现它刚刚吐出一个小小的芽尖，我只好再把它埋起来。又过了三天，嫩芽钻出来了！我非常高兴！

师：当小芽破土时，你们有什么感受呢？

生：种子发芽了，我快乐得像一只飞翔的小鸟！种子经过几天的磨炼，终于长出来了，它是多么坚强啊！

生：我看到从土里钻出的小芽，觉得它很有力量！

生:我还感觉到生命的成长是很不容易的!

生:我把蚕豆苗放在一个玻璃瓶子里,没有放泥土,只是每天给它换水,结果蚕豆虽然发芽、长叶,但是茎又细又长,软软的,挺拔不起来。

生:我培育的这盆黄豆苗很瘦弱,妈妈说是我忘记给它晒太阳造成的。

师:现在,你有什么话想对你培育的植物说吗?

生:小豆苗,你自己能钻出泥土,你真了不起!

生:花生苗啊,我一定会照顾好你,不让你饿,不让你渴,让你长得壮壮的!

生:蚕豆宝宝,你要好好地长啊,不要辜负阳光、雨露,更不要辜负我对你的期望。

(众笑)

……

四、总结谈话,深化认识

师:我们每个孩子也像一棵棵幼苗一样,我们的成长中也倾注了许多人的关怀和培养,现在,你们能谈谈这节课的收获吗?

生:我知道了生命成长很奇妙,我是一个生命体,我太幸运了!我一定要爱惜自己,好好地活着。

生:我在培育蚕豆苗时,想到在妈妈的眼里,我和这苗苗一样,妈妈时时刻刻关心着我,我真幸福!

生:我会更加地爱我的父母,感谢他们把我带到这个世界上来,也感谢所有关心我的人。

生:我们要爱惜花草树木,还有动物。

师:每个生命的成长都是艰难的,地球上的生命要经过漫长的地质年代才诞生,就更不容易了!但所有的生命都充满活力,没有任何力量可以阻挡!每个生命都值得我们尊重和热爱!请大家欣赏一段录音《石头缝里的树》。

【评析】

教育的最高境界应当是漫润、熏陶。孩子们在观察"成长照片"的过程中,感受到生命成长的艰难与神奇;在自己培育植物的过程中,感悟到生命的坚强有力、生机勃勃等可爱之处!从学生的发言中,我们感到,热爱生命、敬畏生命的美好情感已经扎根于每个孩子幼小的心田。呵护生命、保护环境,奏响生命乐章的伟业正在我们的教室里开始!生命教育以其特有的魅力使我们频频听到了花开的声音。

(作者单位:江苏省泗洪县兴洪双语实验小学)

案例 2:"欣赏动物的生命美"活动实录与评析

(《热爱生命》校本教材活动 5)

执教:张小云 记录、评析:徐专平

活动目的

通过活动,引导学生感受各种动物的生命美,认识它们的生命价值,培养学生对动物的喜爱之情。

活动准备

1. 多媒体画面《动物世界》片段。

2. 录音《生命,生命!》。

活动过程

一、找一找,说一说

1. 师:同学们,在我们的生活里,除了人类,还有好多生命生活在我们周围。比如,动物、植物。那么,我们身边都有哪些动物呢?

生:鸡、鸭、鹅。

生:猪、牛、羊。

生:小猫、狗。

……

师:对这些小动物你们都有什么印象?

生:它们给大自然增添了生机。

生:它们生活得十分快活。

……

师:除了生活中常见的,你们还知道哪些动物呢?

生:孔雀、大象、麋鹿。

生:狮子、老虎。

2. 出示挂图。

师:第一幅图中有哪些小动物?

生:顽皮的猴子,美丽的孔雀。

生：可爱的兔子,爱唱歌的大公鸡。

生：机灵的小松鼠,爱游泳的鸭子。

……

师：第二幅图中的动物在干什么?

生：青蛙在冬眠。

生：小鸡、小鸭、小狗在做游戏。

师：看了画面,你们想说些什么呢?

生：这些小动物很可爱。

生：我想和它们一起嬉戏玩耍!

生：小动物是我们的朋友,我们应该爱护它们。

……

师：这些可爱的动物,它们和人类一样,有着宝贵的生命。我们人类与动物共同生活在地球上,动物是人类的朋友。可是,有些人是怎样对待我们的动物朋友的呢?

二、听录音,谈感想

1. 放录音报道:《伤熊事件》。

2. 讨论:听了这则报道,你们有什么想法?

生：黑熊的皮肤会被烧伤的!

生：黑熊会很疼的!

生：这个大学生的心真狠呀!

生：一次,我的手被开水烫了,非常疼。黑熊被硫酸烧了,会多么痛苦啊!

生：上学期,我追一个同学,跑得很快,一下跌倒了,膝盖掉了一块皮,我疼得哭了。

生：用硫酸泼熊是犯法的。

师：黑熊会怎样想呢?

生：我没伤害人类,人类为什么要这样子对待我。

生：人不该伤害黑熊。

生：人类不该这么残忍。

……

三、找错误,导行动

师：在我们身边有没有伤害动物的行为?

生：用夹子夹刺猬。

生：用药来药麻雀。

生：捉青蛙，吃它们的腿。

生：胡老师用弹弓打麻雀。

师：这些做法好吗？

生：不好。

师：那你们敢不敢制止这种行为？

生：不敢！

师：如果人任意伤害动物，会造成什么后果呢？

生：我们就再也听不到悦耳的鸟叫声了。

生：也看不到许多美丽可爱的小动物了。

……

师：知道这样的后果，你们以后会怎样做？

生：爱护小动物的生命。

生：劝阻一些人不要伤害小动物。

生：动物的生命是宝贵的，我们应该去保护它们！

生：动物是人类的朋友……

师：既然伤害动物有这么多的危害，那么同学们以后还敢不敢去制止这种行为呢？

生：敢！（教室里响起热烈的掌声）

四、总结

这节课，大家懂得了动物是人类的朋友，我们要尊重它们，爱护它们，同它们和睦相处，和谐共生。我们要从自己做起，从身边做起，从现在做起，还要劝别人也不要残害野生动物。

【评析】

有关资料表明，当前地球上每天有近百种生物灭绝。人类赖以生存的生态环境日趋恶化！人类若要从根本上避免生存危机，将现代生态文明观植入学生的心灵，并养成他们尊重和爱护大自然中的一切生命的习惯是十分重要的。

在上面的教育活动中，首先教师让学生通过说、看，生发出他们对"动物"的喜爱之情；接着，引导学生对"伤熊事件"展开议论，让大家感同身受地认识此种行为的错误；最后，导之以行,联系生活实际。学生由对捕杀麻雀的行为不敢劝阻,到态度鲜明地说"敢",由此,"教室里响起热烈的掌声"。这掌声表达了大家尊重和爱护生命的心声。可见,这节活动课效果极好!

(作者单位:泗洪县魏营镇中心小学)

案例3:"感受自己生命的力量"活动实录与评析

(《热爱生命》校本教材活动9)

执教:张红莲　记录:孙国峻　评析:杨红娟

活动目的

通过活动,将使学生感受到自己身体内部有一种巨大的力量,且能吸收外部的能量,来增强自身的力量,当想要达到某个目标时,他们就能调用自己的内在力量。

活动准备

故事课件。

活动过程

一、视频导入

(让学生围成一个圆圈坐着)

师:同学们,老师今天给大家带来一个故事,想听吗?

生:想。

(利用多媒体课件播放故事《母爱的力量》)

师:为什么视频中的女士能接住孩子?

生:因为她爱自己的孩子。

生:因为母爱的力量最伟大。

生:我想,人在紧急时刻会迸发出很大的力量,比平时大得多。

师:其实每一个人的身体内部,都蕴藏着一种巨大的力量,我们平时可能没有注意到它。今天,我们都来认真感受一下自己的内在力量。

二、感受自身

师:请同学们闭上眼睛,想象在你们身体中的一个地方将发现力量的源泉,内在的力量将来自这个地方。这种力量可能来自头顶,来自脚跟,来自手掌……想象一下,先确定你身体内部这个力量的源泉在哪儿。

生:来自手掌。

生:来自胸膛。

生:来自头顶。

……

师:(学生闭着眼,教室里静悄悄的,老师缓缓地说)你这个力量的源泉,好像一个温暖、灿烂的光点。现在,让这个光点变得更明亮些,并且加以扩展,它便越来越亮——继续扩展,直到充满全身。当你感受到全身都充满光亮,充满了力量的时候,可睁开眼睛。

师:已经完成的同学请安静地等待,直到每个人都睁开眼睛。

师:现在,让我们来交流一下刚才的感受吧。

生:我身体内的力量从脚跟直往上升。

生:先感到头顶的力量,然后充满全身。

生:我心中力量闪着金光。

生:我的身体内好像沉睡着一个巨人。

……

三、感受太阳

1. 师:刚才大家感受到自己身体内部有一种巨大的力量,我们还可以感受到自己身体外部的力量。瞧,阳光从窗外照了进来,现在你有什么感受?

生:阳光多么灿烂!多么美丽!

生:阳光暖融融的,赶走了寒冷,我现在不冷了。

生:我想,迎着太阳走去。

生:太阳的光杀死了许多病菌。

生:阳光好像照到了我的心里。

生:我想在明亮的、温暖的阳光里美美地睡一觉。

……

2. 师:同学们,先深呼吸出气,然后缓慢地吸气,吸气时要同时闻着、享受,用柔和的声音说:太阳多么温暖!多么灿烂!

(生按照老师的话语做动作)

师:我们呼出肺中的气体,于是身体便产生再吸入空气的强烈愿望。我们享受着,缓缓地吸气,你们感受到了什么?

生:感受到太阳的力量渐渐进入体内。

生:感受到身上好像增添了无穷的力量。

生:感受到太阳的力量进入胸部以后,向腿,向胳膊流淌,腿和胳膊都增加了力量。

……

四、调用力量

师:回忆一下,在我们自己成长过程中,有哪些事情是我们一开始觉得完成不了,经过努力又达成目标的?

生:暑假,我和爸爸妈妈去爬泰山。刚到山脚下,我看到巍峨耸立的泰山,觉得自己太小了,爬不上山顶,但又想体会登上山顶的快乐。爸爸、妈妈鼓励我,不怕苦,不怕累,才会有出息!还指着正在向山上爬的几个孩子说,看人家!我说,我也能爬上去!我们一步一步地朝上登,后来腿酸,脚也疼,我们就坐下来歇一阵,爸爸、妈妈又鼓励我,继续向上爬……爬了好几个小时,终于登上山,我朝四处望,可以看到很远很远,一团一团白云在山腰,爽极了!

师:你真棒!这么小,靠自己的力量就登上泰山。有决心,不怕苦,不怕累,就能战胜困难。

生:我们小区有个小朋友滑滑板很厉害,每次都在我面前炫耀。我就暗暗苦练滑板,下决心超越他,即使跌伤了也不停止练习。最后,我终于超越了他。

师:是啊,风可以吹起一张大白纸,却无法吹走一只蝴蝶,因为生命的力量在于自身的不屈服、不顺从。梦想,唯有坚持才能抵达。大家都感受到自己的身体内部藏着一种巨大的力量,如果需要时,我们可以调用它。最近一段时间,大家最想做的一件事是什么?

生:学校运动会,我想调用身上一切力量夺得 200 米赛跑第一名。

生:我胆小,我想调用身上力量壮胆,登台朗诵一次。

师:好!下节课就请你上讲台朗诵,好吗?

生:好。

师:大声说。

……

师：请同学们闭上眼睛，调动自身内部力量，使力量充满全身，你会感到自己的身上有无限的力量，什么困难都能克服。

师：经过今天这节课的学习，你有信心、有力量完成要做的事情吗？

生：(齐)有。

五、总结谈话

师：同学们，每个人的身上都潜藏着一种巨大的力量，当我们想做某一件事情时，可以随时调用它，这种力量能够助你成功。

(课件呈现：我有信心，我有力量！我能成功！)

生(齐读，声音洪亮，焕发出生命活力)

【评析】

人是一种生命体。生命的力量是强大的，可以克服各种困难，绽放出别样的光彩，但他往往处在一种不自觉的状态。一个人能认识自己身体内部的力量，调动自身内部的力量去发展自己，实现自己的人生目标，至关重要。

本次活动，首先，教师通过播放故事《母爱的力量》，让学生认识到，每一个人的身体内部都有一种巨大的力量；其次，引导学生感受自己身体内部的力量，让他们的心灵受到震撼；再次，让学生感知、享受太阳的温暖、灿烂和力量，并吸取它的力量壮大自己；最后，引导学生联系生活实际，调动自身内部的力量发展自己。此次活动，收到了促进学生认识自我、树立发展信心的效果。从深层次看，这是一种培育生命自觉、开发生命潜能的尝试。

(作者单位：江苏省泗洪县人民路小学)

案例4："该不该轻生"活动实录与评析

(《热爱生命》校本教材活动13)

执教：张国玉　记录：周育桃　评析：孟 众

活动目的

通过活动，让学生认识到：轻生会使自己失去宝贵的生命，同时也会给自己的亲友带来巨大的痛苦；轻生是一种不珍视生命的行为，是不负责任的表现。

活动准备

让学生收集轻生方面的资料。

活动过程

一、事例导入

1. 师:(语调低沉地)同学们,我给大家讲一件真实的事情。有一位初二的学生,在学校犯了错误,老师批评了他,并让这位学生的家长第二天到学校来。这位学生回家后,由于害怕,没有告诉家长,当晚竟然上吊自杀了。

学生神情专注地听老师讲,听完后唏嘘不已,议论纷纷。

2. 师:听了这个故事,大家一定有很多话要说,想一想,这位同学该不该自杀呢?

生:(异口同声)不该。

师:能说说理由吗?

生:犯了错误,老师批评,应该好好改正,不该自杀。

生:我觉得因为一点小事舍弃了最宝贵的生命,太不值了!

生:自杀,给父母带来了多么大的痛苦呀!

师:(借机引出话题)这节课我们就来讨论人到底该不该轻易断送自己的生命的话题。(板书课题)

二、谈谈感想

1. 师:课前老师让大家收集身边有关轻生的一些事例,现在哪个同学来说说好吗?

生:我们邻居家有一个小男孩,8岁,因为体胖,别人常常叫他"小肥猪",这让他感觉到很自卑,产生了不想活在世上的念头,今年4月,他跳楼自杀了。

师:(惋惜地)真可惜,大家听了有什么想法?

生:如果连别人一点难听的话都承受不了,将来还能有出息吗?

生:遇到一点困难,想不开就跳楼,不值得。

生:我们来到世上总会遇到一些困难,不应该因为一点挫折就自杀。人遇到困难,战胜了困难,说明很坚强。

(一个事例,让学生体悟到了一个人生哲理)

2. 师:同学们说得非常精彩,还有其他事例吗?

生:我邻居家有个小伙子,在公交车上,被偷了一万元钱,一时想不开,自杀了,他的父母、奶奶都痛苦不已。

生：我叔叔和婶婶离婚了，他们的孩子感到自己很孤独。妈妈不常来看他，爸爸无心照顾他，周围小朋友说他无父母，他很伤心，于是在15岁生日那天跳楼自杀了。

（学生顿生惋惜之情）

生：我表哥，考大学，上网查到自己没有被录取，非常失望，吃午饭时，他和父母说想走了，可父母没在意，待父母上班后，他上吊自杀了。我姑妈他们精神受到了很大刺激，现在整天只流泪，不说话。

……

（一个个具体鲜活的事例，让学生感受到轻生该是多么不值得）

3. 师：（哀恸凝重地）同学们刚才说的这些事例，个个让人惋惜。生命，多么宝贵的生命！就这样轻易地消失了！请同学们想一想：他们结束了生命，带来的后果是什么呢？

（老师充满真情的话语，更加激起同学们对生命的敬畏之情）

生：他们不该轻生，他们死了，最伤心的是他们的父母。

生：生命比任何东西都宝贵，丢了钱可以再挣，为一点钱自杀，给家人带来了那么多痛苦，不值得。

生：今年没考取大学，好好复习，明年再考嘛！死了，什么都没了，还给家里人带来痛苦，不该自杀。

生：生命非常宝贵，只有一次，失去了就不能再得到。

……

4. 师：自杀留给亲人的是无尽的痛苦和致命的打击。人的生命最重要，没有生命，就没有一切。

三、找找办法

师：刚才，同学们说得很有道理，那么当我们遇到困难和挫折时，应该怎么办呢？比如被父母误解、被老师批评而感到委屈、被同学讥笑等等。

生：无论遇到什么大风大浪，我们都应该挺过去。

生：被父母误解，可以向父母说清楚真实情况。

生：和老师、家长交流。

生：犯了错误，老师批评，就认真改正，如果老师批评错了，可以和老师交流。

生：被误解了要正确对待，可以说明情况。

生：被同学误解或嘲笑，应该有自信，不要悲哀。

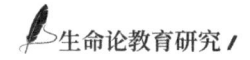

生:向老师、家长、朋友倾诉。

生:也可以到没有人的地方痛哭一场,把心中的苦闷和委屈全部倾倒出来。

生:我们要心胸开阔,做到宰相肚里能撑船。

……

(这时,同学们一个个心情开朗)

四、总结谈话

1. 师:同学们,在以后的学习和生活中,将有许多困难和挫折。请你们记住,面对困难和挫折,千万不要轻生,因为没有什么比生命更重要,人的生命最宝贵(出示:人的生命最宝贵)。

2. 生:(齐读)人的生命最宝贵。

【评析】

近年来,青少年自杀的现象时有发生,一件件触目惊心的实例,让我们认识到开展生命教育的重要性和紧迫性。本次活动,首先由学生身边的实际事例入手,通过让学生充分交流自己的所见、所闻、所感,认识到轻生的危害,认识到生命的可贵,从而产生对生命的尊重和珍爱之情;接着,让学生联系自身说一说自己面对困难和挫折应该如何去做,引领学生扬起生命的风帆,战胜生活中的"惊涛骇浪",驶向人生的目标。

(作者单位:泗洪县教师进修学校附属小学)

案例5:"发现自己的生命潜能"活动实录与评析

(《热爱生命》校本教材活动31)

执教:杨红娟 记录:翁学梅 评析:孟 众

活动目的

通过活动,使学生学会认识自我,了解自己的天赋潜能,从而增强开发生命潜能的自觉意识,培养自我发展的信心。

活动准备

布置学生收集有关人潜能方面的资料。

活动过程

一、交流信息

师：昨天，老师请你们收集有关人的潜能方面的资料，收集到了吗？

生：收集到了。

师：现在请把你收集到的资料和大家交流一下。

生：我知道了，每一个人，即使是创造了辉煌成就的巨人，在他的一生中，利用自己的潜能也不到 1/5。

生：伊凡·叶夫列莫夫说："人类平常只发挥了极小部分的大脑功能，如果人类能够发挥一半的大脑功能，将轻易地学会 40 种语言，背诵整本百科全书，拿到 12 个博士学位。"

二、找找特长

师：一个人竟有这么大的潜能，真让人惊叹！我相信我们每位同学都有巨大的潜能。你相信吗？（老师随便走到一位同学跟前提问）

生：我相信。

师：有的潜能已经逐渐在我们的学习、生活中表现出来了。比如，有的同学歌唱得特别动听，有的同学写作能力特别强等等。请每位同学都想一想，自己有哪些优势、特长、强项，在纸上写出来，能写几条就写几条。

（生在纸上写，老师个别指导）

师：大家都已经找出了自己的优势、特长、强项，我们真应该感到高兴。现在就请你用自豪的语气，说给全班同学听。

生：我乒乓球打得好，还会溜冰。（声音很小）

师：我觉得你还不够自豪。

生：我乒乓球打得好，还会溜冰。（又大声地说了一遍）

师：对，就应该这样。还有谁说说？

生：我唱歌很好听。

生：我画什么像什么，别人都称我"小画家"。

生：我很爱交朋友，而且我有很多朋友。

生：我的口才很好。

生：我的心算能力特别棒，几位数加几位数不用笔算，我一张口就能说出得数来。

生:我的字写得好,上学期得了一等奖。

……

师:你们真是太棒了。(大家也不由得鼓起掌来)

三、发现潜能

1. 自己寻找。

师:同学们,大家已经知道,每个人的身上都有巨大的潜能,刚才你们写出的是已经表现出来的,这就好像是"冰山一角"。下面请大家认真找一找自己还有哪些潜能、才华没有表现出来,但通过努力可能在今后会有出色的表现。找到后在纸上写出来。

2. 同位互找。

师:(等学生找得差不多了)有一句古诗说得好:"不识庐山真面目,只缘身在此山中。"有时自己的潜能自己发现不了,别人却看得很清楚。现在同位的两个同学互相帮助,找一找。每个同学要努力把别人的潜能都找出来,在纸上写出来。

3. 组内交流。

师:请每位同学在小组内宣读,读后其他同学补充。

学生在组内大声宣读。

4. 全班交流。

师:谁能在全班同学面前把自己或同学帮助找出的潜能,大声地读出来?

生:我觉得自己数学方面的潜能还没有发挥出来。

生:李芳说我画画很棒。

生:臧玉说我的嗓音不错,如果在音乐方面好好发展,会有出息的。

生:我平时喜欢搞点小制作,如果能好好努力,我想成为一个发明家。

……

四、畅谈打算

师:刚才大家找出了自己的强项、特长,又发现了自己还有那么多潜能没有展示出来,老师真为你们高兴。请大家想一想:你准备怎样发挥自己的潜能呢?

生:今天同学说我脑子很灵活,我很高兴。我现在数学成绩差,是因为我不用功。我要认真学习数学,一定要把数学学好。

生:今天,同学说我嗓子好,可以成为歌唱家。我只要好好努力,一定会有出色的表现。

生:我口才好,会交朋友,将来可以做一个外交家。

……

五、总结谈话

师:今天,每位同学都找出了自己的强项、特长,又发现了自身有很大的潜能,说明大家都具备在学习和事业方面获得成功的条件。老师相信,只要大家勤奋努力,就一定能够实现自己的美好理想!

【评点】

每一个人的身上都有巨大的潜能等待我们去开发,然而,在现实中许多人由于没有认识到这一点,因此也就没有自觉地去开发。这么多宝贵的人力资源被白白浪费了,多么可惜!

这节活动课,先让学生"交流信息",使他们认识到人身上存在巨大潜能;接着引导学生找出自己身上已显现的特长、强项和有待开发的潜能,使他们增强了发展信心;最后畅谈打算,导之以行。通过活动,让学生认识自我价值,唤醒了生命自觉,激发了成长动力,为他们的终身发展奠定了基础。

(作者单位:泗洪县教师进修学校附属小学)

案例6:"认识时间,珍惜时间"活动实录与评析

《热爱生命》校本教材活动34)

执教:杨红娟　　记录、评析:孟　众

活动目的

通过活动,让学生认识到时间与一切生命的成长紧密相连,与学业、事业的成功密切相关。时间是一去不复返的,引导学生认识到珍惜时间的重要性和必要性。

活动准备

1. 本班一位同学婴儿时期的照片。
2. 一个闹钟。

活动过程

一、听一听,感受时间特点

1. 猜一猜,激趣导入

师:(出示班级中一位同学婴儿时的照片)同学们请猜一猜照片中的小宝宝是我

们班中的谁?

生:我猜是姜珊。

生:我猜是陈道远。

生:我猜是李国庆。

……

师:大家猜得对不对呢?请这张照片的主人站起来。

众生:(一位男同学站了起来,全班同学都露出惊讶的神情)哇,原来是李丹阳!

师:是啊,10年左右的时间过去了,这个小宝宝现在长高了,长大了,大家很难把他认出来。随着时间的流逝,事物也会随之变化。现在就让我们来感受一下时间。

2. 听一听,议一议

师:(出示闹钟)听,小闹钟在嘀嗒、嘀嗒地响,请大家闭上眼睛,看你能感受到什么?(学生闭上眼睛听闹钟的嘀嗒声)

生:我感受到时间随着闹钟的嘀嗒声,在一分一秒地流逝。

生:我感受到时间过得太快了!

生:我感受到时光匆匆。

生:我感受到时间一去不复返了。

师:是啊,时光在一分一秒地流逝,那我们能不能把时间留住呢?(老师把闹钟的电池拿出来,让学生观察,互相讨论)

生:我认为,时间是留不住的。这个闹钟停止了,别的闹钟还在走。

生:钟停了,可太阳还在走,时间不会停止。

生:我认为时间是不能被人控制的。

师:时间是不随人的意志而停止的。如果一个人把昨天浪费了,能不能重过一次呢?

(学生自由讨论)

生:我认为是不能的,因为昨天过去了,就再也不会有同样的昨天了。

生:不可以重过,因为时间就像流水一样是一去不复返的。

生:不可以重过,因为今天有今天的事,重过昨天,今天又被浪费了。

二、算一算,认识时间有限

师:大家说得很好!现在我们来算一算,人的一生大概有多少时间呢?

(老师和学生一起算假设的三个数,板书:100岁 36 500天;80岁 29 200天;

60岁21 900天)

师:大家看到这些数字会想到些什么呢?

生:我感受到人的生命是短暂的。

生:时间是无限的,可是属于每个人的时间却是有限的。

生:我觉得一个人活80岁还是很短。如果能加强锻炼,就能活得更长。

生:我感到,人的生命就是由一分一秒的时间组成的。

师:是啊,时间是无限的,属于每个人的却是有限的,人的生命就是由一分一秒的时间组成的。请小朋友们实话实说,平时你有没有浪费过时间?如果有,今后有什么打算?

生:我做作业有时边做边玩,很少的作业,却花了很长的时间,以后一定要改掉。

生:我有时上课注意力不集中,课后还花时间补课,白白浪费了时间。

……

三、做一做,体悟时间价值

师:小朋友们敢于说真话、实话,还认识到,不能浪费时间,要珍惜时间。下面我们就利用5分钟时间来做自己喜欢的事。

(学生们积极动起来,有的画画,有的读故事,有的做数学题,气氛热烈)

师:请小朋友们说说在5分钟内做了哪些事?

生:我做了3道数学题,觉得很快乐。

生:我画了1幅画。

生:我在5分钟内给同学讲懂了两道数学题。

生:我背会了一首诗,老师,我背给你听……

生:我在5分钟内和同桌做了一个快乐的游戏。

……

师:同学们在5分钟内所做的事都很有意义,可见每一分钟的时间都是很有价值的。我们要珍惜时间。

四、写一写,表达惜时心声

师:这节课,你有哪些收获,用一两句话写在卡片上。

(学生在自制的卡片上写收获,接着交流展示)

生:时间是宝贵的,我们要珍惜时间。

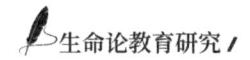

生:人的生命就是由分分秒秒的时间组成的,珍爱生命就要珍惜时间。

生:人的生命是短暂的,我们一定要珍惜时间。

……

五、课后延伸

师:同学们通过对时间的认识,感悟到时间的可贵。请同学们课外收集一些有关珍惜时间,珍爱生命的名言警句,选择最喜爱的一两句,写出来贴在卧室里,用来勉励自己。

【评析】

珍惜时间必须认识时间的特点和价值,本节课,教师首先通过听和议,让学生认识到时间与生命的成长紧密相连,时间是一去不复返的;接着,让学生算一算,让大家懂得时间是无限的,属于每个人的时间却是有限的;然后,让学生做一做,让大家亲身体会时间的价值;到此,水到渠成,让学生写一写,表达惜时心声;最后,课后延伸,让学生选择最喜爱的一两句珍惜时间的名言警句,写出来贴在卧室里,用来勉励自己。教学设计妙,活动效果好。

(作者单位:泗洪县教师进修学校附属小学)

(以上"热爱生命"教育活动实录与评析,选自钱巨波和孟众主编的校本教材《热爱生命——小学生命教育实践与探索》一书,该书由江苏教育出版社于2005年出版)

小学"爱智慧"教育活动课程纲要

前言

智慧是个人安身立命、直面生活的一种品质、状态、境界和能力。它是个体生命力结构中的核心部分。人具有智慧,才能学业事业有成,才能为社会作出更多的贡献,才能健康、明智地生活。现代社会要求公民不仅要有知识,更重要的必须有智慧。目前,我国学校教育,以传授与掌握知识为主要目的,是一种"缺智慧的教育"。因此,必须实现"知识教育"向"智慧教育"的转变。

我们以马克思主义和心理学、教育学、创造学、文化学等理论为指导,坚持科学发展观,总结我国教育的成败得失,对古今中外的智慧进行整合,遵循儿童的心理发展规律,设计并实施《小学"爱智慧"教育综合课程》,促进学生生命智慧的有效生成。

第一部分:课程性质、地位与课程理念

一、课程性质与地位

"爱智慧"教育综合课程反映了当代教育的发展趋势和人文学科的最新成果,是一种培育学生大爱大智和思维灵性的新兴课程,具有基础性、综合性、普适性,为校本课程的重要组成部分。

"爱智慧"教育课程,一方面作为独立的课程形态,发挥其"开启智慧,培养灵气"的功能,以弥补学科课程在智慧教育方面的不足;另一方面,使"爱智慧"教育课程与学科课程相互作用,促进学科课程改革,提高教学的智慧含量。

此项课程在小学中、高年级实施。所编写的教材既是教师的教本,也是学生的学本。

二、课程的基本理念

1. 注重培养人的生命智慧,反映了时代对教育的要求

一方面人类面对生存环境的日益恶化和精神家园的失落,教育要提高人生境界,转变人的生存方式,引导人们去建构一种健康、明智的生活,必须注重智慧教育;另一方面,在科学技术迅猛发展,市场竞争日趋激烈的社会背景下,人要更好地生存和发展,必须拥有智慧。

2. 强调培养人的生命智慧,是对教育真谛的积极追求

智慧是人运用知识、技能、能力等解决实际问题和疑难的本领或才智,是对宇宙人生的某种洞见。人的生命因智慧而闪光。人类凭借智慧,战胜了困难和邪恶,创造了灿烂的文明,推动了社会进步。一个有智慧的人,才能学业事业有成,才能拥有幸福的人生。传授给学生知识并不是教育的根本目的,在引导学生学习知识的过程中,用智慧统率知识,培养有智慧的人,才是教育的真义。

3. 认识知识与智慧的本质,把握智慧教育的特点

知识是获得并储存起来的学问,它的属性是客观的、静态的、被动的;智慧是人的主体性、价值性、实践性、创造性等人类的本质的集中反映。智慧是指向人的实践能力或实际本领的,它的方式是具有实践性、创造性的活动。知识是构成智慧的重要因素,但不等于智慧。知识的简单累积或简单套用不能解决复杂、疑难的问题。知识必须转化为主体的力量即智慧,才能发挥知识的作用。因此,"爱智慧"教育活动课程应当注重培养学生科学的哲学观念和良好的思维品质以及创新意识和实践能力。

4. 倡导自主探究、自由对话、知行结合的学习方式

学生是智慧生成的主体。要根据儿童天生好奇,乐于探究的特点,引导学生自主探究、感悟发现。自由平等的对话有助于启迪思维灵性,要积极创造民主和谐的合作互动、讨论交流的氛围。知行结合,有助于智慧的生成,因此,既要启"智",又要导"行",让学生在读中"思"、在做中"悟"。

第二部分:课程目标

一、总目标

1. 引导学生懂得智慧的作用,培养他们对智慧的喜爱。通过活动,让学生认识到,智慧的价值和魅力,从而喜爱智慧,追求智慧。

2. 引导学生感悟做人处事的道理,学做真人,学会合作。通过活动,让学生懂得只有热爱劳动、乐于助人,才能得到真正的快乐和幸福;只有尊重他人,具有合作精神和交往能力,才能更好地建立友谊,并取得事业上的成功。

3. 培养学生的哲学素养,提高认知能力。通过"爱智慧"教育活动,启发学生分辨事物的局部与整体、现象与本质、真与假、善与恶,体悟联系、变化、自由、希望、信念以及天人合一等观念。

4. 开启学生的思维,培养灵气。通过"爱智慧"教育活动,启迪学生思维灵性,拓展生成解决问题的新思路,培养学生的发散思维能力、想象能力、推理能力等创造素质。

5. 知行结合,培养学生的求真精神和实践能力。读、思、做紧密结合,让学生动脑动手解决实际问题,开展小创作、小调查、小实验、小发明等活动,培养学生的科学态度和动手能力。

二、学段目标

1. 中年级段:

第一单元:认识智慧的作用,激发学生对智慧的兴趣。

第二单元:感悟爱劳动、爱助人和强壮、善良、聪明才能获得真正的快乐和幸福。

第三单元:懂得尊重人和知恩、感恩的重要性,学习和掌握交往的技巧。

第四单元:理解人与自然环境的关系,培养环保意识和爱护环境的良好习惯。

第五单元:体悟事物的整体与局部、变化、联系等哲学观念。

第六单元:感悟名人勤奋求知的优秀品质,懂得只有勤奋学习,才能学有所成。

第七单元:体悟事物的现象与本质、真与假、诚信等哲学观念。

第八单元:学习转换思路、联想发现等思维方法,懂得在学习和工作过程中思考的重要性。

第九单元:体悟生命追求理想、奋发有为并能战胜困难的特点。

第十单元:体悟团结、合作的重要性,培养团结、合作精神。

第十一单元:学习多角度思考问题,理解事物因果关系,学习推理。

第十二单元:感悟做任何事只有坚持不懈、克服困难,才能取得成功。

2. 高年级段:

第一单元:感悟智慧的作用,学会动脑子、想办法克服困难,排除艰险。

第二单元:学会尊重他人,体会爱的崇高与力量,懂得为别人着想也有利于

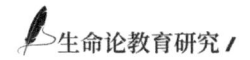

自己。

第三单元:认识事物是发展变化的,"小"可以引起"大"的变化。

第四单元:体悟改善学法的重要性,懂得学习要专心致志,求知须学深学透。

第五单元:认识自信是人在学习、工作上取得成功的重要因素,培养自信心。

第六单元:懂得困境使人奋起,"温室"使人堕落;在机遇面前要学会选择;遇事要分析利弊,权衡轻重,学会放弃。

第七单元:了解中国古代谋略,感悟中华智慧的魅力,激发学习中华民族智慧兴趣。

第八单元:懂得做人应当实事求是,坚持正确意见,不断追求真理。

第九单元:懂得树立远大理想的重要性,认识人生目标必须分阶段实现,学习自我管理的方法。

第十单元:体悟变换思路、顺藤摸瓜、联想迁移等发现、发明的思维方法。

第十一单元:体悟双赢的思考问题的方法和独特、奇妙的经营策略,学习多角度地认识事物。

第十二单元:感受古今中外伟大人物的崇高追求、坚强不屈和不怕困难的人格魅力。

第三部分:实施建议

一、教材编写建议

1. 教材编写要以马克思主义为指导,坚持科学发展观,面向世界,面向未来。

2. 教材要体现时代的特点,关注人类、关注自然,有助于学生形成完整的和现代的智慧结构。

3. 教材要注重继承与弘扬中华民族智慧,又努力吸取其他民族的智慧。

4. 教材选文既要蕴含智慧,又要深入浅出、明白易懂、生动有趣,使学生爱读。

5. 教材的体例和呈现方式应灵活多样,读、议、写、演、唱与动手实践相结合。每册教材由12个单元组成,每个单元一个主题,共3课,每课由智慧岛、智慧舞台、启思录三部分构成。

6. 教材要有开放性和弹性。要留给教师和学生选择和拓展的空间,以便更好地发挥他们的创造性。

二、课程资源的开发和利用

1. "爱智慧"教育课程资源包括课内外、校内外学习资源,例如:图书、报刊、电影、电视、网络等。自然地理、名胜古迹、家庭生活和社会的话题等都可以成为"爱智慧"教育活动的资源。

2. 学校要积极为"爱智慧"教育活动创造条件,购置所需要的图书资料,配备必要的设备设施。

3. 任课教师应重视课程资源的开发与利用,并引导学生多方面地开发智慧学习资源。

三、教育活动策略建议

1. 引导自探,感悟智慧。学生是智慧学习的主人。教育活动应激发学生的学习兴趣,为学生创造乐于探究的学习情境,给学生充分的学习自由。教育活动可以由教师组织,也可以由学生自主组织,或师生共同组织。教师的作用重在引导、启发。

2. 自由对话,启迪智慧。要在感知故事的基础上,师生、生生展开自由平等的对话,启迪思维灵性,碰撞出智慧的火花。在对话中,教师要尊重学生的独特体验和发现,不随意下结论。

3. 知行结合,生成智慧。读、思、议、做,紧密结合,让学生动脑动手。设计一些与生活相联系的问题,让学生做一做,培养解决实际问题的能力,促进学生实践智慧的生成。

4. 寓教于乐,培养学生对智慧的兴趣。运用故事会、看录像、表演、比赛、游戏、办专刊、小调研、小实验、小制作、小发明、辩论会等形式,使学生在丰富多彩的活动中喜爱智慧、追求智慧。

四、评价建议

1. 评价要体现多元性。智慧具有多元性,任何一种智慧都有其独特的价值。评价要尊重学生的个体差异,鼓励学生智慧的个性化发展。

2. 评价要体现激励性。评价要以表扬为主,鼓励奇思妙想,尊重学生的独特体验和发现,不宜轻易否定学生的见解。

3. 量化评价与质性评价相结合,更应重视质性评价。学生智慧发展,以新质的生成为标志,教师可以通过学生的话语、行为、事例、作品等,分析学生智慧因素的生成状况及水平。评价既要注意量的变化,更要重视新质的生成。要选取有代表性的事例,对学生智慧新质的生成作出有深度的解析。

4. 注意教师评价、学生自我评价与学生间互评相结合。教师评价宜采用讨论和建议的方式。要把评价的权利还给学生,让学生做评价的主人。通过自我评价,让学生认识自我,发现自我,反思自我,从而更好地发展自我。

(2002年春,课题组为开发"小学'爱智慧'教育活动课程"制订本"纲要")

小学"爱智慧"教育活动实录与评析

案例1:"狮子和猎人"活动实录与评析
(《爱智慧》校本教材中年级活动1)

执教:朱 莉　记录、评析:汪振德

活动目的
1. 通过活动让学生初步明白智慧是什么。
2. 通过活动让学生初步懂得智慧的作用,从而喜爱智慧。

活动准备
相关故事课件和图片。

活动过程

一、听听议议,认识智慧是什么

1. 听故事

师:小朋友们喜欢听故事吗?(喜欢)下面我们就一起来听一个故事。不过在听故事之前,老师有一个要求:听故事时,要仔细听认真看,想一想故事里讲了什么。

(课件展示故事《狮子和猎人》,学生边听边看)

2. 议一议

师:孩子们,刚才通过看图片,听故事,你们知道了些什么?把你看到的听到的跟小组里的小朋友们互相说一说,好吗?

(学生互相说,气氛热烈)

师:这个故事讲了一件什么事,谁想说给全班同学听听?

(纷纷举手,指名说)

生:我看到了故事里猎人本来想捉狮子,自己却被狮子抓住了。

生:我看到了猎人用网把狮子逮住了。

生:猎人很勇敢,很聪明。

生:猎人用智慧战胜了狮子。

师:猎人用智慧战胜了狮子,猎人的"智慧"是什么呢?

(沉默了一会儿,有两个学生举手)

生:猎人被狮子抓住了不慌张,哄狮子放开他,然后飞快地从绳网下钻了过去,然后,又哄狮子钻绳网,狮子认为能把绳网撞破,结果被绳网缚住了。

师:猎人很聪明,他有……

生:猎人有点子,有办法。

(七八个学生不约而同地附和:"猎人有点子,有办法。")

师:猎人用点子、用办法战胜了狮子,这些点子和办法就是我们人类的智慧。

3. 想一想

师:猎人用自己的智慧战胜了狮子。如果你是那位猎人,也落入了狮子的手中,你会怎么办?

生:我会骗狮子说,狮子啊狮子,你看后面有一只你最爱吃的小动物,趁狮子回头的时候,我就一溜烟跑掉。

师:嗯,你真是个聪明的猎人!

生:我会把狮子引到沼泽地,让它陷进去。

……

二、联系实际,懂得智慧的作用

师:你们真聪明,用自己的智慧想出了那么多战胜狮子的办法。那么孩子们你们知道我们人类利用智慧还能干什么吗?

生:人类用智慧能造出楼房。

生:还能发明电视。

生:人类用智慧还能发明机器人。

生:还能创造出电脑、电冰箱和许许多多的电器。

……

师:是啊,我们人类利用智慧的力量,不仅战胜了困难和邪恶,还创造了许多的奇迹。下面请你们来欣赏一组图片,这些也是我们人类智慧的结晶。

(展示长城、东方明珠电视塔、神舟五号等图片,并配以一定的解说,进一步让学

生体会人类智慧的力量)

师:小朋友们,看了这些,你们有什么想法吗?

生:我看了这些,感觉到人类的智慧真了不起!

生:我长大了要做一名科学家,用我的智慧造出更好的飞船。

生:我长大了也要用自己的智慧造出不要人驾驶的耕地机、播种机、收割机,爸爸妈妈就不用累了。

……

师:好,孩子们,我们有那么多美好的愿望,为了实现这些美好的愿望,我们现在该作哪些方面的准备呢?

生:(众)好好学习。

三、智慧舞台,遇到问题有办法

师:孩子们,我们一起来到"智慧舞台",看看遇到问题,你能不能用智慧去解决?

课件呈现问题:外出旅游时,如果和你爸爸、妈妈走散了,怎么办? 先想一想,再把办法说给大家听。

(稍停一会儿)

师:办法想出来了吗? 谁先说?

生:我用手机打电话给爸爸、妈妈,告诉他们我在什么地方。

师:如果你没有手机呢?

生:我在这里不走,爸爸、妈妈会来找我的。

师:你的想法很好。不过,如果爸爸、妈妈不知道你在这里,你就等不到你的爸爸、妈妈喽。怎么办?

生:找警察叔叔帮助。

师:这个办法好。找到警察叔叔,你就安全了。

……

师:小朋友看"智慧魔方"问路时有几点要注意:……

四、课外延伸

师:老师建议小朋友们课后开展一次智慧行动:找一些有关智慧方面的故事,读一读,练一练,我们准备开个智慧故事会,看谁故事讲得最精彩。好吗?

【评析】

这是校本教材《爱智慧》上册第1单元(神奇的智慧)第一个活动。本单元旨在引导学生初步懂得智慧是什么,智慧的作用,从而,喜爱智慧,追求智慧。本次活动,首先,听故事,议一议,让学生初步明白智慧就是解决一些难题的点子或办法;接着,联系实际,让学生懂得:智慧的神奇作用;然后,引导学生来到"智慧舞台",遇到问题能想出办法。课外延伸,引导学生进一步认识智慧、感悟智慧的魅力。这节课,引领学生开启了智慧之旅。

(作者单位:泗洪县教师进修学校附属小学)

案例2:"卢瑟福与学生的对话"活动实录与评析

(《爱智慧》校本教材中年级活动24)

执教:张冉冉 记录、评析:王春、程晨

活动目的

1. 通过听故事、议故事和联系实际,引导学生认识思考的重要作用。
2. 在引导学生认识思考的重要性之后,总结出:勤奋＋思考＝成功。

活动准备

故事课件和图片。

活动过程

一、激趣导入

师:同学们,大家喜欢听故事吗?

生:(齐)喜欢。

师:下面我们就一起来听一个著名物理学家卢瑟福与他学生之间的故事。

(课件出示课题)

二、感知故事

1. 听故事

师:听故事之前,老师有一个要求:听故事时,同学们要仔细听、认真看,想一想故事里讲了什么。(期待)

(课件展示故事《卢瑟福与学生的对话》)

233

2. 读故事

师:同学们,仔细读课文,想一想,故事里讲了什么?

三、讨论交流

1. 同桌议

师:同学们,刚才通过看图片、听故事,你们知道故事中讲了什么事吗?把你看到的、听到的和自己想的跟同桌的同学互相说一说,好吗?

(同桌学生讨论,气氛热烈)

2. 全班议

师:这个故事,讲了一件什么事?

生:讲大物理学家卢瑟福听他的学生说,上午、下午、晚上都在做实验,很生气。

师:卢瑟福教授该不该生气?大家充分发表意见。

(学生纷纷举手,指名说)

生:我觉得这个学生很勤奋呀,一直都在努力做实验。他不该生气。

生:这是个怪老头。学生这么勤奋,他应该很高兴,不应该给学生脸色看。

……

师:卢瑟福教授该不该生气?

生:我认为卢瑟福教授不是怪老头。学生光做实验不去思考,没有去把实验结果利用起来。卢瑟福教授才生气的。

生:我赞成。卢瑟福教授对学生的勤奋不会生气,是因为这个学生光做实验不去思考、不去总结,他才生气的。

生:不要总是做实验,一定要想一想实验中的问题。

师:你们说的有道理。做实验固然很重要,但如果一味做实验而不去思考实验背后的原理、规律,那是难以获得新知或有所发现的。他的学生明白这个道理了吗?

生:(齐)明白了。

师:书上哪句话,说明这个学生明白了?

生:这个学生"恍然大悟"。

四、联系实际

师:同学们,你平时在学习、生活中感受过思考的好处吗?

生:有一次,我在做数学题时遇到了一道难题,一开始我没做出来,但我没有急于去看答案,而是静下心来认真思考。我仔细分析题目中的条件和要求,尝试着从不同的角度去解题。经过一番努力,我终于找到了正确的思路,成功地解出了这道题。那一刻,我心里很爽。

师:你感受到了思考的力量。还有哪位同学说说自己的体会?

生:有次我在拼装玩具汽车时,怎么也拼装不好。我没有急着去找爸爸帮忙,而是仔细观察每个部件的形状大小,对照说明书多次进行尝试。仔细想,怎么装,才能对路子?找对了路子,一下就成功地拼装好了。后来,再拼装类似的玩具就变得轻松多了,还去帮助好朋友拼装玩具。再后来,遇到数学难题,也细细地去想,也都做出来了。我现在就不怕数学难题。

(该生满脸自信)

师:你把拼装的路子想出来,如果不动手去拼装,玩具汽车能不能自动装好?

生:(笑)想出办法来,还得动手干,小汽车才能拼装好。

师:同学们说得都太好了,你们真是一群爱思考的孩子。因为你们的思考,我们对故事才有了更深刻的认识。所以,在以后的学习和研究中,不仅要勤奋,还要学会思考。只要这样,我们就会不断进步。这堂课,我们明白了一个道理,要把事情做好,需要哪两个条件?

(多数学生在默默地想,有几个学生举手)

师:你说。

生:要干成事,要勤奋,又要思考。

师:大家看,这个故事说的是不是这个道理?

生:(多数)就是。

(课件显示:勤奋+思考=成功)

五、课外延伸

师:希望大家都能记住这个故事带给我们的启示。今后,我们不仅要埋头苦干,还要抬头看路,在干事的过程中,要多思考、多总结,这样我们才能更好地成长。

现在,大家把这节课总结的公式齐读三遍。

生:(齐读)勤奋+思考=成功

(洪亮、清脆)

师:今天的课就到这里,希望大家都能成为又勤奋、又会思考的人。

【评析】

学会思考,对个人成长至关重要。本次活动,通过引导学生带着问题听故事,议故事,让学生明白:要取得学业和事业成功,不仅需要勤奋,还需要思考;然后,引导学生用切身体会,深切说明"思考"的重要性;到此,水到渠成,总结出:勤奋+思考=成功。这节课结束时,齐读此六字公式,震撼心扉,加深记忆,从而让学生终身受益。

(作者单位:泗洪县城头实验学校)

案例3:"学会选择"活动实录与评析

(《爱智慧》校本教材高年级活动17)

执教:侯素艳　　记录、评析:魏永乐

活动目的

1. 通过活动让学生初步懂得:生活中有些时机不是永远存在的,一旦失去,永不再来;要抓住时机,及时选择。

2. 选择有对错之分,遇事要做出正确的选择。

活动准备

课件和相关实物。

活动过程

一、激趣导入

师:同学们爱听故事吗?

生:(齐)爱听。

(播放录音和画面:苏格拉底的学生们,穿过一片长满各种果子的果园,结果一只果子也没摘到,有的失望,有的懊悔,有的抱怨……)

(学生的目光中充满疑问)

师:你们知道是什么原因吗?

生:不知道。

生:(摇头)不知道。

师:你们想知道吗?

生:(齐)想。

(屏幕显示:17.选择)

师:学习这一课,就会知道其中的秘密。

二、阅读故事,感悟道理

1. 读故事

师:同学们,秘密就藏在这个故事里,仔细读课文,把这个小秘密找出来。

(屏幕显示:①苏格拉底的学生们为什么没有能摘到最大最好的果子?②你从这故事中得到什么启发?)

(学生专注地读故事,老师微笑着巡视)

2. 同桌交流

师:小秘密找出来没有?同桌两个同学交流一下。

(学生小声交流,还有争论;老师走入其中听)

3. 全班交流

师:同学们,自己找,同桌又交流了,这个秘密该找出来了吧。哪位同学说说看?

生:我觉得他们太想摘到最大最好的果子,总觉得好的还在前面呢。

生:他们贪心。

生:他们没有把握住机会。

……

师:从这个故事中你们得到了什么启发?

生:刚开始,他们发现了很好很大的果子,却没有摘,总想着前面还有更好的。

生:他们没能抓住眼前的机会,错失了一次次良机。

师:他们又是怎么想的呢?

生:想重新选择一次。

师:苏格拉底是怎么说的?

生:没有第二次选择,一旦错过就失去机会,人生就是这样。

师:从他的话中你又读懂了什么?

生:没有机会再选择了。

生:我认为苏格拉底的意思是要学生抓住眼前的机会,不要错失良机。

师:你体会很深刻。是啊,生活中我们追求更高的目标,追求最好的事物,都没错。但是,我们要懂得,时机不是永远存在的,也不一定后面还有,一旦失去,很可能就不会出现了,所以,眼前的机会要赶紧抓住,不能轻易放过。这样,才更容易取得

成功,也才是实实在在的。苏格拉底,告诉学生的人生真谛是:

(板书:抓住时机,及时选择)

(学生齐读三遍)

三、结合实例,学会选择

师:昨天老师看到了一个小故事,说故事中的小男孩记住了一个深刻的教训,到底是什么教训呢?请看——

(出示故事,学生读后谈感想和做法)

生:小男孩顾此失彼,失去了小麻雀。

生:小男孩应该先藏好小麻雀,防止被猫吃了。

师:你若是那个男孩你会怎么做呢?

生:我会直接把小麻雀带回家和妈妈商量,等喂养长大,它会飞了,再放生,妈妈一定会答应的。

生:我会放在奶奶家喂养,等小麻雀长大了,再把它放回大自然。

师:看来,你们的选择都是比较正确的,是的,学习和生活中遇到问题,要考虑选择那些合理的、有效的、安全的做法。

四、走近先贤,吸取智慧

师:东汉时期有个清官叫杨震,在他身上也发生过让世人传颂的事,我们一起看看是一件什么事。

(出示:《清官的选择》)

师:想一想,如果杨震收下了金子,将会产生什么后果?

生:杨震将会名声不保。

生:他自己也一定会难过的,因为丢了品格。

生:他可能会吃上官司,给自己带来大麻烦。

生:我从电视看到,不少贪官都坐大牢了。

师:是呀,人在金钱和利益面前要能经住考验,要做一个清清白白、干干净净的人。我们小学生,在生活和学习中也会遇到一些难以选择的问题,请你们谈谈,你又是怎么做的?结果如何?

生:一次,有位同学让我把作业给他抄,不然就不和我玩,还让别的同学也不和我玩。我没答应他,我悄悄请老师帮忙的。

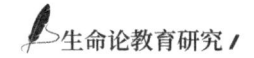

生：一天，和妈妈去超市，她说，你尝尝这种糖好吃不好吃，没人看见吃了没事。我没同意吃。因为超市里的东西是不能随便吃的。

师：你们做得很对。不好的事情，不管有没有人知道，都不能做。不管什么情况下，都要保持心灵的干净。杨震在金钱面前，选择了廉洁，舍去的是金钱，得到的是千古传诵的美名。

五、课后延伸

师：同学们，在我们生活中，选择无处不在，每次选择都会对我们的人生产生影响。通过今天的学习，希望你们今后遇到问题，要思考如何选择。

【评析】

在生活、学习和工作中，遇事如何做出正确的选择，需要智慧。如果是小事，选择错了，事情会办不成，或者遭受小挫折；如果是大事，选择错了，将会给人造成不可弥补的损失，甚至酿成灾祸。所以，引导学生遇事要思考，如何做出正确的选择，是很必要的。本活动，首先，激趣导入，通过读故事、找秘密，让学生懂得"学会及时选择，机不可失，时不再来"；接着，联系生活实际，引导学生学会做出正确的选择；最后，引导学生走近先贤，从清官的身上获得做人的大智慧。这节活动课，学习关于选择的智慧，会让学生终身受益。

（作者单位：泗洪县人民路小学）

案例4："巧攻技术难关"活动实录与评析

（《爱智慧》校本教材高年级活动 25）

执教：杨倩茹　　记录、点评：黄海红

活动目的

1. 引导学生懂得盲目跟从的害处。
2. 引导学生打开思路，培养学生思维灵性。

活动准备

相关故事课件和图片。

活动过程

一、激趣导入

师:同学们喜欢听故事吗?(喜欢)下面我们听一则故事。

(多媒体播放录音和画面:《毛毛虫的故事》)

毛毛虫有尾随的习惯。法国的科学家曾做过一个实验,让一些毛毛虫围着一个圆形的花盆边上爬,离花盆不远处放有食物。毛毛虫一个跟着一个爬了六七个小时,最后都又累又饿而死。设想:如果有一个毛毛虫破除尾随的习惯向其他方向爬行……

师:听了这个故事,你们有什么感想?

生:毛毛虫死得太惨了。

生:如果有一条毛毛虫向别处爬,就可以吃到食物了。

生:其他毛毛虫也朝别处爬,都不会饿死。

生:这种尾随的习惯,坏处很大。

……

师:说得好,个个小脑袋都聪明。我们人类也会遇到类似的问题。今天我们学习《爱智慧》第 25 课:巧攻技术难关。

二、读故事,议一议

1. 读故事,想一想

师:看故事思考:

(屏幕显示)

(1) 这家圆珠笔厂遇到了什么问题?专家为什么没有解决?

(2) 这个年轻工人是怎么解决问题的呢?

(学生边看边思考)

2. 议故事,启思路

师:同学们,读完这个故事后,就屏幕上的问题与同学交流。

(同桌交流,气氛热烈)

师:想不想把你们的收获与大家一起分享?

(指名说)

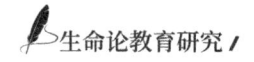

生:我知道了这是一家生产圆珠笔的企业,但因为圆珠笔笔芯里的"油"还没用完时,笔尖的"圆珠"就坏了,因此销量不是很好,这个厂长也很苦恼。

师:因为产品销售不好,这位厂长很苦恼,那接下来厂长是怎么做的呢?

生:他请专家来攻克技术难关,专家在改进圆珠质量上下功夫。

师:结果呢?

生:实验了很久,但是依然解决不了问题。

师:然而,一个年轻工人却轻松地解决了这个问题,他是怎么做的?

生:他建议把笔芯里的"油"减少一些,在等不到"圆珠"磨损时,笔油就用完了。

师:几位同学合作,讲清楚了整个事情的经过,那么请同学们想一想,一个专家都没能解决的难题,为什么被一个普通的年轻工人就解决了呢?

生:专家一味地考虑怎么改进圆珠,但是圆珠的质量没办法去改变,所以他失败了。

师:你分析了专家失败的原因,分析很独到。

生:年轻人没有按照改进圆珠的思路,他换了个角度,关注到了改笔油,就成功了。

师:同学们,这个故事多么有趣啊!这位年轻人换个角度思考,不仅轻而易举地解决了难题,还大大降低了生产成本。可见,面对生活中的难题,如果某一个办法总是解决不了,不妨换个角度去思考。

三、遇难题,找办法

1. 呈现难题

师:在日常生活和工作中,人们往往会遇到一些难题。一个猎人就遇到一个难题。

(课件呈现《怎样渡河》)

(学生读故事并思考)

2. 讨论交流

师:要想平安渡河,有点困难,你能为猎人想出解决的办法吗?

(同桌的同学先交流,再全班讨论)

师:同学们,作为猎人的你们,如何安全地把所有的东西带过河呢?

生：先把狼带过去，之后再把白菜带过去，最后再把羊带过去。

师：你反应很快，但是，你把狼带走的时候，羊就要吃你的白菜啦！这种办法不行啊！还有其他的办法吗？

生：先把羊带过去，这样狼不吃白菜，然后把狼运过去，最后再把白菜带过去。

师：你的思路有效地避免了白菜被羊吃掉，但是你最后回去带白菜的时候，羊就被狼吃掉啦。

(教室里静静的，同学们在默默想办法)

师：同学们，刚才的故事告诉我们要换个角度思考问题，同学们不妨换个角度想想办法。

(有同桌在讨论)

生：我有办法了，先把羊运过去，接着回来把白菜运过去，之后把羊带回去放在原来的地方，把狼带走，最后再回来把羊带过去。

师：哇，你很了不起，解决了这个难题。

生：我也有办法了，可以先把羊运过去，接着回来把狼运过去之后，再把羊带回，放到原来的地方，把白菜带走，最后再回来把羊带过去。

师：你很聪明，你想的办法也很好。

……

师：同学们各抒己见，换个角度思考问题，迸发了智慧火花，巧妙地解决了问题。

四、课后延伸

师：今天的活动证明，每个同学都很聪明。只要肯动脑思考，打开思路，一些难题就能解决。课后，思考：对鞋和伞这两样常用的物品，有哪些奇思妙想？

[课件呈现：

1. 鞋→雨鞋→(　　　)→(　　　)→(　　　)

2. 伞→折叠伞→(　　　)→(　　　)→(　　　)]

【评析】

思路决定出路。如果一个人的思路单一，解决问题的办法就少，反之，如果一个人的思路视野广阔，思维呈现出多维发散状，解决问题的办法就多。思路问题，实际是一个思维问题。本次活动，老师首先用毛毛虫的故事让学生懂得盲从的害处；接着，通过学生读故事、议故事，揭示年轻人"巧攻技术难关"的秘密——换一个角度思考问题；最后，引导学生遇难题，学会找

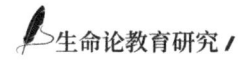

办法,培养学生的发散思维。这样的活动,有效地培养了学生的发散思维,让他们越学越聪明。

(作者单位:泗洪县人民路小学)

[以上"爱智慧"教育活动内容来自钱巨波和孟众主编的校本教材《爱智慧》(上下两册),该书由江苏教育出版社于2005年出版]

实验教师撰写的生命教育故事

故事1:生命的话题

故事撰写:杨红娟

"我再也不踩小草了"

"同学们,你们知道我们周围哪些物体是有生命的吗?"在三年级"热爱生命"活动课上我首先发问。"当然是我们人类喽!"一个叫陈元东的小男孩大声说。"除了我们人类,还有什么物体是有生命的呢?"我接着问。有的孩子在挠耳朵,有的孩子在冥思苦想。"老师,我想起来了,小白兔是有生命的。"胖乎乎的张继宽得意地说。"大象是有生命的。""狮子是有生命的。""鱼是有生命的。"……这下孩子们可打开了话匣子,七嘴八舌地说个不停。我趁机说:"对了,动物都是有生命的。"我用粉笔在黑板上写下了"动物"两个字。我又接着问下去:"除了动物是有生命的,还有什么是有生命的呢?""还有啊?"我从孩子们的脸上读出了疑问。"对,再好好想想。"我给孩子们鼓劲。"老师,不会说话的东西,也能有生命吗?"申琼奶声奶气地问。"也有啊!"我大声回答。"那小草也是有生命的吗?"她又问。"对,小草也有生命,你真聪明。"我适时给予鼓励。"老师,花儿也有生命。""大树也有生命。""庄稼也有生命。"……教室里又一次热闹起来。"对,植物也都是有生命的。"我又在黑板上写下了"植物"两个字。"既然植物、动物都有生命,我们该怎样对待它们呢?"孩子们面对我的提问又一次陷入了沉思。"老师,我觉得要关心它们。"又是活泼、聪明的张继宽活跃了气氛。"我们不能把小动物关在笼子里,它们会着急的。""我们不能把小动物杀了。""花不能随便摘,也不能把花枝折断。"孩子们说得很认真,也很动情。这时,我看见陈晨小朋友想举手,便说:"陈晨,你想说什么?""我,我没有。"她结结巴巴的,脸都红了。"嗯,没想好那你先坐下吧。"……一堂课很快就过去了。

下课了,我拿着书本向办公室走去,忽然发现,长着圆圆小脸的陈晨跟在我后面。"你有事吗?"我转身弯下腰问。"老师,我有事想告诉你。""好啊,你说吧。"我摸着她的头。"老师,小草有生命,那会被踩疼吗?""会啊,只是它不会出声。"听了我的话,孩子的眼里似乎闪过一丝忧伤。"老师,我以前不知道小草也有生命。星期天,我在草坪上跳绳,把它们都踩倒了,它们肯定在喊疼,可是我没听见。"我看着天真的孩子,心里好感动。"老师,以后我再也不踩小草了,它们还能原谅我吗?""当然会原谅你的,因为你是个诚实善良的孩子!""谢谢老师! 老师再见!"说完她一蹦一跳地跑走了。

望着她可爱的身影渐渐远去,我心中有一种说不出的欣慰。

"生命太美了"

周日,为了能让同学们真切地感受生命,我和我们三(9)班的孩子一起到公园观赏植物。

到了公园,孩子们都欢呼雀跃起来。我让他们自由组合,分组观赏,并要求在集合的时候把自己的体验说给大家听。

四十分钟后,同学们纷纷聚拢到一起,个个脸上洋溢着欢乐。"老师,我看到了迎春花,开着黄色的花朵,看得我都舍不得离开了!""老师,小草绿绿的、绒绒的,像地毯一样,真是太美了!""老师,柳树的枝条向下垂着,摆来摆去的,看起来挺悠闲的!""老师,桃花也开放了,像天上的片片红云!"还没等我开口,大家已迫不及待地说了起来。"大家说得很好,观察得特别仔细! 除了我们眼睛看到的,那在我们内心,有没有更深的感受呢?"听了我的话,大家安静了下来。"老师,当我看到迎春花开得那样旺盛,那样耀眼,我就觉得它的生命太好看了!"善于思考的李国庆说。"老师,我觉得小草也充满着生命的活力,当我看到一片绿色的时候,浑身都充满了力量!"陈正道说。"老师,我有一句话想说。"班长姜珊等大家都不说了,似乎想起了什么。"好啊。你说。""我觉得所有的生命都非常地美!"说完,她还两手一伸做了个动作。大家听了她的话,不由得鼓起掌来。

我也被孩子们激动的情绪感染了,觉得浑身都舒展开来,便和孩子们一同唱起了歌,跳起了舞。我深深地感到:生命太美了!

"发挥生命潜能,做一个成功的人"

在五年级的一堂"发现自己的生命潜能"活动课上,大家纷纷交流自己课前收集到的资料。"我知道了,人的潜能是巨大的,一般人只开发了自身潜能的十分之一。"

"如果人能够发挥一半的大脑功能，可以轻易学会40种语言，记住整本百科全书。"这些惊人的数据展现在大家眼前，不仅让同学们浑身来了劲，连我也对自己充满了信心。

"既然，一个人有这么巨大的潜能，你们平时有没有把自己的潜能充分发挥出来呢？"我不失时机地问。"我平时总感觉自己各个方面都不突出，对自己没有信心，所以学习也没有劲！"朱亚男说。"那现在我们就来找一找，看看自己在哪些方面的潜能还没有充分展示出来！"大家一边思考，一边在纸上写起来。"好了，我们来说一说吧。"等大家都想得差不多了，我提议。王晨昕第一个站起来："我觉得，我自己在舞蹈、朗读方面的潜能还没有充分展示出来，我觉得自己动作比较协调，有节奏感，语言发音也比较清楚、准确。""祝贺你，希望你今后能定好自己的发展计划，加倍地努力，争取有出色的表现。"我边说边走到她跟前，跟她握握手。李国庆说："老师，我的同桌说我做数学题脑子灵，可是，我每次考试成绩都在中等，我的数学潜能是不是没有发挥出来呢？""当然是喽，你应该感到高兴，同时也应该多努力。"我适时给予鼓励。"那我以后一定会在数学方面多下一点功夫。"李国庆信心十足。接下来，同学们越说越带劲，个个眼里都闪耀着自信的光芒。有的说自己想在数学方面多下功夫，有的说想把体育方面的潜能发挥出来。这时，不爱讲话的王凯站了起来："老师，我平时感到自己在各个方面都不行，现在我觉得自己也很聪明。我要刻苦学习，把成绩搞好，长大了做一个成功的人！"真是一语惊人，全班同学都自发地鼓起掌来。

这次活动后的一天早晨，我很早来到学校，远远看见操场上有个女孩手中捧着一本书，正在朗读着什么。走近一看，原来是王晨昕。我大声问："王晨昕，你在读什么？"她也大声回答："老师，我在练习普通话呢！我想当学校的广播员。"

是的，每个人身上都有一座巨大的金矿等待你去开发，只要你努力把自己的生命潜能开发出来，就一定能够在事业上取得成功，实现自己的人生价值。

【评析】

从三个故事中，我们真切感到，开展"热爱生命"教育活动，师生的生命意识发生的深刻变化。故事一：教师先引导学生懂得动物、植物都是有生命的，接着，让学生思考"该怎样对待它们？"听了同学的发言，"她"脸红了，下课后，向老师说曾踩过小草，并感同身受地体认小草在"喊疼"，表示"以后我再也不踩小草了"。有了这种体认，她就会珍爱他人和它类生命。故事二：周日，老师和学生一起到公园观赏植物，感受迎春花、柳树、小草……"充满着生命的活力"

"生命太美了",觉得"浑身都舒展开来",一同唱起了歌,跳起了舞。这种生命对生命的欣赏,把教育引入了审美境界。故事三:教师通过引导学生"发现自己的生命潜能"活动,让学生认识和了解自己身上的"潜能",从而增强发展信心,努力学习,更好地成长。当学生们说到了自己的"潜能","个个眼里都闪耀着自信的光芒",这是生命对生命的激扬,教育真谛——唤醒,在此刻发生了。

(作者单位:江苏省泗洪县教师进修学校附属小学)

故事2:生命教育使学生敢对教材说"不"

故事撰写:裴有军　陈启国

一、课上的风波

今天是三(1)班(校本课程"热爱生命"实验班)语文老师的公开课,伴着预备铃声,我和几位老师匆忙走进了教室。这节课上的是《争论的故事》(苏教版九年义务教育第六册第17课),主要内容说的是兄弟二人在村外看到一只大雁正在空中飞行,准备把它射下来美餐一顿,可是在吃的方式上发生了分歧,弟弟要煮着吃,哥哥要烤着吃。兄弟二人争论不休,就到村里请人评理。村中的人给他们想了一个办法:把捕获的大雁平均分开,一半煮着吃,一半烤着吃。兄弟二人听了村人的说法,来到村外准备射获大雁,可是大雁已经飞走了。故事最后揭示这样一个道理:无论干什么事首先要干起来,不能贻误时机,否则将一无所获。由于上公开课,老师准备得很充分,课文内容也很简单,所以课上得很顺利。

课进行到大半,大家都在为兄弟二人没吃到大雁而惋惜,都在责怪兄弟二人贻误了"战机"。忽然有一个学生说:"老师,幸亏兄弟二人错过了时机,要不就坏事了。"大家一惊,执教的老师也莫名其妙,随即问道:"为什么?"这名学生答道:"大雁是国家保护动物,怎么能逮住煮着吃,烤着吃呢?"正当执教的老师想说些什么的时候,又有学生也附和着说:"是的,老师,昨天活动课('热爱生命'活动课)上陈老师要我们尊重生命,热爱生命。大雁也是生命,不能残害它。"

一石激起千层浪,学生们兴奋了,听课老师也兴奋了。对呀,大雁是生命,大雁是国家保护动物,把大雁逮住吃了,不但是残害生命,而且是违反国家法律……听着这些热情、率直的议论,上课的老师茫然了,似乎在思考着什么,想说什么又没有说出来……随着下课铃声响起,一堂因节外生枝而搁浅的语文课就这样结束了。

二、课后的思考

1.《争论的故事》真的值得争论一下。 古时候,由于生产力低下,人们时常受到饥饿的威胁和野兽的侵害。那时,人们为了自己的生存捕杀一些动物是可以理解的。现代社会,人类的处境同古代相比已大相径庭了。人类凭借强大的科学技术力量创造了极大的物质财富,人们多已丰衣足食,但对大自然过度攫取,使人类赖以生存的地球的生态环境日益恶化,据世界《红皮书》统计,全世界每天有75个物种灭绝,每一小时就有3个物种被贴上死亡标签。因此,一些学者指出:人类若要避免经济上和生态上及价值偏向上的危害,就必须从人内心深处着手改变。我们应当培养学生要与大自然和睦相处的意识,要学会对其他生命的生存权利和生存空间的尊重。《争论的故事》一文中,肆意讨论要把大雁射下来煮着吃、烤着吃,同时,还启发读者要抓住时机射杀。这不是在引导学生残害野生动物吗?这篇短文虽然蕴含着一些哲理,但在强调"人与自然要和睦相处",保护野生动物已经立法的今天,它是否应该选入小学语文教材是值得思考的。

2. 教学应当是生命智慧的动态生成。 在实施新课程的过程中,教师是课程的创造者和开发者。我们在认识上要打破教材作为唯一课程资源的旧观念,教师要带领学生就教材中的一些内容进行修改、重建,要能从"教教材"向"用教材"方面转变。因为课堂教学不应该是教案剧的一次次彩排,而应该是动态生成的现场直播。如果教师有了这样的教学理念,当学生向我们质疑的时候,就不会手足无措了。就这一堂课而言,如果我们有了"尊重生命,爱护自然"的意识,有了动态生成的教学理念,当学生说出"大雁不能煮着吃,也不能烤着吃……"我们就会倍加赞赏,因为学生对教材陈旧观念的质疑,正是他们批判能力的生成。

【评析】

实验学校老师写的这个生命教育故事,分为两段:第一段写在语文课上,学生对课文内容提出质疑:"大雁是国家保护动物,怎么能逮住煮着吃,烤着吃呢?"可见,开展"热爱生命"教育活动,对培养学生"尊重生命,爱护生命"的意识和习惯具有显著成效;第二段,写故事的作者(听课老师)对此事的思考:一是在强调"人与自然要和睦相处",保护野生动物已经立法的今天,这篇文章是不应该选入小学语文教材的;二是分析这位执教老师如果有"尊重生命,爱护自然"的意识,有动态生成的教学理念,当学生质疑的时候,就不会手足无措。这个教育故事,和它显示的意义,正是叙事研究的价值所在。

(作者单位:江苏省泗洪县曹庙中心小学)

故事3:变化

故事撰写:王永梅　评析:王守建

开学第一周,我正在批改作业,一个学生跑来问我:"老师,您怎么不来给我们上'热爱生命'活动课呢?我们都想您了。"我一看,原来是林凯:一个曾让班主任头疼的学生。自从开设"生命教育"校本课程以来,班主任对他的评价就逐渐改变了,说他不去打游戏了,成绩也上升了不少,现在还有点迷恋"热爱生命"活动课呢!想到这,我对他笑笑说:"下午就去上。"

活动课上,我让同学们汇报一下假期里做了哪些有意义的事情。林凯急不可待地站起来说:"老师,我在假期里做了很多事情,但给我印象最深的是我救了一只小鸟。"他的小脸涨得通红:"有一天,弟弟不知从哪弄来一只小鸟,用绳子拴住它,还不停地赶着它飞,小鸟的腿都流血了,在痛苦地挣扎。当时我脑子里一下就闪过老师号召我们开展爱鸟行动的话,我好不容易说服了弟弟,我们把小鸟的伤养好后放归大自然。老师,您说我做得对吗?"我还没来得及说话,教室里已响起一片热烈的掌声。

"老师!老师!"又一个急切的声音在掌声中响起,是苏玮,一个爱花的小女孩,在她的手中经常会出现刚采摘的美丽花朵。自从上了《欣赏植物的生命美》课之后,悄悄地,她手中的花朵不见了。这回她要给大家说什么事呢?"老师,我家邻居出差了,他家门口有一盆花没人浇水,都快干死了。是我每天给它浇水,邻居回来时,花儿都开了。"她显得很自豪。下面又有很多小手在摇晃,想要发言。孙浩说他看到一位老大爷蹬三轮车上坡,他推了一把,老大爷很感谢他,他心里很高兴;李洋洋说他和几个小伙伴利用废旧电器制作了一个电动飞机,还带遥控呢,可以飞很远;徐乾说她补习了英语和数学,长大了也要当老师;许悦写了一首小诗,是赞美生命的,并且要求朗诵一下……那一刻,我震惊了,我的热血开始沸腾,一股暖流在我的心中回荡。这就是我们教育的成果!这就是生命教育活动课的结晶!

【评析】

一位教育家说,我们要培养学生"面对一丛野花而怦然心动的情怀"。爱,是善之根,德之源。当一个人对小鸟、小草的生命充满了关怀时,对于人的生命他能不尊重吗?由爱它类生命到他人生命,世界充满爱,我们的地球村就会更加美好!

(作者单位:江苏省泗洪县半城镇中心小学)

故事4:蚕儿的故事

故事撰写:胡 娟　　评析:周 伟

五月的一天,当我走进教室时,同学们异样的目光,不得不让我打量了自己几遍。

"怎么了,同学们?"

"徐晨旭带蚕来了!"

"张瑞也带的。"徐晨旭憋红了小脸,早已按捺不住自己的激动。

是啊!在我们学校的周围,有许多人家养蚕,可这些蚕儿都是蚕农们辛辛苦苦养出来,让它们吐丝结茧的啊!这些孩子们从哪儿弄来的蚕?莫不是……我感到问题的严重,便用稍带严厉的口气问道:"蚕呢?"教室里顿时鸦雀无声,好几个同学纷纷从桌洞里"提"出了蚕儿。呵!那一条条娇小可爱胖嘟嘟的蚕宝宝被他们安放在自己制作的纸篮子里,正蠕动着小身体,似乎在四处觅食,还有几个小纸篮子里被放上了几片桑叶。

"哪儿来的蚕?"

"老师,这些都是叔叔阿姨们不要的蚕。"

"它们是病蚕。"

"这些蚕儿是被叔叔阿姨们扔掉的呀!我们不把它们捡回来,它们会被饿死的!"

"是啊!会饿死的!"

"这些小生命我们要爱护啊!"

我看着班上同学们关切的目光,望着他们洋溢在脸上的童真,感受着他们对生命态度的悄然变化,心里很欣慰。

"可是,同学们,你们想过没有,你们把它们捡回来,怎样喂养?它们是病蚕,能活多长时间?"

我的问题,让同学们紧锁眉头。

"我知道,老师,我们家喂过蚕,不过这些蚕的病是很难好的,否则养蚕的叔叔阿姨是不会把它们扔掉的!"

全班一片哗然。教室里每位同学的目光都聚集在这些瘦弱的病蚕身上。

"可是,老师,它们现在不还活着吗?我们可以去找兽医治好它们呀!"

"对,对,对,我去采桑叶,保证饿不着它们。"徐晨旭激动地说。

"那我去找最好的兽医。"

"老师,您让我们养着它们吧,我们一定好好地对待它们!"这是小班长的声音。

这还需要我说什么呢?我相信这些小小的病蚕儿不管能活多长时间,它们都是世界上最幸福的蚕儿!

这天放学后,七八个同学忙开了,有的去找"医生",有的去摘桑叶,有的去为蚕儿"造房子"……一周以后,这些蚕儿长得又白又胖,惹人喜爱。

【评析】

故事先写学生把蚕儿带到教室,怕老师责怪;接着,通过师生对话交代了病蚕的来历和同学们对病蚕的怜爱之情;最后,在老师的引导下,同学们想方设法,不怕辛苦,治好了蚕儿的病,还把它们养得"又白又胖"。从这个故事中,我们欣喜地看到:一是学生的内心涌动着尊重生命、爱护生命的意念和情感;二是当学生热爱生命的意识转化为行为时,他们的精神境界也就得到了提升。

(作者单位:江苏省泗洪县魏营镇中心小学)

(以上4则生命教育故事节选自钱巨波和孟众主编的《热爱生命——小学生命教育实践与探索》一书,该书由江苏教育出版社于2005年出版)

小学生命化语文、数学课堂教学设计与实录

《杨氏之子》课堂教学设计（1课时）
（人教版小学语文五年级下册）

教学设计：阚乃顺

一、教学目标

1. 会写6个生字，会认3个生字。能正确读写文中词语。
2. 通过学习本文，让学生对文言文有一个初步的认识。
3. 有感情地朗读课文。背诵课文。
4. 能依据注释理解词句，了解课文内容，体会故事中孩子应对语言的奇妙。

二、教学重点、难点

重点：流利地读课文；使学生感受到故事中人物语言的风趣机智。
难点：理解古文的意思。

三、教学过程

（一）激趣导入（3分钟）

1. 故事引入

师：同学们，老师给你们带来一个小故事，想听吗？

播放录音：

传说乾隆皇帝想捉弄纪晓岚，问道："你知道什么是忠臣吗？"纪晓岚回答："君要臣死，臣不得不死；父要子亡，子不得不亡，这就叫忠臣。"乾隆笑笑说："我现在叫你去跳江。"纪晓岚听了，走向江边，不一会儿便气喘吁吁地跑回来了。乾隆问道："你干吗没死掉？"纪晓岚说："我来到江边遇到了屈原，他对我说：'纪晓岚你和我不一样。我遇到了一个昏君才投江的。你遇到的是明主，可不能死啊，你死了会给皇

带来骂名的!'"

课件显示:精当的语言可以使我们有效地和别人进行沟通,机智巧妙的语言可以使我们摆脱可能遇到的尴尬局面,幽默诙谐的语言可以愉悦我们的生活。

2. 揭示课题

今天,我们一起来感受课文中另一位主人公的语言魅力。不过,他的年龄比在座的同学们还小一点。他是——杨氏之子(他的名字叫杨修)。(出示课题)

(设计意图:课始,老师以生动有趣的故事导入,激起学生的好奇心和探究欲望,为后续的学习提供了心理基础。导入新课所选的故事和所学的新课都是关乎精妙的语言沟通的内容,这样,既唤起与新课相应的心理倾向,又为内化新知识准备了阅读经验。)

(二) 自学探究(10分钟)

师:本课是一篇"文言文",也叫古文,它是我国文化宝库中一笔巨大的财富。文言文的特点是精炼简洁,语义丰富。我们初次接触,会感到难懂。书读百遍,其义自见,再借助注释,我们都能读懂它,而且,你会感到它很有味,你会越来越喜欢它。接下来,同学们按自学导航学习这篇精美的古文。

按学习导航自学:

1. 试读课文:借助拼音把字音读正确,给把握不准读音的字做上记号。

(1) 读准加点字的字音。

梁国 聪慧 诣其父 乃呼儿出 应声答曰 家禽

(2) 给易写错的字找形近字。

梁 诣 曰 禽

(3) 给难理解的词释义。

诣:____ 乃:____ 设:____ 示:____ 曰:____ 夫子:____

2. 听录音范读,学会停顿,订正读错的字音和读破的句子。

梁国/杨氏子/九岁,甚聪惠。孔君平/诣/其父,父/不在,乃/呼儿出。为(wèi)/设果,果/有杨梅。孔/指以示儿/曰:"此/是君家果。"儿/应(yìng)声答曰:"未闻/孔雀/是夫子家/禽。"

要多读几遍,读通读顺课文。

3. 找注释、查字典、看插图、联内容,理解每一句话的意思。

4. 填空:本文选自南朝_____的《   》,该书是一部主要记载__

_____的小说集。课文讲了一个什么故事?

注意:不理解的地方记下来,交流的时候提出来。

(设计意图:阅读是人吸收"文化营养",滋养心灵,发展生命力的重要方式。阅读能力是在阅读实践中形成的。要把阅读的自主权还给学生,让他们扎扎实实地感知文本。小学生自学需要引导。自学导航,是学生学习的路线图,也是学习行动的拐杖和支撑。学生从自学导航里明确了学什么,怎么学,达到什么要求。这样,一步一步地自学,从而实现有效学习。自学得充分,有所思,有所悟,才能为下面对话交流做好准备。)

(三) 自由对话(10分钟)

过渡语:刚才,同学们自学很专心、很投入,一定收获满满。我看同学们个个都跃跃欲试,想把自己学习成果和大家交流分享。

1. 交流通读课文情况。

(1) 指名读,齐读,指导学生读通读熟课文。

(2) 评议读得如何:字音是否读准,句子是否读通,停顿是否正确。

(3) 哪些词语要突出强调(九岁、聪惠、杨梅、应声等词语要读好)。

2. 说说文章的主要内容。

文章的人物有哪些? 他们之间发生了一件什么事?

3. 结合注释,讨论理解句意。

(1) 读第一句话,相互交流了解到的信息有哪些,并理解"甚""惠"的意思。

围绕四大信息进行交流对话:人物、国别、年龄、特点。

(2) 读第二句话,说说:谁拜见谁? 发生了什么样的情况? 理解"诣""乃"。用自己的话说说这句话的意思,引导相互补充。"呼"可不可以换成"请",为什么?

(3) 读第三句话,交流对"为设果"中的"设"的理解。

教师点拨,激活思维:杨氏之子是胡乱地、随意地端出水果吗?

挑选好吃的、鲜美的水果,如——

把水果洗净,选漂亮的果盘

把水果摆放整齐有序

对话中理解"设"的用心、精心、真心和热心。

(4) 分角色读第四、五两句话。

孔指以示儿曰:"此是君家果。"

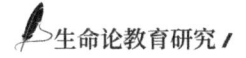

儿应(yìng)声答曰:"未闻孔雀是夫子家/禽。"

交流:

孔君平"指"什么?如何"指"(想象表情、眼神)?

"此是君家果",言外之意是什么?"君家果"中的"君"解释为"你家果"还是"杨家果"更合适?(孔是成人,对九岁孩童不必尊称,而对"杨家"最好用敬称,如"杨府""贵府"。联系文章上下文理解,为了"取乐"的效果,直接理解为"杨家"最好。)

"未闻"什么意思?"孔雀是夫子家禽"如何理解?

(设计意图:自由对话,就是教师引领学生且以平等的心态与学生一同走进文本,通过对语言文字的敲打来丰富体验、积淀语感、培养能力。在这个过程中,教师与学生之间有了整个人格的互动,这是追求师生之间视界的融洽、精神的相遇、理性的碰撞和情感的交流,是各自向对方的"精神敞开"和"彼此接纳"的过程。学生在整体感知文章内容的基础上,借助于注释,通过彼此的交流、启发、纠错、补充等方式,理解句意,并将"文言"活化为生活中的"言语"。教师的有效引领,让学生读进去、读深入,有所思、有所悟。)

(四)智慧舞台(10分钟)

师:同学们,又到上"智慧舞台"的时候了。比一比,看谁对课文理解得更深刻。

1. 出示展示题。

(1)杨氏之子的聪慧我来说。

(2)对话场景演一演。

(3)写作方法我赏析。

要求:以小组为单位,每小组选择一个展示题,合作演练后面向全班展示,可以在座位上,也可以登台展示。展示时要先介绍展示的话题。

2. 预展演练。

学生分组自选展示题,小组合作进行预展演练,教师巡视期间,适时点拨指导。

3. 登台展示。

(1)展示1:说"聪慧"。

①为设果,果有杨梅。

预设:年仅九岁,替父待客,落落大方,为客设果,热情礼貌。

②儿应声答曰:"未闻孔雀是夫子家禽。"

预设:针锋相对,善思考。孔君平拿他的姓开玩笑,说杨梅和他是一家。他也拿对方的姓回敬他:"孔雀是夫子家禽。"

反应敏捷,应声回答,是随口即答,既没有花费长时间思考,也没有支支吾吾。

礼貌婉转,表达巧妙。"未闻孔雀是夫子家禽。"未闻,就是没听说过。如果直接回答:"孔雀是夫子家禽。"言语太犀利,会让孔君平尴尬。

(2) 展示2:演一演。

小组登台,角色表演。

角色分配:旁白、杨氏之子、孔君平及随从。

点评内容:九岁孩童的天真、人物的语言、动作、表情以及随从的态度等。

(3) 展示3:写作方法解析。

对人物的描写主要从年龄、动作和语言三个方面进行。

4. 整体评价。

重点肯定学生的表现:积极性、想象能力、合作能力和创造性。

(设计意图:智慧舞台,呈现活力。"聪慧"是本篇文章的"文眼",此环节鼓励学生讨论课文中哪些地方具体表现杨氏之子的聪慧,并通过表演展示,使其对文章重点内容理解得更为深刻。除了对内容的深化理解之外,对文章的表达方法的习得同时兼顾,并没有因为学生初学文言文而忽略后者。整个展示过程,深化了学生对课文的理解,培养了学生的想象力和创造力。)

(五) 静思时空(5分钟)

1. 师:本节课,同学们人人开动脑筋,都是课堂上的小主人,表现十分聪慧。接下来,我们身体放松,静心而坐,回望一下我们的学习之旅。

提出"静思"的问题。屏幕呈现:

(1) 这堂课我学到了哪些知识?

(2) 为了理解文言文的句意,我们采用了哪些方法?

(3) 我在学习上有哪些地方需要改进的?

学生对照问题,逐一回忆、思考。

2. 交流"静思"的体会。

(设计意图:此环节,让学生静心而坐,回望学习之旅,这是在课堂结束前,学生反思和评价自己学习行为的活动。一方面,通过对"学了什么"的回顾,加强知识记忆,深化对文本的理解;另一方面,通过检视自己的学习过程和学法,从而能根据自己的学习情况改进自己的学习策略。这种静思,有助于发展思维能力,增强生命自觉。)

(六) 课堂小结(2分钟)

1. 师:(预设)汉语有着无穷的魅力,有"口吐金兰"的语言香气,有"妙笔生花"的语言表达,有"舌战群儒"的语言典故,语言的艺术可以给我们的生活增添许多乐趣,希望同学们在生活中注意学习精妙的语言,恰当地使用语言。

2. 作业超市:①背诵课文或把杨氏之子的故事给朋友与家人分享。②试读《世说新语》,了解更多的古代有趣的小故事。③搜集幽默故事,积极准备"幽默故事大赛"。

(作者单位:泗洪县兴洪双语实验小学)

"长方形和正方形的面积计算"课堂教学设计

(苏教版小学数学三年级下册第66～67页)

教学设计:刘桂芹

一、教学目标

1. 学生经历长方形和正方形面积公式的推导过程,理解并掌握长方形和正方形的面积公式,会用公式正确计算长方形和正方形的面积,解决相关实际问题。

2. 在推导长方形和正方形面积公式的过程中,培养学生观察、比较、分析、抽象、概括和推理的能力,进一步积累学习图形和几何的经验。

3. 学生在学习活动中,体会动手实践、自主探究、合作交流的价值,体验成功的愉悦心理,激发学生学习数学的兴趣,增强学好数学的信心,培养生命自觉和学习智慧。

二、教学重点、难点

重点:理解并掌握长方形和正方形的面积公式。

难点:探索长方形和正方形面积公式的发现过程。

三、教学准备

学生每人准备30个1平方厘米的正方形硬纸片。

四、教学过程

(一)激趣导入

(PPT 出示长方形游泳池)

师:同学们,你会游泳吗?

师:这是(某单位)游泳池。为保证池水的卫生安全,需要按每 10 平方米水面投放 1 克氯的标准进行消毒。这个游泳池水面面积有多大不知道。要知道投放多少克氯,就先要把游泳池水面面积测量出来。今天,我们就一起来学习测量的办法。

(板书课题:长方形和正方形的面积计算)

(设计意图:新课引入制造与原有知识的经验冲突,让学生产生探究的需要和学习的欲望。前面学生已经学习了面积的意义,知道可以用"面积单位"去测量平面图形的面积。现实中长方形游泳池的水面是无法用"面积单位"去测量的,而生活中又需要知道长方形水面的面积。因此,从生活中发现问题、提出问题,让学生带着问题兴致勃勃地走上长方形的面积探究之旅。)

(二)自学探究

(和学生商定自学时间,充分放手让学生自主完成三个例题的探究学习)

师(预设):同学们,想知道长方形游泳池的面积,看来用"面积单位"测量是行不通了。即便能测量,也麻烦,而且结果不精准。那么,实际生活中人们是怎样解决像测量游泳池面积这样一些问题的?有没有什么好方法可以直接计算呢?下面我们就先从几组长方形的面积开始研究。请大家先独立思考、自主探究。

1. 例 4:用几个 1 平方厘米的正方形摆出 3 个不同的长方形,把摆成的长方形的长、宽、所用正方形的个数以及面积填在表中。

活动要求:(1) 每个人独立操作。(2) 将结果记在表中观察比较。(3) 小组里相互交流你的发现。

2. 例 5:用 1 平方厘米的正方形量下面两个长方形的面积。

活动要求:(1) 用小正方形依次量出面积。(2) 记录测量的方法和结果。(3) 小组交流你的过程和方法。

3. 例 6:下面长方形的面积是多少平方分米?不"量",你能知道图形的面积吗?

活动要求:(1) 先自主尝试,思考。(2) 然后,小组交流。(3) 思维留痕,简要记录过程。

(设计意图:本环节充分放手,让学生"自学—探究",学生成为学习的主人,能激发学生求知欲,有效地培养学生主体精神和自学能力。教师巡视,深入各组,陪伴倾听,及时点拨。从一般方法走向关系探究,巧妙渗透长方形面积计算的简便算法,让面积的学习步步深入。在"探究"中有所感悟,生成悟性,才是探究的意义。)

(三) 自由对话

师(预设):刚才,同学们都全情投入研究长方形的面积计算方法,一定会有很大收获。现在,每小组推选一个代表上台来展示、交流研究成果。

学生上台依次展示例4、例5和例6的研究成果。

1. 交流例4。

(1) 师:①观察表格中的数据,你有什么发现?②拼成的长方形的面积与它所包含的小正方形的个数有什么关系?③拼成的长方形所包含的小正方形的个数与它的长、宽又有什么关系?

(2) 明确:拼成的长方形的面积等于它所包含的小正方形的个数;拼成的长方形所包含的小正方形的个数与它的长与宽的积相等。

2. 交流例5。

师:用1平方厘米的正方形量例5中两个长方形的面积,你有哪些方法?

预设:摆满、摆出一行和一列、推理。

明确:长方形的长是几厘米,每排就能摆几个。宽是几厘米,就能摆这样的几排。长乘宽算出一共摆了多少个1平方厘米的正方形,长方形面积就是多少平方厘米。

3. 交流例6。

师:这个长方形的面积是多少?你是怎样得到的?想象一下,沿着长方形的长边一排可以摆几个1平方厘米的小正方形?宽边呢?

预设:想象加推理。长是几、每行能摆几个?宽是几、能摆几行?长方形的面积等于每行个数乘行数,也就是长乘宽。

明确:知道了长,想象就知道每排能摆几个面积单位,知道了宽,就知道能摆这样的几排。长乘宽算出长方形中包含了多少个面积单位,长方形的面积就是多少。因此长方形的面积等于长乘宽。

4. 追问:要求长方形的面积,需要知道哪些条件?

5. 小结(预设):为了方便,人们常用字母表示长方形面积的计算公式 $S = a \times b$。正方形是特殊的长方形,所以正方形的面积公式是正方形的面积=边长×边长,

用字母表示是 $S = a \times a$。

(相机板书长方形、正方形面积公式)

长方形的面积计算公式没有直接告诉学生,公式的探索过程也不是直接揭示,而是在有序有层次的活动中逐步引导学生发现规律,交流自探感悟的收获,学生在相互交流对话、相互补充完善中自己归纳提炼得出长方形面积的计算公式,经历了整个公式的探索与形成过程。

(设计意图:这里的"对话",不同于传统教学中检查性、应答性的"对话",而是师与生、生与生作为自由自主的人投入学与教中的相互交流、分享与启发。学生全身心地沉浸式学习,"乐在其中,乐此不疲"。学生交流收获,可以是知识与技能层面,也可以是过程与方法层面,还可以是情感态度价值观层面。这样的交流收获更立体更丰富,也更具生命性。)

(四) 智慧舞台

1. 准备上"智慧舞台"。

师:同学们,又要准备上"智慧舞台"了。每人从"练习宝库"中任意选做4道题,也可以全做。你可以选择看图计算、画图、测量计算,也可以选择解决实际问题。谁做得又快又准,谁就能登上"智慧舞台"展示聪明才智。大家抓紧准备吧。

课件呈现"练习宝库":

(1) 计算下面各图形的周长。(图略)

(2) 量一量,算出教室里黑板的面积。

(3) 一张正方形桌子的边长是90厘米,现在要给这张方桌的面配上玻璃,至少需要多大面积的玻璃?

(4) 小明从一张长6分米、宽5分米的卡纸上剪下一个最大的正方形做风车,还剩多少平方分米的纸?

(5) 请在方格纸上画出面积为12平方厘米的平面图形。(方格图略)

(6) 先估一估下面平面图形的面积,再测量、计算。(图略)

(7) 学校农博园有一块长46米、宽20米的玉米试验田。如果每平方米收获玉米3千克,这块试验田一共收获玉米多少千克?

(8) 联系生活:你现在能解决课堂开头提出的问题吗?长方形游泳池的面积怎么测量?

2. 学生做练习,老师走进学生中观察。

3. 学生独立完成后自行检查,上讲台交流展示。

教师随机点拨,讲评。

(设计意图:这一环节,与传统课堂有两点不同:一是传统课堂此内容的教学步骤一般都是教师安排学生做练习,学生做练习是"被动地"完成任务,而这里做练习是鼓励学生登上"智慧舞台"展示聪明才智。二是传统课堂作业全体学生整齐划一,每个人没有选择的余地,因而也很难体现作业的自主性、层次性和创造性。本课设置"练习宝库",学生从8道题中任意选做4道,也可全做,解答方式也形式多样——看图计算、画图、测量计算或解决实际问题。学生可以自由选择题量和解答方式,"享受学习自由",变"要我做"为"我要做"。)

(五) 静思时空

1. 静思时空。

(1) 创设"静思"情境。

师:现在请大家安静下来,闭上眼睛,放松身体,静心而坐。

(2) 课件出示"静思"问题:

①这节课学习了什么内容?②我是怎样学的?在我的学习过程中还有哪些地方(方面)需要改进?③对于长方形和正方形的面积计算,我还有什么疑问?

预设:这节课学习了长方形和正方形的面积计算。先通过摆一摆,初步感知长方形面积与长、宽的关系;接着量一量,进一步感知长方形面积与长、宽的关系;最后通过想一想、算一算,揭示关系,归纳出长方形面积公式,再根据长方形面积公式推导出正方形面积公式。在知识技能、过程方法和情感态度三个方面都有很大的收获。这节课长方形、正方形面积的计算让我想到了以前学习的线段的测量。它们之间有区别,但是也有一定的联系。

(3) 进入"静思"时空。

学生对照"静思"问题,逐一回忆思考。

2. 交流"静思"收获。

(六) 课堂小结

1. 师(预设):同学们真了不起,通过这节课的学习有了这么多的收获。以往我们学习过长度的测量,今天学习了面积的计算,未来还将学习体积的计算。这三者之间有没有联系?学海无涯,探索无限。遨游在数学的海洋里,你一定会有更多的惊喜与发现!

2. 布置作业。

（设计意图：着眼整体沟通知识之间的联系，无论是长度的测量还是面积的计算，方法是相通的，都要遵循"定标准、去测量、得结果"这样的三部曲。让学生带着"问题"走向课外，为打通一维测量、二维测量和三维测量之间的壁垒打下基础，体现了"全局"观念和整体教学意识。

千金难买回头看。组织学生进入静思时空，这是作为学习主体立足于"自我"之外，检视、考察、评价自己学习行为的活动。这种对学习过程的回溯，是一种主动思考，其意义在于，一方面有助于巩固知识，加强记忆，深入理解知识；另一方面，通过对"怎样学"的回忆，反思学习过程、学习方法、学习体验和感受，从而改进和优化自己的学习过程及思维方法，培育了生命自觉，获得持续的"生长力"。）

（作者单位：泗洪县教师进修学校附属小学）

"解决问题的策略（从问题想起）"教学实录与评析

（苏教版小学三年级数学下册第27～29页）

执教：许 娟　评析：张亚坤

一、教学目标

1. 学生在解决问题的过程中初步学会从问题出发展开分析和思考，依据数量关系确定解决问题的思路。

2. 学生在解决问题过程中不断反思，感受策略价值，进一步发展观察、比较、分析和推理的能力。

3. 学生进一步积累解决问题的经验，增强解决问题的策略意识，获得解决问题的成功体验，提高学好数学的信心。

二、教学重点、难点

重点：感悟"从问题想起"策略的价值，积累用"从问题想起"策略解题的经验。

难点：学会从问题出发展开分析和思考，依据数量关系确定解决问题的思路。

三、教学准备

学习单、检测单、多媒体课件。

四、教学过程

(一) 问题导入

师:同学们,上学期我们学习了从条件想起解决问题的策略,你能用这个策略解决下面的问题吗?

出示复习题:

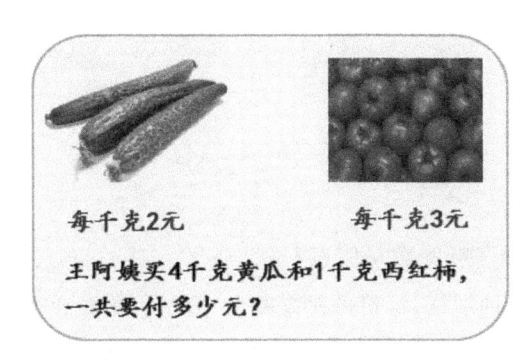

> 每千克2元　　每千克3元
> 王阿姨买4千克黄瓜和1千克西红柿,一共要付多少元?

生:$4×2+3×1=11$(元)

师:运用从条件想起的策略解决问题时,一般要经历哪些步骤呢?

生1:首先是读题理解题意,弄清数量关系。

生2:我还有补充,还要列式解答和回顾反思。

生3:理解题意、理清关系、列式解答、回顾反思。

(板书:理解题意　理清关系　列式解答　回顾反思)

师:说得真好!生活中是不是解决所有问题都要从条件想起?还有没有其他解决问题的策略呢?你想知道吗?

生(众):想!

生1:非常想!

师:好,今天这节课我们就一起继续研究解决问题的策略。

(板书课题:解决问题的策略)

(评析:从生活出发,选择学生熟悉的购物事件,选择合适的问题切入,自然而不突兀,联系生活实际提出问题也更容易激发学生的学习兴趣和探究欲望。教师通过创设一个真实问题情境,意在唤醒学生已有经验中"从条件出发思考"的策略。儿童天性好奇,爱探究,乐学习。课始,许老师引导学生带着浓浓的好奇心和强烈的求知欲热情洋溢地开启了本节新课学习之旅。)

(二)自学探究

1. 出示例题:

> ① 小明和爸爸带300元去运动服饰商店购物。
>
> 130元 148元 85元 16元 108元 24元
>
> 买一套运动服和一双运动鞋,最多剩下多少元?

师:从图中你知道了哪些数学信息?

生1:运动服有两种规格,标价分别是每套130元、每套148元。

生2:有两种运动鞋,标价分别为每双85元、每双108元。

生3:有两种帽子,标价分别为每顶16元和每顶24元。

师:观察仔细、说得完整。请根据下面的要求,自主尝试解决这个问题。

2. 出示活动要求。

(1) 看书自学,找出题中的已知条件和要求的问题,理解题意。

(2) 分析已知条件和要求的问题之间的关系,写出数量关系式。

(3) 先独立思考,弄清解题思路方法,尝试在本子上列式解答。

(4) 自学、自主探究的过程中可以和你的小伙伴进行讨论交流。

3. 学生自主尝试解决问题并在小组内交流研讨思路和方法。

(评析:传统课堂中,分分秒秒都是老师在控制。许老师把课堂还给学生,让学生自由看书、自主探究、和同伴交流。学生在课堂上充分展现出生命的"自由""自觉"样态,自主探究的热情很高:有的凝神静思,有的写写画画,有的热烈讨论……学生"沉浸其中",必会产生感悟。)

(三)自由对话

师:刚才,同学们研究解决问题的方法都很投入,一定会有很大收获。现在,大家来交流研究成果。

师:这道题告诉了我们哪些条件?要求的问题是什么?

生:这里有两种运动服,标价分别是每套130元、每套148元;有两种运动鞋,标价分别是每双 85 元、每双 108 元;有两种帽子,标价分别是每项 16 元、每项 24 元;问题是买一套运动服和一双运动鞋,最多剩下多少元。

师:解决这个问题,你觉得重点要思考什么?

生 1:理解"最多剩下多少元"是什么意思。

生 2:"最多剩下多少元"就是要用去的钱最少。

生 3:就是要买最便宜的运动服和运动鞋。

师:理解了问题,你能根据问题说出数量之间的关系,并确定先算什么吗?

生 1:一共的钱数 − 用去的钱数 = 剩下的钱数。

生 2:用去的钱数 = 一套运动服的钱数 + 一双运动鞋的钱数。

生 3:要先算一套运动服和一双运动鞋一共要多少元。

板书:

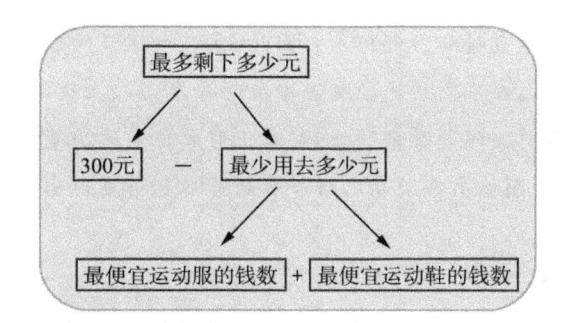

```
           最多剩下多少元
          ↙            ↘
       300元    −    最少用去多少元
                    ↙            ↘
        最便宜运动服的钱数  +  最便宜运动鞋的钱数
```

师:谁愿意展示一下你的解答过程?

生:130 + 85 = 215(元)

　　300 − 215 = 85(元)

答:最多剩下 85 元。

师:你能完整地把这道题的解题思路说给大家听一听吗?

生 1:先算一共用去多少元,再算剩下多少元。

生 2:先算最少用去多少元,再算最多剩下多少元。

生 3:先理解题意,再分析数量关系,最后根据数量关系列式解答。

师:一方面,因为剩下的钱等于带来的钱减去用去的钱,而用去的钱是未知的,所以要求剩下的钱,先要算出用去的钱;另一方面,要使剩下的钱尽可能多,就要选择价格最低的运动服和运动鞋。像这样从问题出发一步一步找到条件来解决问题,就是我们今天要研究的"从问题想起的策略"。

(板书:从问题想起)

(课件出示:如果买3顶帽子,付出100元,最少找回多少元?)

师:这道题,你们选择从条件想起还是从问题出发分析和解决问题?为什么?

生:从问题出发分析和解决问题更有效。

师:为什么?请说说你的想法。

生:从问题想起直指目标更有针对性。

师:怎样理解"最少找回多少元"呢?根据问题可以找到什么数量关系式?

生:要选择价钱最贵的帽子进行计算。数量关系式还是带来的钱减去用去的钱等于剩下的钱。

学生尝试解答后,全班集体交流。

(评析:本环节学生对话、交流,经历"理解题意—分析数量关系—列式解答—回顾反思"这个解决问题的过程,增强了对从问题出发思考的策略的体验。策略的形成不是直接告诉,不能直接从外部植入。因此,在这个环节的教学中,教师引导学生积极主动地参与对话,在不同层次的交流中彼此分享、启发,获得对策略内涵的认识与理解,感受策略给解决问题带来的便利,真正形成自觉运用策略的意识,提高解决实际问题的能力。框图板书将解题思路与解题策略直观呈现出来,有助于学生对知识的理解。)

(四) 智慧舞台

1. 师:同学们,又到登上"智慧舞台"展示聪明才智的时候了。每人可从"练习宝库"中自主选择做3~4题,也可以全做。可以说一说,写一写,画一画或做一做,自由选择用什么方式做。谁做得又快又准,谁就能登上"智慧舞台"展示你的成果。大家自由选择吧。

课件呈现"练习宝库":

(1) 根据问题说出数量关系,并说说缺少什么条件。

①梨树有4行,苹果树有60棵。梨树比苹果树少多少棵?

②学校合唱团男生有12人,合唱团男、女生一共多少人?

(2) 红星小学买了18袋乒乓球和9个篮球。如果每袋乒乓球10个,乒乓球的个数是篮球的多少倍?你能先列表整理再列式解答吗?

(3) 先根据问题选择合适的条件,再解答。(图略)

①1个茶壶和3个茶杯一共多少元?

②1个热水壶比3个茶杯多多少元?

(4) 三年级原有 80 盆花,1 班搬走了 18 盆,2 班搬走的比 1 班多 7 盆。两个班一共搬走多少盆?还剩多少盆没有搬?

(5) 红星剧院观众席有上、下两层。楼上有 9 排,每排 25 个座位。楼下有 540 个座位。楼上比楼下少多少个座位?

(6) 一本故事书 200 页,小红每天看 15~20 页。小红看了 6 天后,最少还剩多少页没看?

2. 学生独立完成后,自行检查。

3. 学生上讲台展示交流做题成果,同学点评;教师随机点拨,最后教师集体讲评。

(评析:这一环节,与传统课堂有三点不同:一是传统课堂此内容的教学步骤是教师布置学生做练习题,以巩固知识,学生做练习是"被动的"完成作业,因此,做练习往往不够积极主动;而这里(做练习)是教师鼓励学生登上"智慧舞台"展示才智,有助于激发学生做练习的热情。二是传统课堂作业全体学生都"一个样",学生没有选择的余地;而这里,学生自由选择做题量和做题方式。学生"享受学习自由",有助于发挥学生学习的主动性和创造性。三是教师不是清一色地提供从"问题"出发分析和解决问题,而是让学生独立思考并选择从条件出发思考还是从问题出发思考,从而,在辨析中增强学生自觉运用恰当策略的意识。)

(五) 静思时空

1. 静思时空。

(教师发出指令,学生对照问题,逐一静思,静思后交流)

(1) 课件出示静思的问题:

①这节课,我学习了什么内容?

②我是怎样学的?哪些地方需要改进?

③我还有什么疑问?

(2) 进入静思时空

师:现在,请大家闭上眼睛,慢慢身体放松,进入静思时空。对照问题,想一想。静思 2 分钟。

2. 全班交流。

师:这节课学习了什么内容?

生:从问题想起的策略。

师：你是怎样学的？运用这一策略解决问题的关键是什么？

生1：我是这样学的，先读题分析题意，然后思考数量关系，自主尝试解答，最后梳理回顾从问题想起的策略方法。运用从问题出发分析和解决问题的策略关键是根据问题想数量关系式，然后确定先算什么再算什么。

生2：我先自学，然后小组同学交流，最后全班集体大讨论，大家相互研讨相互补充完善，最后形成统一意见。

师：在解决问题的过程中，你有什么体会？

生1：解决实际问题，既可从条件想起，也可以从问题出发分析和解决问题。

生2：从问题想起和从条件想起一样，都是一种常用的解题策略，要根据问题实际选择合适的策略。

生3：我感觉这节课学得轻松愉快有成就感。数学不难，我对学好数学充满信心！

……

师：学习过程中还有哪些地方需要改进？

生1：课上由于我的心没完全静下来，没全部进到学习中来，所以对从问题出发解决问题策略模糊不清，感受不深，体验也不深刻。以后要收心。

师：这节课，你还有什么疑问？

生1：从条件想起和从问题想起有什么区别？什么时候从条件想起，什么时候从问题想起，有没有什么判断技巧？

生2：上学期学的从条件出发和这节课的从问题想起有联系吗？

师：……

3. 小结全课，布置作业。

（评析：当今课堂热热闹闹，欢腾有余，安静不足，人心浮躁，急功近利。浮于表面的荣华不能让思维向纵深处漫溯，导致课堂效率低下。静思是学生内化策略、积累经验的重要途径，也是培养学生解决问题能力的重要环节。静思的时候，是学习者自主进行知识内化、建构的最佳时机。许老师在学生自探感悟、自由对话、展示收获活动之后，安排了"静思"环节。通过"静思"，引领学生及时回忆、梳理本课学习内容，有助于深化对新学知识的理解和记忆，还通过对自己学习过程的检视，评价自己的学习过程，从而改进自己的学习方法。"静思"收到了很好的效果。学生都在默默思考，教室里静悄悄的，似乎满教室都闪耀着思维的火花。）

附板书设计:

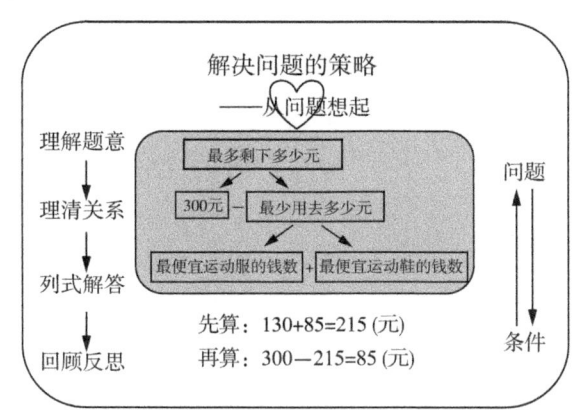

```
               解决问题的策略
                ——从问题想起

理解题意      ┌─────────────────────────┐
    ↓         │      最多剩下多少元       │         问题
理清关系      │    ↙         ↘          │          ↑
    ↓         │ 300元 — 最少用去多少元    │          ↓
列式解答      │       ↙         ↘       │         条件
    ↓         │ 最便宜运动服的钱数 + 最便宜运动鞋的钱数 │
回顾反思      └─────────────────────────┘

          先算:130+85=215(元)
          再算:300—215=85(元)
```

【总评】

　　这课堂,许老师以"问题"驱动,引导学生自探感悟、自由对话、展示学习成果,在问题解决过程中,引领学生的思维向更深处漫溯。

　　第一步,从生活出发,选择学生熟悉的购物事件,提出问题,引导学生带着浓浓的好奇心和强烈的求知欲开启了本次新课学习之旅;第二步,让学生看书自学、自主探究或与同伴交流,学生在课堂上充分展现出生命的"自由""自觉"样态,自主探究的热情很高;第三步,教师通过创设学生熟悉的购物情境,引导学生交流分享自探的收获,获得对策略内涵的认识与理解,感受策略给解决问题带来的便利;第四步,教师鼓励学生(做练习)登上"智慧舞台"展示学习成果,有助于激发学生做练习的热情,让学生自由选择做题量和做题方式,学生"享受学习自由",有助于培养主体精神和发展个性;第五步,引导学生进入"静思时空"。通过"静思",一方面巩固知识,加强记忆,深化对知识的理解,另一方面,通过对"怎样学"的回忆,检视自己的学习过程,从而能根据自己的情况改进自己的学习策略,生成学习智慧。这是心理学元认知理论的活用。

(作者单位:泗洪县第一实验学校)

学校管理研究 第二辑

学校管理审美化简论

一

马克思认为,美是人的本质力量的对象化,是人类主体性社会实践的创造物。爱美和创造美是人的本质之一,人类总是按照美的规律塑造着历史。以培养新一代为根本任务的学校管理,应该是集劳动美、生活美、道德美、科学美、艺术美及创造美于一身的社会实践活动。可见,学校管理审美化是人类社会发展本质的和时代的要求。

学校管理审美化是社会主义学校实现管理目标的需要。学校管理的根本任务是培养德、智、体全面发展的社会主义建设者和接班人。要完成好这一根本任务,按照美的规律管理学校无疑既十分必要又非常重要。学校管理者应该按照美的规律实施美的蓝图,用自己的管理活动给学校带来美,把学校建成"学园、花园、乐园",使学校闪烁真理的光辉,倡导最崇高的道德风范,使学校成为真善美统一的"人道、善良和真理的圣地",促使学生全面和谐地发展。

学校管理审美化是一种有效的管理途径(或手段)和最佳的管理状态(或境界)。学校管理成功与否关键在于能否充分激发人的积极性和创造性。那么该如何发挥人的积极性和创造性呢?学校管理者可以依据人们普遍具有的爱美心理,运用各种有效手段,启发教职工去追求美、创造美。我们看到,许多学校运用目标和成就激励教职工奋发努力,做好工作。这些学校的教职工从一批又一批合格的毕业生身上和他们对社会主义两个文明建设的贡献中看到自己的创造精神、科研成果和力量,并由此产生莫大的成就感、愉悦感和工作动力。苏霍姆林斯基说:"领导学校工作的秘诀之一,就在于唤起教师探索和分析自己工作的兴趣。"这对我们无疑是很宝贵的启示。我们发现,凡是管理得好的学校,学校领导都非常重视发挥审美因素在管理活动中的作用,如优化育人环境、提高领导艺术、重视开展艺术教育活动等等。

学校管理者追求管理的审美化,在提高管理效能的同时又"按照美的规律"塑造着自己,使自己日臻完善,这又反作用于教育管理实践,两者形成相互作用的良性循环,使学校管理水平不断向高层次发展。

二

学校管理审美化是学校管理者运用学校管理规律和美学规律,建立一定的机制,充分发挥管理活动中审美因素的作用,有目的地建构被管理者的审美心理结构,以有效地达到管理目标的过程,也是一种良好的管理状态。它是由管理者、审美媒介、被管理者三个要素组成的动态结构。

学校管理者是学校管理审美化中的主导性和关键性因素。管理者有目的有计划地创设、选择、运用审美媒介,组织、引导被管理者参加审美活动,从而完成学校的管理目标,因而管理者是学校审美性管理中最活跃的主导性因素,决定着学校管理审美化的规模、层次和成效。学校管理者必须具有较高的美学修养,学校管理学、教育学、心理学的素养;具有健康的审美观念、审美趣味、审美理想,才能承担起学校管理审美化的责任,实现学校管理的审美化。

被管理者是学校管理审美化中的主体性因素。充分发挥被管理者的主体作用,提高其审美水平,是学校管理者的重要任务。由于学校中的人具有多层性和角色变换性,因此,学校管理中的审美关系也是多层的和变换着的。学校管理者审美管理的重点是教职工,落脚点是学生;教师审美管理的重点是学生。所以,管理者要根据审美主体的特点,一方面要运用"爱美之心,人皆有之"的规律,注意激发审美主体的内驱力和自觉性;另一方面还要按照审美规律,因人而异进行管理。

审美媒介,即包括生活美、自然美、艺术美的事物、作品等。它们是管理者和被管理者的中介环节,是管理者进行审美管理的手段和工具,在学校管理审美化中占有重要地位。首先,离开审美媒介,管理者便无法进行审美管理,更谈不上管理审美化;其次,审美媒介的优劣及其运用水平直接影响着审美管理的效果。因此,必须特别重视审美媒介的创设、选择运用、变换和调整,充分发挥其作用。审美媒介要具有健康性、新颖性、时代性和针对性。

还要看到,学校管理活动是人类社会实践活动的一个子系统,它既具有相对独立性,又受社会影响和制约,同社会不断交换信息,因此它又是一个开放式系统结构。所以学校管理审美化,不能忽视社会因素的作用。

三

学校管理审美化不同于学校管理科学化、程序化和规范化，它主要反映学校管理中的审美规律，因此它具有以下五个特征。

导向崇高性。实现学校管理的审美化，将会使被管理者在审美观照中潜移默化地接受某些生活真理的启发和教育，陶冶性情，开发智力，培养意志，提高审美水平；超脱个体的功利性和低俗性，"从精神上激发人类向上，进步"。因此，学校管理审美化具有导向的崇高性。

形象审美性。作为实施审美管理的工具，审美媒介大部分是以具体可感的形象方式而存在的。如校园美、榜样美、艺术美，无不具有形象直觉性。共产主义战士雷锋、少年英雄赖宁等等，这些光彩照人的崇高形象都是学校审美性管理的重要内容。离开了美的形象，便无法实现管理的审美化。

心境愉悦性。美感心理的重要特征，就是审美对象凭借所提供的信息，创造出一种令人赏心悦目的心境，表现为一种愉悦的情感体验。学校管理者正是运用审美愉悦性的规律，寓管于美，寓管于乐，使学校生活丰富多彩、充满欢快的气息，从而实现管理目的。这种管理状态，达到了既管理又无管理的痕迹的境界。

情理交融性。审美情感是渗透着理性的超个人欲念和功利的情感。学校管理者按照美的规律管理学校，总是以美感人、以情动人。这种动之以情的管理，深切真挚，往往收到"精诚所至，金石为开"之效。

影响深远性。审美性管理以形象唤起被管理者情感，在其脑中留下深刻的印象，即使时过境迁，一旦触发便又动人心弦，终生难忘，从而时常激励人求真、求善、求美。

四

实现学校管理审美化是管理者的重要任务之一。要完成这个任务，管理者在管理活动中必须遵循以下原则。

第一，定向性与多样性相统一。学校管理审美化要求管理者按照一定时代的审美理想、审美追求，有目的有计划地借助一定的审美媒介，影响被管理者，以达到预定的管理目标。学校管理的审美媒介是无限多样的，被管理者的审美个性也是千差万别的，因此，学校管理审美化要求在内容健康的前提下，多方面、多层次、多形式地给予被管理者以美的影响。

第二，形式与内容相统一。美感的形象直觉性是审美认识区别于其他认识形式的特点之一。审美性管理是以审美对象的感性形象作为工具的,所以管理者要运用美的形象来教育、启发被管理者。如果忽视美的基本特征"形象性",不采用生动可观的美的形式,而是用干巴巴的说教抽象地去谈美的事物,就不可能使被管理者产生应有的审美感受。

但美的事物应该是健康的内容与完善的形式的高度统一。学校管理者在管理活动中,要选择健康的内容、创设完备的形式作为审美媒介,对教职工和学生施加审美影响,使他们具有远大的理想、追求高尚的精神生活、达到心灵美与外表美的统一。

第三,愉悦性与真理性相统一。美感具有愉悦性的心理特征。从审美活动的总体上看,美感的产生始终伴随着愉悦性。人们在审美欣赏时,常常在审美愉悦中自我超越和不断完善。美感的愉悦性又有其真理性的内核。美以真为基础,以善为前提,美是"真与善、合规律性、合目的性的统一"。美的欣赏和美的创造同真与善具有不可分割的联系。正因为如此,学校管理者要运用审美愉悦性的规律,寓管、寓教于美、于乐,使被管理者在美的享受中向真向善。

第四,渐进性与差异性相统一。从被管理者个体和整体的成长来看,审美感受能力、审美鉴赏能力、审美创造能力都是一个由低到高的发展过程,所以管理者不能企求一下子使被管理者达到相当高的审美境界,而要循序渐进,一步步培养。学校管理者在注意到人的审美心理发展的渐进性的同时,还要注意审美心理的差异性。人的审美对象即审美客体,就其存在形式来看,几乎遍及人类社会实践活动的各个方面和全过程,这就构成了审美对象的广泛性和多样性。作为审美主体的人,不同的年龄阶段表现出不同的审美特征,同一年龄阶段也表现出千差万别的审美个性。因此,学校管理者应根据不同的被管理者的审美个性,选取不同的审美媒介去对其施加审美影响,做到因人而异,才能收到预想的效果。

五

实现学校管理审美化要重视以下几个方面:

管理目标审美化。从事管理工作,首先应确立科学的近期、中期、长期的管理目标。社会主义学校的管理目标,要体现社会主义的审美观念和共产主义审美理想。当前要站在面向现代化、面向世界、面向未来的高度,从我国经济建设和社会发展需要出发,确立培养社会主义合格的建设者和接班人的学校管理的根本目标。

管理过程审美化。首先,要制订一个比较完美的学校工作计划。在计划中要充分体现学校管理的审美追求和具体可行的措施;其次,积极热情地组织实施。要明确要求,精心安排,激励士气,创造一个良好的实施氛围;再次,要按照美的规律抓好组织与检查,使工作检查有科学的态度,民主的作风;第四,总结要有审美追求。要对一个阶段的工作进行审美性分析与评价,提出下个周期的努力方向。如此,周而复始,不断循环,逐步提高学校审美性管理水平。

管理内容审美化。学校各方面的管理内容都要符合审美规律和原则,充分挖掘各方面的审美因素。学校管理内容要求达到正确的思想性、严密的科学性与高度的艺术性的辩证统一,即真善美的统一。

管理方法审美化。富有成效的创造性的管理方法是一种艺术,具有审美特征。学校管理工作主要是面对脑力劳动者教师和正在成长中的青少年学生,具有极大的复杂性和多变性,所以学校管理工作特别要讲究工作方法,尤其要注意刚柔相济、张弛结合、疏密有致、动静相宜,才能收到事半功倍之效。

管理环境审美化。环境具有重要的育人功能,必须不断优化、美化育人环境。一是美化学校自然环境,校内建筑物除应符合卫生要求外,还要具备造型美和色彩美,教学、生活场所要布置得美观大方,积极健康,给人以美的享受;二是美化学校人际环境。学校人际关系要健康和谐,洋溢着社会主义的人情美、人性美,特别是学校管理者和教育者要具有人格美,师生关系要民主和谐;三是美化校园文化。主要指学校要开展各种积极健康、丰富多彩、形式多样的文化活动;四是美化社会环境。要端正社会风气,建立社区教育网络,形成学校、家庭、社会齐抓共管的教育新局面,为新一代的成长创造一个良好的社会环境。

(本文发表于《江苏教育研究》1993年第5期;中国人民大学复印报刊资料《中小学学校管理》1994年第1期索引;1994年获淮阴市第三次哲学社会科学优秀成果二等奖)

活动课程简论

一、活动课程的功能

义务教育课程计划把"活动"纳入课程体系,改变了以往单一学科体系的课程设置,使课程设置更为合理优化,有利于培养目标的落实,要富有成效地实施新课程计划,必须对活动课程的教育功能有比较明晰的认识。

1. 对活动课程功能认识的历史考察

早在古代,"活动"在教育中的作用就引起了很多教育家的重视。二千多年前我国《学记》就明确提出学习要"藏焉,修焉,息焉,游焉";孔子主张知行统一,学、思、行结合;王充认为知识来源于感官见闻,要"凡论事者,违实不引效验,则虽甘义繁说,众不见信"(《论衡·知实篇》);王夫之指出"行可兼知,而知不可兼行",知与行"相资以互用",各有各的功用,不能混一,不能替代,因此应"知行并进"[1]。近现代有许多教育家对活动课的功能用自己的实践进行了大胆的探索。美国教育家杜威强烈反对传统教育所使用的以既有知识为中心的教材和由这种教材所组成的学科课程,提出"活动课程"的概念,认为"学校科目相互联系的真正中心"应是儿童本身的"活动"[2],只有通过活动课程获得经验,才能克服学科课程那种分科教学的弊端,使儿童获得认识世界的完整图像,更好地适应社会生活。我国教育家蔡元培"五育并举"的主张,陶行知先生的"生活教育论"等都从不同角度和不同层面对"活动课程"的功能进行了研究和实践。这些,为活动课程的建立奠定了理论和实践基础。

2. 关于活动课程功能的不同观点

随着国际课程改革的大势和国内教育改革的深化,近年来我国教育界对活动课程的研究气氛热烈,异彩纷呈。因为现代课程结构趋向于二元化,所以要认识活动课程功能必须研究学科课程和活动课程的各自功能及其关系。此项研究,归纳起来,大致有以下几种观点:一是主次说。持此种观点者认为,以学科课程为主,活动课程为辅,活动课程是学科课程的延续和补充。二是并重说。此种观点认为,活动课程与学科课程无主次之分,轻重之分,并尖锐地指出了当前教学内容、教学形式和教学方法等方面严重脱离实际的倾向,充分肯定了活动课程的教育功能。三是分工说。持这种观点的人认为,学科课程"为全面发展打基础,活动课程发挥特长育人才"。上述几说都有其合理因素,即都能认识到活动课程在教育中的意义,但都有其偏颇。"主次说"强调学科课程的作用是正确的,但对活动课程的功能认识不足,其认识仍然在传统教育观念的"高墙"内徘徊。"并重说"和"分工说"充分肯定了"活动"在教育中的地位和作用,但缺少对课程的整体把握,对学科课程与活动课程的各自功能与联系的认识都有其偏颇之处。

笔者认为,活动是课程的重要组成部分,它在实施全面发展的教育中同学科课程相辅相成。两类课程在时间上分量上有多少之分,在功能上无主次之分,二者缺一不可。可从以下几方面认识二者的功能及关系:第一,活动课程可以是学科课程的延续和补充,即将学科课程中学到的知识运用到实践中去,但这种延续和补充又是学科课程所无法完成的。第二,活动课程是学生独立的学习知识和运用知识的实践活动,获得的是直接经验。学生运用知识,既可以是,但又不仅是学科课程中学到的,也可以是活动中学到的。更为显著的区别在于,学科课程中学生学的是间接经验,而活动课程中学到的多为直接经验。第三,活动课程主要是学生的自主活动,具有个性化的特征。学科课程的组织形式是班级授课制,主要体现为教学内容的同一性和教学活动一致性。而在活动课程中,教师的作用体现为指导性和服务性,学习内容与学习方式存在很大的差异性,学习过程表现出学生的自主性。第四,学科课程与活动课是相辅相成、相得益彰的关系。学科课程学好了,为活动奠定了知识基础和提供认知能力的准备,有助于"活动"的开展和深入;而在活动中获得直接经验(也有间接经验),丰富了感性认识,提高了认识能力和实践操作能力,发展了个性特长,对学习学科课程具有重要的推动作用。

3. 活动课程教育功能的理论依据。

首先,从认识论的角度来看,活动课程反映了人的完整的认识过程。在活动课程中,学生主动地进行实践活动,由不知到知,由知转化为用,"实践—认识—再实践—再认识",这符合认识事物的基本规律。正因为如此,学生通过活动,不仅掌握了基本知识和基本技能,还培养了发现问题、分析问题和解决问题的能力。

其次,从心理学的规律来看,"活动"对于人的能力和性格的形成具有十分重要的作用。人们经常从事不同的活动,在活动中形成和发展了不同的能力。许多专门能力的形成,就明显地说明了这个问题,比如经常从事绘画活动的学生绘画能力就强。人的个性的发展不是遗传素质的自我成熟,它是儿童受家庭和社会潜移默化的影响,受学校教育的熏陶以及在个人实践活动中逐渐塑造而成的。心理学的研究成果表明,人的素质包括能力、性格的形成是一个内化和外化的过程。这个过程是在实践活动中完成的。一个人通过自己的动作和产品,把自己的心理外化,别人通过使用这个人的产品,而把其中凝结的这个人的心理内化。文化的传递,社会对个人心理的影响,个人对社会的反作用(能动性),都是通过外化和内化来实现的。皮亚杰提出的内化由具体操作向脑操作转化的观点、维果斯基的活动与意识统一的活动理论等,为活动课程提供了心理学的依据。

二、活动课程的特点

活动课程从其内容和形式看,有以下几个显著特点。

1. 实践性

这是活动课程最显著的特点,也是活动课程的本质特征。可以从三个方面来看。其一,就思想品德教育来看,活动课程侧重于行。学科课程中的思想品德课和政治课,偏重于思想观念的教育,讲得多,做得少,知行脱节;而活动课程中的班级活动、社会实践活动、校园传统活动等,做到知情意行相辅相成,使学生和谐发展。其二,从理论和实践的关系来看,活动课程侧重于用。学科课程重知识的传授,轻知识的运用,造成学生知识学得死,运用差,高分低能;活动课程可使学生通过独立的活动,动脑、动口、动手,广泛地跨学科地运用知识,使间接经验与直接经验密切结合起来,提高认识能力和操作能力。其三,就学生的社会交往来看,活动课程引导学生到实际中去锻炼。学科课程局限于教材的范围,而活动课程引导学生走向生活,走向社会,参加社会实践活动,有助于培养学生的社会实践能力和组织协作能力。

2. 开放性

以班级授课制为主要形式的学科课程从书本到书本,从书本到作业,具有明显的封闭性。现代社会本身是一个巨大的开放系统,教育要培养新时期所需要的人才,就必须实施与之相适应的开放式教学,而学科课程教学内容和形式的封闭性无法与之相适应。活动课程的开放性教学结构表现在三个方面:第一,活动课程拓展了学生所学知识的广度和深度,学生在活动中广泛地接触自己所喜爱的学科,不囿于学科课程所学;在兴趣的驱动下,学生孜孜以求,加深了知识的深度。第二,活动课程可以促进学科与学科之间的联系,使学生把不同学科的相关知识融会贯通,在头脑中形成更概括、更高级的知识信息,从而优化了知识结构。第三,活动课程把学校教育和社会活动紧密联系起来,引导学生了解社会、认识社会,获取最新信息,培养自己适应社会、改造社会的能力。

3. 自主性

学科课程是"以课堂为中心,教材为中心,教师为主导"的教学体系,学生的自主活动受到限制;而活动课程则充分发展学生的主动性、独立性和创造性,使他们根据自己的兴趣、爱好和知识经验进行自主的活动,进行自我教育,从而发展特长,培养个性。在活动课程中大多数活动应由学生自愿参加,自己选择活动内容和方式,自己组织,独立完成,教师的作用在于指导、咨询和服务。当然活动课程的自主性也应有一定的范围,如校、队、班等集体活动,既要求集体性和一致性,又应充分发挥学生的自主性,让学生自己组织活动。

4. 多样性

活动课程的开放性、自主性决定其内容和形式的丰富多样性。多样性的特点表现为:第一,多层次。就活动形式可分个人、小组、班、校等层次。个人的活动如文娱、体育、图书阅览、小制作等;小组活动如兴趣小组、科技小组、文娱小组、参观小组,还有班、队、校的集体活动等。就活动的内容而言,个体和集体的活动又有其不同的深度和广度。第二,多渠道。活动课程以整个社会为背景,开展活动的渠道是很多的,从大的方面看主要分为学校、家庭、社会三条渠道。三者有机结合,互相协调,构成了信息影响的全方位状态。第三,多形式。活动课程可根据具体情况,灵活机动地开展各种形式的活动,如学科兴趣小组、竞赛、公益活动、文体活动、参观访问等。再如,可以请劳模、英雄人物作报告,学生也可自行组织好报告会,自己动手实验等。

三、活动课程的教学原则

活动课程的教学原则,是我们开展活动课程教学所必须遵循的准则,即必须遵循的基本要求。它是根据活动课程的目的和活动过程规律提炼出来的,是广大教育工作者对活动课程理论和实践的总结。要使活动课程行之有效,必须自觉地遵守活动课程的教学原则。根据目前的研究状况,初步总结有以下几条原则。

1. 贯彻方针,充分发展的原则

党和国家的教育方针为教育工作指明了方向,只有认真地贯彻方针,才能实现培养目标,完成教育任务。活动课程同学科课程一样,必须在教学中全面贯彻教育方针,"对儿童、少年实施全面的基础教育,使他们在德、智、体诸方面生动活泼地主动地得到发展,为提高民族素质,培养社会主义现代化建设的各级各类人才奠定基础"。根据教育方针和义务教育课程计划提出的教育目标,在活动课程的教学中必须明确三点:一是方向性,即为社会主义现代化建设培养人才;二是基础性,中小学教育是素质教育,即为提高民族素质,培养各级各类人才奠定基础;三是发展性,即要面向全体学生,使所有的学生都得到生动活泼的主动发展,要使每个学生的各个方面都得到自由充分发展。

2. 统筹安排,加强指导的原则

活动课程虽然没有具体的教学大纲和教材,也没有比较固定的教学活动模式可供借鉴,但绝不能自由放任,任其发展,必须根据课程计划的总要求,有计划地做好各个年级活动内容和形式的基本安排。可从这几方面考虑:一是要根据学生的年龄特征,科学性与思想性统一的原则安排活动的内容、选择形式;二是贯彻理论联系实际的原则,注意活动课程与学科课程的协同运行,以达到互相促进的效果;三是要考虑各学科之间的横向联系,让活动课程的知识与技能的综合性得以体现。要使活动开展得异彩纷呈,富有成效,必须充分发挥教师的指导作用,要对活动内容与形式的选择加强指导,在活动过程中要及时进行点拨和鼓励。

3. 因材施教,培养特长的原则

这一原则的运用使活动课程具有显著特点并能真正发挥其优势。学科课程虽然也提出了这一原则,但由于其教学内容的统一性和教学形式集体性的局限,所以在实际教育教学中运用得极其有限,因材施教往往只能成为一种良好的愿望;而活动课程的开放性、自主性和多样性使因材施教的教学原则具有可能并成现实,为学生的个性发展、特长的培养提供了广阔的天地。贯彻这一原则,首先要了解学生,从实际出发指导学生选择活动内容和形式;其次,要正确对待学生的个别差异,充分发挥每个学生的才干,针对个性特点,提出不同的要求。如对思维活跃,但深入不下去的学生要引导他们进行一些难度较大的活动,要求他们精益求精;对粗心大意、马虎从事的学生要引导他们在活动中认真仔细,养成一丝不苟的习惯;对学生的各种爱好,也要根据特点予以引导,加强培养。

4. 大胆放手,自主开展的原则

要相信学生,大胆放手,让学生自己思考分析,组织活动,去摘取实践的果实。在许多活动中,从始到终都应由学生本身来充当主人的角色,任何越俎代庖都将使活动课程失去其应有的功能。学生在活动课程中的主体地位,自主意识,应比学科课程显得更突出,更明确。无数事实证明,有建树的科技和文化艺术人才,在小学、初中阶段往往得益于"活动"中经过反复强化而形成的强烈的表现自我,完善自我的主观能动意识。学生的独立感越强,就越能提高他们的自信心,发展其创造性。反之,把"活动"中的学生看成"阿斗",教师事必躬亲,这也不放心,那也不放手,包办代替,就会压抑学生的主动性和创造性,其个性、特长就不能得到充分自由的发展。因此,教师要尊重学生的活动内容和形式的选择,要让学生自主完成活动。

5. 正面鼓励,激发兴趣的原则

要注意发现学生的闪光点,充分挖掘学生的潜能,热情鼓励他们开展各项有益的活动。要注意扬长避短,长善救失,积极进行正面引导。我们要充分认识兴趣在教育中的重要位置,看到兴趣在"活动"中的发动作用和推动力量。只有激发学生的兴趣,才能使"活动"生气勃勃,显示特色,也才能使学生积极参与,自觉实践,发展特长。如果活动中学生失去了兴趣,那么活动就难以产生好的效果,甚至会中途夭折。运用这一原则:一要明确活动的意义,增强活动的丰富性,培养学生对活动的兴趣。二要抓住闪光点,正面鼓励。每个学生都有优点和特长,要抓住这些"闪光点"给予鼓励,使学生扬其所长。三是培养学生广泛兴趣的同时要有中心兴趣。四是要培养学生兴趣的稳定性,即对某种对象或活动能长期保持浓厚的兴趣。

参考文献:

[1] 毛礼锐.中国教育史简编[M].北京:教育科学出版社,1984:223.
[2] 杜威.杜威教育论著选[M].上海:华东师范大学出版社,1981:16.

(本文发表于《教育理论与实践》1995年第2期,1998年获宿迁市哲学社会科学优秀成果三等奖)

略论校长与教育实践

校长及其教育实践问题,古今中外教育家,早有许多精辟论述。本文试图运用马克思主义实践的观点对这个问题谈几点认识。

一、教育实践是校长管理能力的源泉

苏霍姆林斯基曾经指出:"校长要领导好一个学校集体,就必须深刻理解教育过程的最微妙的细节,并理解它的深远的根源。"[1]这就是说,校长要管理好学校,首先必须对学校教育工作有规律性的认识,有"识"才会有"能"。而这种规律性的认识从哪里来?只能从教育实践中才能真正认识和把握。中外卓有成就的校长都是长期亲身参加教育实践的教育家。我国的人民教育家陶行知先后创办晓庄师范、育才学校和社会大学,培养了许多革命人才,为我国的教育事业作出了很大贡献。他通过丰富的教育实践,提出了独具一格的教育理论。毛主席和周总理对他的教育实践活动给予了很高的评价。苏联教育家苏霍姆林斯基,在一个农村中学担任教师、教导主任,并连续23年做这所农村中学的校长。他在教育理论与实践的结合上取得了显著的成果。他一生研究过3 700多名学生,给每个学生都写了观察记录。他说:"多年的经验使我认识到,只有日复一日地深入钻到教学和教育过程的精细微妙处去,只有不断地发现塑造人的灵魂这门艺术的新境界,你才能成为真正的领导者,成为教师的教师。"

由此可见,作为普通教育者的教师,通过教育实践,既可掌握教育的一般规律,还可在组织教学、担任班主任等项工作中锻炼出一定的管理能力,从而具备校长的某些素质;而在岗校长则可在学校管理的实践活动中,经过"实践、认识、再实践、再认识"这种形式循环往复,不断提高和成熟起来。因此,教育实践是校长管理能力的源泉,离开了教育实践,校长的能力便会枯竭。

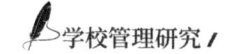

二、选拔校长要重视对其教育实践经历的考察

科学地选拔校长,需要考察的内容很多,其中很重要的一点,就是必须坚持马克思主义实践的观点,重视对其教育实践经历的考察。

首先,教育实践经历可以反映出被选拔者的思想品德和管理能力状况,一个教育工作者如果忠于人民的教育事业,努力工作,又掌握了教育规律和技巧,就一定会在教育实践中取得较好的教育效果;反之,如果他思想品德较差,业务水平不高,工作马虎,其教育实践效果肯定是差的。也有这样的情况,有些人工作很努力,但教育效果不好。譬如,一个教师文化素质尚可,也很想把工作做好,但因组织能力差,教育效果总不理想,这说明他还没有真正把握教育规律,缺乏应有的管理能力。总之,从一个人的教育实践经历中完全可以反映出他的政治思想、道德风貌和工作能力,其中包括管理能力。从一个人的教育实践经历中反映出来的教育教学组织能力和班级管理能力,一方面是校长管理能力不可缺少的组成部分,另一方面由于它可以运用到学校其他管理中来,因而可以由此对其管理能力做出较为合理的推断。正因为如此,一些工作经验丰富、颇有见识的老校长指出:"当不好班主任的人,肯定当不好校长。"

其次,教育实践是检验被考察者管理素质的最重要的和第一位的标准。这是因为,要选拔好校长,必须使被选拔者的主观认识符合客观实际,用什么来检验被选拔者的认识是否符合客观实际呢?被选拔者的认识是主观的东西,不可能自己检验自己,被选拔者的自我评价等也不能作为检验的主要依据,"判定认识或理论之是否真理,不是依主观上觉得如何而定,而是依客观上社会实践的结果如何而定""实践的观点是辩证唯物论的认识论之第一的和基本的观点"[2]。这就告诉我们,选拔校长必须把被选拔者的教育实践经历当作重要依据。通过对其教育实践的考察,可以检验出教育工作者的政治思想、职业道德、业务水平和教育管理能力等方面的状况,所以被选拔者的教育实践经历是其能否做校长的最可靠、最具权威性的标准。

综上所述,一个教育者的教育实践经历可以产生教育管理能力,通过其教育实践也反映出其思想品德和能力状况,同时教育实践又是检验能否成为合格校长的试金石。因此,要选拔出合格的校长,必须重视对其教育实践经历的考察,并对其教育实践经历做出一些必要的规定。唯其如此,才能克服校长选拔工作中的随意性、盲目性、空洞性和不可操作性,从而选拔合格的校长上岗。

要达到上述目的,必须制订一个科学的考核被选拔者教育实践经历的指标体系，体系内容应既全面衡量，又重点突出；既有定性，又有定量，尽可能做到客观性和操作性强。在制订指标体系和进行考察时，以下几个方面值得注意。

一是对被选拔者的教龄要做出比较适当的规定。那么，设置多长的教育实践要求为宜呢？笔者为此调查了江苏的中小学校长52人、教育行政干部37人、教师88人，共177人，结果是：认为起码要3、4、5、6、7、8年教龄的比例分别为7.8%、12.3%、35.3%、24%、2.6%、6.1%，其中认为起码要5或6年教龄的比例为59.3%，还有少数人认为起码得9或10年教龄。结合当前校长后备队伍构成情况，笔者认为，校长任职资格的最低限教龄一般以5或6年为宜。

二是要重视对其教书育人的实绩的考察。教书育人是教育工作者的根本任务，一个教育工作者的思想道德和业务水平如何，主要通过教书育人的绩效体现出来。著名教育家陶行知以及萧承慎、王秀、程湘帆等十几位专家学者也无不认为"任教成绩显著"是校长必备的任职资格之一。"如果你想成为一个好校长，那你首先就得努力成为一个好教师。"[1]只有选拔那些在教育工作中已取得显著成绩的德才兼备的业务骨干担任校长，广大教职工才能心悦诚服，他也才有可能胜任学校管理工作。

三是要重视考察其思想政治的实际状况。校长的思想政治状况关系到能否全面贯彻党的教育方针，培养什么人的大问题。因此在选拔校长时要考察被选拔对象在教育工作和日常生活中是否能坚持四项基本原则，热爱教育事业，全面贯彻党的教育方针以及廉洁奉公、诚实、正派等状况。

四是要重视考察被选拔对象的实际管理能力。一个人能当好教师，证明他有当好校长的某些素质，但未必具备当好校长的管理素质。"教员们不为之事，校长们必须为之。"校长与教师的工作范围和对象是不同的，对二者的素质要求也就不尽相同。因而我们在选拔校长的工作中，要特别重视对其管理能力的考察。比如在教育实践中所体现出来的教学组织能力、班级管理能力等等。值得注意的是，对校长与教师和教导主任等人员管理能力的要求也是有差异的，校长更需多一些魄力和决策能力。

三、校长要勇于实践、勤于实践和善于总结

实践出真知。实践是推动认识发展的动力。校长上岗后，仍然要把教育实践当作锻炼自己的最好课堂，要边干边学、边学边干，不断提高自身素质。

校长要勇于实践，在实践中学习锻炼是校长提高自身素质的重要途径，只有不断改革创新，才能把学校办好。中外成绩斐然的校长都是勇于实践的改革者。当

前,我国教育正在经历一场从宏观到微观的全面改革,校长的一项重要任务就是要在改革实践中研究新情况、新问题,思考出新方案、新方法。校长要敢于改革创新,一方面校长要有敢于改革不合理的管理体制、教育教学内容和方法的勇气与魄力,不怕失败;另一方面要按客观规律办事,反复研究讨论,进行科学论证,力避失误。此外还要走群众路线,与其他领导成员和教职工一起研究,集中大家智慧。校长又要勤于实践。俗话说,勤奋出天才。"校长只有掌握了足够的事实和进行过足够的观察,他才能高质量地做好工作。"[1]有些校长归纳自己成功的经验为:勤想、勤看、勤说、勤听、勤做。很多有名的校长几十年如一日坚持兼课,认为兼课尽管累一点,但有利于熟悉和指导教育教学工作。只有勤奋工作,深入教育教学实际,才能从"每一事实中看到蕴含着的实质"。

校长还要善于总结。这是校长提高自身素质的又一有效途径。总结可以把学到的理论与亲身参加的实践结合起来。通过总结,用实践来检验、丰富和发展理论,把实践经验上升为理论,从而使自己更好地把握教育管理规律,以指导今后的实践。一些经验丰富的校长都对总结经验特别重视。北师大附中把不断总结经验列为学校工作的重要一环,认为"总结经验是提高教育教学质量的重要环节"。育才中学著名的"读读、议议、练练、讲讲"的教学方法,就是段力佩校长和全体教师经过不断实践、总结提出来的。无数事实证明,总结既出经验、出成果,也出人才。

目前,不少学校做总结,只为例行公事,应付上级,这样达不到提高自己的目的。善于总结的校长,至少要在总结中回答三个问题:一是领导实践有哪些是成功的,哪些是失败的?二是成功和失败原因何在?三是怎样发扬成绩,克服存在问题?只有进行回答上述各方面问题的总结,才能达到提高自己的目的。善于总结的校长还发动其他领导成员和广大教职工与自己一起对工作进行总结。在总结中,校长还要严于解剖自己,勇于承担责任,做出认真的而不是敷衍的、深刻的而不是肤浅的总结,才能真正使自己得到提高,并有益于指导学校管理实践。

参考文献:

[1] 苏霍姆林斯基.和青年校长的谈话[M].赵玮,等,译.北京:教育科学出版社,2009.
[2] 毛泽东.实践论[M].北京:人民出版社,1975.

(本文发表于《学校管理》1990年第4期)

处理问题方法三种

在日常管理工作中，校长会遇到诸如人员之间的冲突，组织之间的矛盾之类的"问题"，解决好这些问题，对于学校顺利开展各项工作，提高管理效能是非常重要的。校长只有具体问题具体分析，并且根据"问题"的性质和特点，分别采取不同的处理方法，才能收到良好的效果。我认为，在处理各类不同"问题"时，可以采取以下三种方法。

一、热处理

"热处理"就是说对出现的问题立即处理，很及时，不延搁。下面的问题要做"热处理"。

1. 出现的问题影响较大，不及时处理将会影响学校全局或局部工作正常进行。比如学校开运动会，原定青年教师 A 负责电讯设备，而 A 也已接受任务，运动会即将开始，A 却因区区小事突然闹情绪丢下此项工作不管，这就要及时处理，否则将要影响运动会正常进行。

2. 问题的错误性质较为严重，不处理便影响他人。例如一个教师无故旷课两天，既影响工作，又破坏了纪律，造成不良影响，必须及时处理。

3. "问题"到了一定的度。对有些人如不及时批评或处理，他就会在错误的道路上越走越远，必须给以严肃批评或处理使其猛醒，从而改正错误。

采取"热处理"的方法要特别注意尊重教职工的人格。人都有被尊重的需要，而教师由于其职业特点所致，此种需要尤为强烈。教职工在工作中出现了缺点和错误，内心往往是很痛苦的，我们在处理此类问题时一定要注意尊重他们，要以理服人，切忌简单粗暴。

二、冷处理

"冷处理"就是说对发生的问题不立即处理，冷一冷，搁一搁，再处理。采用"冷处理"有三点好处：

1. 有利于弄清"问题"的来龙去脉。"没有调查就没有发言权。"事情往往是复杂的，是由多重因素产生的，只有进行深入的调查研究才有可能弄清产生"问题"的原因及过程，也才有可能对"问题"做出恰当的处理，若仓促处理难免失之偏颇。"冷"的过程即是调查研究的过程。

2. 有利于缓解矛盾，使"问题"向积极方面转化。人际冲突或工作上的错误大多是认识偏差或一时感情冲动造成的，当问题发生后，当事者都会对其反思。一般通过反思，认识都会有不同程度的变化，但思想的转变要有一个过程，为此要给他们一定的时间，使其经过冷静思考，对问题有一个正确的认识，这时再进行处理便能收到良效。如果强行摘瓜，常会压而不服。一次，我校领导班子讨论校舍基建问题，两种意见争论很激烈。双方都是从工作出发，所持意见都有一定的道理，而相比之下其中一方的意见对工作更有益。在这种情况下，如果当场拍板，肯定一方否定另一方，显然被否定一方由于思想不通和争论的氛围一定会产生压抑感和失落感。于是我提出，再继续听听教职工对这个问题的意见，下次会议再研究决定。即采取"冷处理"。会后，在征求教职工意见的同时，用个别交换看法的方式统一了思想，这样既解决了问题，又避免了一场不愉快。结果大家同心协力，使这栋校舍提前竣工。

3. 有利于个别对待，"一把钥匙开一把锁"。人的性格千差万别。不同性格的人对待同一问题的态度是不同的。内倾型的人办事较为稳重，但对事物反应慢，思想转变时间较长，如问题发生后立即处理，他的思想还未转过弯来，常常不易接受，因此需要搁一搁，搁的过程中可以耐心做思想工作促使其认识转变。外倾型的人往往急躁、易于激动，情绪难以控制，等其平静下来再处理"问题"一般比较有利，若火上加油，易使矛盾激化，反而增加了解决问题的难度。

三、不处理

"不处理"也是处理"问题"的一种方法。一所学校师生员工几百人乃至几千人，经常会出现这样那样的问题，校长如不管大事小事都处理，既不可能也没必要。古诗云，此时无声胜有声。有些问题不处理比处理的效果要好。以下情况可以不处理：

1. "问题"无须处理。矛盾无时不有，无处不有。有些小矛盾完全可以通过互相谅解自行解决。比如两个青年教师关系很好，偶尔发生点小口舌，脸一转就好了。这类事如没什么大影响就无须处理，若校长非去判定谁是谁非，反而显得琐碎、计较。

2."问题"已经解决。要相信教职工自我教育的能力。有些人在工作中因一时疏忽犯了错误,他们自己已很自责,领导再喋喋不休地批评,反而会造成其出现逆反心理或自卑感。遇上此种情况,应帮助他们树立纠正错误的信心,找出失误原因,总结教训。

此外,有时领导还可以通过目光表情来表明自己的意向,这种"言未到意到",可以收到内涵深厚的辐射效应。

不处理并不是对工作不负责任。该处理的问题不处理,任其自流,或回避矛盾,怕得罪人,是不讲原则的表现,所以,哪些问题不处理务必要掌握分寸。

(本文发表于《中小学教育管理》1990年第2期)

做工作与尊重人

调动教职工的工作积极性是办好学校的关键性因素,而尊重教职工是调动他们积极性的一个重要前提。在实际工作中,"人"与工作常会发生冲突,这就要求校长既做好工作,又要尊重"人",而只有尊重"人",才能做好工作。对此,我是深有体会的。

一、"拍板"要考虑情境因素

常言道,此一时彼一时。时间和地点不断变换,人的认识往往随之转变,有些人在某些场合不能接受的认识,换一个场合便能接受。因为人是发展变化的,人的需要是多方面的。所以校长处理问题包括作出某些决策时,要考虑到情境是否合适,注意到尽可能尊重每一个人。1984年秋,校领导班子开会讨论新建校舍问题。会上有两种意见:一种意见认为,当前教室不足,经费有限,应先建教室,以解决缺教室的问题;另一种意见认为,教师没宿舍影响工作积极性,应先建宿舍,至于缺教室更能引起上级领导和社会关注。两方各说各的理由,争论激烈,相持不下。说实在的,二者都是从工作出发,只是立足点不同,但相比之下前者更有理。我本可以立即表态赞成前者,并作出决定先建教室。但我没那样做,而采取"冷处理"的办法,建议暂时休会,对于究竟先建教室还是先建宿舍再听听教职工意见。会后我在广泛征求意见的基础上,与主张先建宿舍的几个同志个别交换了看法,在大家认识一致的情况下才作出先建教室的决定。当时我为什么不拍板呢?是出于这两种考虑:在争论激烈的情况下,如果马上拍板,一方面,由于有些同志思想转不过弯来,虽然能服从决定,但这是"压服";另一方面,人都有尊重的需要,当场拍板会使被否定的一方面子过不去,有损自尊心,使他们失去心理平衡,这显然对工作是不利的。而这种"冷处理"避免了上述弊端,既解决了问题,又尊重了同志。

二、批评时可作心理换位

要纠正教育工作中的不良倾向和错误行为，经常要运用批评的方法。但批评也要考虑场合，注意方法，处处尊重师生员工，不能简单随意从事，为此，批评人时有必要进行心理换位，即平时所说的"将人心比己心"。事实说明，在批评人时进行心理换位，可以缩短批评者与被批评者之间的心理距离，有益于批评者恰当地选择批评方式，有益于被批评者吸取批评内容。青年教师小黄，工作热情高，对班级工作很负责。一次，看到他在教室里体罚学生，我十分生气，当时我真想大声训他一顿，但转而又想，他体罚学生做法是错误的，但动机是想使学生快点进步。我想，假使我是小黄，领导此时批评我，我肯定会产生"热心掉进冷水"的委屈，还会为在学生面前失面子而大为恼火。于是我故意叫小黄去接亲友电话。到办公室后，我只简明要求他不能体罚学生。两天后，我找小黄谈心。我引用苏霍姆林斯基等教育家关于体罚的见解，结合自己的切身体会，分析了"体罚"伤害师生感情、影响学生身心健康等害处，小黄心悦诚服，此后大有进步。

三、严格要求需充满期待

为了提高学校教育教学质量，对教职工工作学习和日常行为进行严格要求是必不可少的。但要严得合理，不能吹毛求疵；严得要适度，不能让人感到是苛求；要严得让人理解，使教职工把严格要求作为一种自身的需要来接受。还有很重要一点，严格要求中需要充满着期待。心理学告诉我们，期待可以产生巨大的内驱力和推动力。这是因为，领导的要求是外因，外因只有通过内因才能起作用，而领导善意的期待让人感到一种关心和鼓励，增强了领导者和被领导者之间的认同感和亲近感，这就使被领导者能以积极的态度按领导者的要求去做。我在工作中注意运用了期待效应。首先注意用期待的方式提出要求。一次期中检查，我们发现教师小张批改作文的态度很认真，但由于任教才一年多，作文批改基本要求掌握不够，比如全班作文无一边批。在交换意见时，我在肯定其工作态度的同时，提出期待性要求："如果注意用边批的方式给学生具体指出作文中哪些地方写得好，哪些地方如何改进，会给学生许多启迪的。"小张老师接受了意见，以后作文批改质量明显提高。在工作中我还注意运用期待长善救失。青年教师小李素质较好，但由于好玩，工作表现一般，也影响了自己进修。一次和他闲聊，谈了我的愿望："你素质比较好，又很聪明，如能少玩一些，工作上肯定会取得成绩，学习上也会有很大进步。你

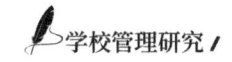

能不能下个决心呢?"这以后小李果真下决心不滥玩,并且还给自己订了控制玩的制度。于是工作比以往做得好了,又考取了大专函授。后来,他在全县青年教师评优课活动中获了奖。

（本文发表于《江苏教育》1990年第4期）

学校思想政治工作的规律

要想做好工作,必须按规律办事。思想政治工作规律对教育领导者的思想政治工作实践活动有重要的指导作用。以下思想政治工作规律值得重视。

一、主体客体认同律

主体客体认同律是思想政治工作矛盾运动过程的规律,即主体(教育领导)的认识被客体(受教育者)所认同和接受的基本矛盾运动的过程。所谓认同,是指被教育的个体对一定客观事物的认识与教育者认识接近和一致,出现双方认识的同一性。在进行思想政治工作中,凡主体的认识被客体所认同和接受,就是成功的思想政治工作。主体客体认同律也是内因、外因相互关系的哲学原理在思想政治工作具体规律上的体现。主体对客体的教育、培养和影响是外因作用,客体的认同和接受是内因的转化,主体预期目标能否实现,最终要看客体内因是否起作用。当客体在接受一定教育、培养和影响后,对主体的认识表现出理解、赞同或默认,并能落实于行为时,才是真正意义上的认同性的内因转化。要使主客体认同,教育领导者要把实现目标的原则性与方式方法的灵活性结合起来,重在因人而异,因时制宜,针对受教育者的思想特征和个性特点开展思想政治工作。

二、思想转变渐进律

循序渐进是人认识事物的规律,也是教育领导者开展思想政治工作必须遵循的规律。它包括以下几个要点:

一是思想政治工作不可能一蹴而就,受教育者的认识是不断深化和永无止境的。他们的思想觉悟的提高,不可能一次完成,是一个永不休止的矛盾运动。

二是思想政治工作应循序渐进,由低级走向高级。有效的思想政治工作应该由低级向高级逐步推进、不断发展。后一次思想政治工作过程比前一次过程一般要求更高、认识更深,是受教育者在原有量变或质变基础上量的积累或质的飞跃。人的思想转化,不能期望通过一次教育就"立竿见影",一下子达到很高的程度,必须循序渐进。一次思想政治工作目标的基本实现,不等于对某一受教育者的思想政治工作就此结束。前一次思想政治工作的结果是后一次思想政治工作的基础,而后一次是前一次的延续和发展。

三是思想政治工作是一个反复和曲折的过程。教育领导者思想政治工作的根本对象是正在成长中的青少年学生,他们具有很强的可塑性和变动性,既有向好的方向发展的希望,也有向坏的方向倒退的可能,后进生进步中的反复现象较为典型。有些校长总结抓后进生思想教育的经验之一是"坚持不懈,抓反复"。这是符合思想转化渐进律的。

三、事理贯通统一律

思想政治工作的道理与社会现象的本质两者之间统一时,思想政治工作就易于显示强大的威力;否则,事理相背,思想政治工作就难以产生好的结果。思想政治工作的大量具体实践证明,如果事与理不统一,道理是一回事,大量的社会现象又是一回事,说是一回事,做又是一回事,受教育者就会对道理产生逆反心理,思想政治工作就会软弱无力。事理统一律要求教育领导者的言行要一致,如果教育领导者说的道理与自身表现的行为互相矛盾,那么教育领导者就会失去对受教育者进行教育的基本素质和起码资格,产生人格负效应,思想政治工作也不可能取得好的效果。

四、教育方式综合律

思想政治工作可以采用精神的和物质的,直接的和间接的,整体的和个别的,严肃的和娱乐的等形式进行,以取得较好的综合效应。如对学生的思想教育可以采用集体上课的形式,也可以采取个别谈心的方式;可以采用开校会的形式,也可以组织文娱活动;可以采用物质奖励,也可以采取精神奖励等等。运用教育方式综合律需要注意两个方面:一是多种形式主次要摆正。在各种方式中,精神手段应处于主导地位。物质激励对调动人的积极性的作用显而易见,但必须以精神激励为主,以物质激励为辅,否则,势必陷入"一切向钱看"的死胡同。二是多种方式要密切结合。思想政治工作的每种方式都有各自的特点、作用和效果,要根据目的和对象,确定主要运用何种方式,辅之哪种方式,并使之有机地结合。

五、宏观微观协同律

把整体性、全局性的宏观教育与个别的、具体的微观教育协同结合进行才能富有成效。宏观教育就内容而言，是指在思想政治工作中的方向性和基础性教育，指社会主义信念教育、爱国主义教育、集体主义教育、民主与法制教育、共产主义理想教育等；就形式而言，是指广播、电视、报刊、规模较大的会议和仪式等。微观教育通常是指日常的思想政治工作，包括本单位工作目标的教育，一人一事的具体工作和个别的对象的思想转化等。宏观教育与微观教育相辅相成，互为作用，二者不可偏废。宏观教育是微观教育的重要条件和方向性保证；微观教育是宏观教育的必要和重要补充。遵循宏观微观协同律，要求思想政治工作既重视共性教育，又要重视个性教育；既要讲大道理，又要讲小道理；既要着眼于整体对象，又不忽视部分或个别对象。如校长就某一思想教育内容，一方面在校会上作统一要求，另一方面还要针对具体情况，一把钥匙开一把锁，做好个别教师和学生的思想工作。

（此文系本人撰写的《教育领导学》第六章"教育领导的思想政治工作"节选）

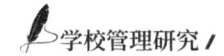

校长须有教育意识

校长的教育意识是校长在教育管理工作中表现出来的尊重教育价值、热爱教育事业、了解教育规律、注重发挥学校教育功能，始终把培养人放在突出地位的心理意识倾向。这是教育意识最朴素而又最基本的表现形式。校长要办好学校必须具有教育意识。只有对教育事业无限热爱，才能像陶行知先生那样"捧着一颗心来，不带半根草去"，献身祖国的教育事业；只有对教育具有深刻的理性认识，才能坚持正确的办学方向，按教育规律办事；只有具备管理学校的实际能力，做到"治校有方"，才能把学校办好。我国近、现代著名的校长如蔡元培、陶行知、张伯苓，无不具有献身教育的精神，深厚的教育理论素养和很强的教育管理能力，有赖于此，他们才办出了很有特色的学校。

校长在学校工作中居于主导地位，如果缺乏教育意识就会给教育工作带来严重影响。当前，教育工作上存在的种种不良倾向，固然有其深刻的社会原因，但与许多校长缺乏教育意识也有密切关系。如片面追求升学率造成少数"尖子"学生片面发展，多数学生发展迟滞，不是对社会缺少责任感，就是对教育的社会功能认识不足；再如忽视德育显然是对品德在人的全面发展中的重要作用认识模糊。这些都是缺乏教育意识的表现。

如果说校长是学校的灵魂，那么教育意识则是校长的灵魂。因此，有关方面要尽快采取措施提高校长的教育意识水平，而校长个人也应努力学习，勇于实践，不断增强自己的教育意识。

(本文发表于《江苏教育报》1990年5月16日)

青年教师六忌

近年来,随着教育事业的迅速发展,青年教师在教师队伍中占很大比例,在教育工作中发挥着重要作用。青年教师工作热情高,精力充沛,知识结构新等等,这是其优势,但想成为优秀的教育工作者,根据笔者多年观察,还必须克服以下弱点。

一忌急躁。青年教师初走上工作岗位,踌躇满志,总想干一番事业,工作上想做得出色些,这是很可贵的;但他们年轻气盛,一遇到棘手问题往往急于求成,易产生急躁情绪,做出种种不利于教育工作的事来。比如,一调皮学生屡教屡犯,这在老教师眼中为寻常事,而青年教师往往会"怒其不争",便以"体罚"代替"言教",其后果是不仅达不到教育好学生的目的,还会伤害师生感情,甚至影响学生的身心健康。

二忌偏爱。有些青年教师偏爱某些学生,讨厌某些学生,而且溢于言表,学生都看得分明。这对于教育工作是很有害的。首先,品学兼优的学生固然令人喜欢,但后进生如同陷进泥沼的车子,在成长的道路上困难更多,更需要老师的关心爱护;其次,学生对老师的态度是很敏感的,若老师喜爱某些学生,另一些学生则会觉得受到冷落,认为老师不公正,产生对其教诲的厌恶和排斥;最后,偏爱易使受到"偏爱"的学生滋生优越感,而优越感往往是骄傲自满的根源。

三忌虚荣。青年教师满腔热情,想在工作上干出成绩,有较强的荣誉感,这种上进心有益于做好工作和提高自己;但有时荣誉感过分则发展成"爱虚荣",做出一些不利于团结和工作的事来。如,见同事工作做得比自己好,想方设法贬低;为了荣誉弄虚作假;评选先进,只看到自己的长处,看不到自己短处,自己评不上便耿耿于怀,甚至闹情绪等等。教师是一种"园丁"和"人梯"的工作,需要的是脚踏实地的工作和默默无闻的奉献精神。青年教师要有这样一种思想境界,才能不管遇到什么情况都会始终如一努力工作。

四忌自满。有些青年教师因其精力饱满、思维敏捷、知识结构新等优势而产生自满心理,甚至瞧不起中老年教师,殊不知,自己是教育战线的新兵,缺乏教育教学经验,只有向中老年教师虚心学习,才能不断提高自己,成为一个好教师。"满招损,谦受益",只有谦逊好学,才能不断进步。

五忌散漫。由于社会和历史的原因,当前,有相当一部分青年教师自我修养较差,如举止散漫,着奇装异服,言行低俗等等,都给学生造成了不良影响。古人云,其身正,不令而行;其身不正,虽令不从。古今中外的教育家都十分重视"身教"的作用。青年教师要严于律己,提高自身修养,为人师表。

六忌疏懒。青年教师都有做好工作的良好愿望,但有些人染上疏懒马虎的不良习惯,结果会事与愿违。比如,工作拖拉,"明日复明日",治学马虎,对业务浅尝辄止,做学问抱差不多态度等等。这些不良习惯既无益于工作,也不利于自己提高业务水平。大凡一个好教师,都是工作勤奋,治学严谨的。

上述几条弱点在青年教师身上或多或少地存在,颇有碍他们的成长和事业上的成功,希望努力克服。

(本文发表于《教师报》1989年8月13日)

在教学实践中锤炼青年教师

青年教师是学校教育工作的生力军和学校教育未来的主力军。抓好青年教师的培养,对于提高教育教学质量和学校可持续发展都具有十分重要的意义。近三年,我县在加强小学青年教师队伍建设方面采取了多项措施,取得了明显成效。

一、抓好从教前三年,奠定终身从教基础

抓好青年教师从教前几年的培养,对他们尽早成熟是非常重要的。为此,我们对新分配的教师提出了"抓好起始,奠定基础"的要求。要求各校组织新教师学习李吉林教改经验,学习本县模范教师的事迹,使他们树立终身从教的思想,并认识到,当小学教师只要兢兢业业,锲而不舍,也能有所作为。对新分配的教师,一方面要求他们认真学习教学规范,明确教学的基本要求;另一方面要求他们扎扎实实练好基本功,掌握教学基本技能,并要求学校采取师徒结对子的方法,搞好传帮带。还根据青年教师热情高、思维活跃、敢想敢干的特点,鼓励青年教师勇于创新,在教学改革中展示才华。

二、组织评优活动,让青年教师"冒尖"

组织各种类型的教学评优活动,为青年教师提供展示才华的舞台。每年举行一次青年教师基本功大赛。从"三字一画"(粉笔字、钢笔字、毛笔字和简笔画)、说课、上课几方面综合评分,优胜者由县教育局发文表彰。以此,鼓励和引导广大青年教师扎扎实实练好教学基本功。每学期组织一次青年教师优课评选活动,已形成制度。优课评选分校、乡、县三级,层层选优。最后一轮评出一二三等奖,县教育局发文表彰,并发给获奖证书。每年组织一次全县教学六认真展评活动。展评的内容有教学计划、备课教案、各类作业、教学论文等教学资料。展评活动分校、乡、县三级,逐级举办。校、乡选出高质量的教学资料,参加县展览、评奖。县展评期间,各乡组织教师前往观摩。通过展评活动,为广大教师提供学习的"样板",引领广大青年教

师在工作上规范化、精致化。

三、给青年教师压担子,促进早日成才

让青年教师多上公开课和研究课是迅速提高他们教学水平的重要途径。近年来,省、市、县各级公开课、示范课、研究课我们都安排青年教师承担。为了推动全县课堂教学的改革,每学期我们组织优课获奖的青年教师在教研员的指导下到各校巡回上课、说课,在此过程中积累教学经验,不断提高教学水平。结合具体的课,教研员给以具体指导。例如,怎样根据教材特点导入新课?怎样引导学生自学探究?怎样组织学生讨论交流?近两年,我们组织青年教师巡回上课100余节。由于磨练的机会多,一批青年教师迅速成长起来。我县多位青年教师在全市教学研讨会上执教公开课得到与会者的好评。

四、引领青年教师,开展教学研究

在培养青年教师的工作中,我们发现,如果仅停留在上课、听课、评课上,青年教师达到一定的教学水平后,其教学水平就会呈现"高原状态",很难再提高。为了推动青年教师进一步提高教学水平,我们重视引导他们开展教育教学研究。一是引导青年教师开展课题研究。为了消除青年教师对课题研究的畏难情绪,我们指导青年教师选择角度小的操作性课题进行研究,如"教学的板书设计研究""导入新课研究""课堂教学的提问研究""最优化的作业结构研究"等。目前,已有120多名青年教师在从事专题研究。我们鼓励青年教师积极参与省、市、县三级课题研究。目前,省市下达的课题"情境教学"、"自学辅导"和县自创性课题"小学生命教育实验研究""三主·五环教学模式研究"、"语文阅读教学引导自控发展模式研究"的实验班教师都不超过30岁。二是引导教师总结教学经验。要求每个教师每学期必须写一篇教学经验总结(或专题总结);每学期组织专题研讨会,为他们提供交流研讨的机会;每年组织一次优秀教育论文评奖。

近三年,我县注重抓青年教师的培养,使一大批青年教师脱颖而出,成为教学改革的骨干。通过他们的辐射作用,推动了全县课堂教学改革,给我县小学教学带来了勃勃生机。

(本文发表于《学校管理》1996年第6期)

略论我国古代爱国主义教育的特点

中华民族是世界上最有凝聚力的民族。同为中华儿女的观念,报本反始的思想,爱国思乡的情感,从古至今如同一根纽带,紧紧地团结着全国的同胞。这种深厚的爱国主义情感和民族共同心理素质的形成,都与我国古代爱国主义教育的光荣传统密不可分。研究我国古代爱国主义教育的理论与实践,探寻其规律,总结其经验,对于当前加强爱国主义教育具有重要的意义。

一、学校爱国主义教育具有系统性和深远性

爱国主义教育,在我国古代学校教育中占有十分重要的地位,内容系统丰富,影响深远。从古代教育思想来看,一条爱国主义红线贯穿始终;从古代学校教育内容上看,具有丰富的爱国主义精神的经史诗文占有很大比重。总之,我国爱国主义教育既有系统的理论,又有丰富的实践,成就光辉灿烂,影响深沉而久远。

我国古代教育的爱国思想及著述,奠定了学校爱国主义教育的思想基础。我国古代教育家,非常注意个人与国家的密切关系,培养学生热爱祖国的感情。《孟子·尽心下》记述:"孔子之去鲁,曰:'迟迟吾行也。去父母国之道也。'"后来人们常用"父母之邦"来称谓祖国,表达个人与祖国血肉相连的情感,其源盖出于孔孟。先秦教育家奠定了我国古代爱国主义教育的基础。他们的思想贯穿整个古代社会,并逐步发展,形成了光荣的传统。这种传统在社会动荡之中,表现尤为突出。宋朝是个分裂与统一斗争剧烈的年代,有许多教育家都力主国家统一,大力宣扬爱国主义精神。理学家朱熹是这样,哲学家、教育家张载也是这样。顾炎武生于明末乱世,目睹国乱时艰,深感挽救国家和民族危亡的重要,在《日知录》中提出了"天下兴亡,匹夫有责"的思想。这种思想,表现了强烈的爱国主义精神,不仅当时有振聋发聩的作用,而且激励了一代代人,至今仍在激励着我们为祖国的繁荣昌盛而奋斗。

气节教育在学校德育中占有突出的位置。我国古代教育家,十分注意把爱国主

义教育与品德教育相结合,培养民族气节。孔子提出了忠义的道德规范,忠义的教育要求人们"尽瘁国事",在个人得失取舍与生死关头,要做到不计名利,不问成败,为国献身。孟子还倡导存养浩然之气,要求人们加强思想修养。这些教育对古代读书人民族气节的锤炼影响至为深远。苏武饥吞毡、渴饮雪,持守汉节的事迹,千古流传,一直受到人们的崇敬。班固在其传后,赞曰:"孔子称'志士仁人,有杀身以成仁,无求生以害仁'。'使于四方,不辱君命',苏武有之矣。"这几句话,揭示的苏武的坚贞品德是古代爱国主义气节的典型体现。文天祥的绝笔中写道:"孔曰'成仁',孟曰'取义',惟其义尽,所以仁至。读圣贤书,所学何事?而今而后,庶几无愧。"正是这种"成仁""取义"的道德教育,使文天祥能够在国家危亡之际,置生死于度外,从容就义,表现出高尚的爱国主义精神。古代爱国主义的气节教育,培育了无数坚贞不屈的爱国志士,他们忠于祖国的浩然正气,常留于天地之间,铸就了我们的民族之魂。

"文道统一"是我国古代学校重要的教学原则之一。爱国主义是"道"的重要内容。学校的教材选择和教学都贯彻了这一原则。古代学校经史教学,包含着丰富的爱国主义教育内容,从多方论列中华民族先祖们的事迹,热情赞扬他们的功德,《易传·系辞》称伏羲"始作八卦……作结绳而为网罟,以佃以渔",称神农氏"斫木为耜……以教天下",称"黄帝、尧、舜垂衣裳而天下治……弦木为弧,剡木为矢,弧矢之利,以威天下"等等。由于长期坚持以这方面的内容作为教材,使中华民族牢固地树立了共同的祖先观念,有力地促进了我们这个多民族国家的统一和发展。

诗文教学对培育学生的热爱祖国的情感,更有着深远的影响。我国古代仁人志士用生命和鲜血写下的大量诗文,许多杰出的名篇被选为历代的传统教材。屈原的《离骚》、诸葛亮的《出师表》、范仲淹的《岳阳楼记》、岳飞的《满江红》、文天祥的《正气歌》等等,充满报国热情,曾激励过一代又一代的学生和士人。"鸟飞反故乡兮,狐死必首丘""人生自古谁无死,留取丹心照汗青"等著名诗句,均为古代读书人所熟知,"鞠躬尽瘁,死而后已""先天下之忧而忧,后天下之乐而乐"等名句,更是脍炙人口、家喻户晓,已经成为中华民族常用语汇和道德格言。

二、家庭爱国主义教育具有英雄性和继承性

我国古代,许多家族以抗击外敌、精忠报国为家教,演出无数惊天地、动鬼神的英雄活剧,写出许多可歌可泣、英勇悲壮的华章。杨家将忠勇报国,感人肺腑;据传,岳母在岳飞背上刺字,将"精忠报国"的信念深深烙印在岳飞心中,催人泪下;出生于将门之家的戚继光,受到父亲的影响,他英勇抗倭的事迹动人心魄等等。这些爱国

英雄家族,成为千家万户的楷模,他们的英雄故事是我国古代家庭教育的重要内容。

许多家长身具爱国风范,他们通过遗嘱、家训等形式对后代进行尽忠报国的教育。陆游临终之时,叮嘱孩子勿忘统一大业,"家祭无忘告乃翁"。明末爱国志士夏允彝作绝命诗:"人谁无死,不泯者心。修身俟命,敬励后人。"并以死殉国,激励他人。正是在这样的家教下,造就了爱国英雄夏完淳。他追随父辈坚持斗争,身陷囹圄,仍然论忠谈义,写下了充溢着爱国主义情感的《南冠草》。诗句"英雄生死路,却似壮游时",展现了这位少年英雄为国捐躯时的气概是多么壮烈!

我国古代家教中,母教的爱国主义特色也很突出。许多母亲深明大义,她们虽然居处幽闭,足不出户,却心怀天下,教育子女忠诚于祖国。岳母刺字,传为千古佳话。顾炎武的嗣母王氏,太平时教子关心百姓社稷,鼓励顾炎武立下了"拯斯人于涂炭,为万世开太平"的志向,国难之际,教子守节。这些英雄母亲为子女继承和发扬家庭爱国主义传统倾尽心血。

三、社会爱国主义教育具有多样性和广泛性

我国古代的社会教化,十分重视爱国主义教育。其内容丰富,形式多样,对象广泛,爱国主义教育成为礼俗和民俗活动的主旋律。

借礼俗活动树立爱国的民风。祭祖是我国传统的礼俗,其目的在于"教民反古复始,不忘其所由生也"。也就是通过祭祖培育崇敬祖先的孝心。这种礼俗包含着浓厚的封建伦理思想,但在古代却往往借"移孝作忠"进行尽忠报国的爱国主义教育。轩辕黄帝,为历代天子亲祭的祖先神。这种祭祀活动有助于加深共同祖先的民族观念。扫墓是黎民百姓常规性的祭祖礼俗,始于先秦。我国古代有族葬的遗风和归葬的习俗,坟墓多置于故土,通过这亘古不变的祭扫活动,逐渐形成了"叶落归根"的传统心理,沟通了人们怀乡、思亲、爱国的感情,使我国古代的爱国主义教育,具有亲切而感人的力量,影响十分深远。临沂祭祀诸葛亮,庐陵祭祀文天祥,杭州祭祀岳飞、于谦等等。这些受祭祀的人物,都是有功于国家发展和统一大业的英雄。人们通过这些祭扫活动,从中受到了深远的爱国主义教育。杭州西子湖畔的岳飞墓,一直是"寒食酒浆,春风纸蝶,岁时浇奠不绝"。人们为了弘扬岳飞的爱国精神,表达自己在祭祀活动中的所受的教育,留下了无以计数的诗、词、碑文,其中最为人们所熟知的是精忠园两侧的对联:"青山有幸埋忠骨,白铁无辜铸佞臣。"它深刻地表现了古人鲜明的忠奸观念和强烈的爱憎感情。在我国各地像这样的文物遗存,是很多的。这类墓祠中留下的大量诗文,其悲壮而动人的情思,足以说明我国古代爱国主义的

教育活动,具有多么感人的力量!

在社会教化中,以劳动人民为主体逐步形成的民俗活动,包含着丰富的爱国主义教育内容,形式多样。端午节包粽子、赛龙舟,这是人民群众为纪念爱国诗人屈原而形成的习俗。贴"门神",本来是一种"迷信"活动,开始都贴神荼与郁垒的像。后来南方不少地方贴岳飞、戚继光、郑成功等爱国英雄的像,把他们视为"门神"。这些爱国的风俗,至今仍然流行于海内外同胞之中,激发着人们的爱国热情。

综上所述,我国古代教育有着爱国主义教育的光辉传统,创造了系统的理论,积累了丰富的经验,照耀古代教育发展的历程,构建了伟大的爱国主义的民族心理和价值文化,对中华民族的统一和发展起到了重要的作用。我国古代教育注重培养学生热爱祖国的情感,将爱国教育与气节教育相结合的做法,爱国主义作品大量选作教材的安排——这些寓爱国主义教育于教学及各种社会礼俗活动之中的经验,在今天加强爱国主义教育的工作中,仍有着极其重要的借鉴意义。

(此文为淮阴市教育学会德育专业委员会第三届会议交流论文,获淮阴市教育学会二等奖)

学生过重课业负担的现状与解决对策

中小学生课业负担过重,是近年来全社会普遍关注而始终未能解决的问题。对此,我谈几点浅见。

一、学生课业负担重在哪里?

做任何事情,要想取得成效,都必须付出辛勤劳动。学生的学习也不例外。学生要把人类积累的科技文化知识内化为自身的素质,就必须有适当的课业负担。学生课业负担是否重,关键要看是不是合理。当前(注:本文写于20世纪90年代)一些中小学确实存在学生课业负担过重的问题。如随意增加课时,星期天、寒暑假"补课";有些教师采取"题海战术",学生到夜间11点、12点钟因作业未做完而不能休息;各种考试、竞赛频繁,给学生造成很大的心理压力等等。据调查,城镇中小学(包括乡中学、中心小学)普遍存在上述现象,而农村小学、联中极少有"补课"和作业布置过多的问题。因此,我以为不能一刀切地说学生课业负担过重。

二、学生课业负担过重的原因何在?

一谈学生负担过重,往往都归咎于学校和教师。我以为这是简单化和不公允的。为什么呢?造成学生课业负担过重的原因是多方面的,是教育内部和外部多种因素的综合反映。(1)社会压力迫使学校片面追求升学率。(2)家长"望子(女)成龙(凤)"心切,总希望学校"抓得紧一些",以便子女"苦"学成"才"。(3)一些学校领导和教师严重违背教育规律,不执行有关规定。平心而论,绝大多数教师加班补课、加大作业量是出于为了学生考得好一些的良好愿望。但不可否认,也确实存在一些教师教学水平低,把"邪法"当作"正经"去念。

三、如何解决学生课业负担过重的问题?

对学生课业负担过重问题,不能光发发议论了事,到了该下大决心,花大力气,认真解决的时候了。首先,行政部门要真抓实干。为什么有些单位还以单纯的升学率和学科考试成绩来评价学校工作？为什么很多学校照旧加班加点"补课"？我想，这些显而易见的问题，行政领导采取得当措施是不难解决的。其次，学校领导和教师必须端正教育思想，严格执行有关规定。校长应做好两件事：一是不搞加班加点"补课"。近日，我市几所实小向全市提出寒假不补课的倡议，这为全市减轻学生负担做出了榜样。全社会应予大力支持，各中小学应该积极响应他们的倡议。二是要控制作业量。作为教师应把学生的身心健康放在心上，不能光盯着升学率；要努力提高教学水平，不断改进教法，努力探索"轻负担，高效率"的教改之路。许多优秀教师的教学实践证明，这一点完全可以做到。最后，家长要树立科学的育人观念，合理地要求子女和期望学校。须知，过多"补课"和过量作业并非好事。做任何事情都有个适"度"的问题，教与学亦是如此。随意增加课时和加大作业量，既会泯灭学生学习兴趣，影响学生学习积极性，又危害其身心健康。因此，若发现教师加班加点"补课"和布置过量作业，家长也理应加以抵制。减轻学生过重的课业负担，确保新一代的健康成长是关系到21世纪民族素质的大事。对此，全社会都必须有强烈的使命感、责任感和紧迫感。我们认为，只要大家都能求真务实，这个问题是完全可以解决的。

（本文发表于《宿迁日报》1997年2月5日）

话说赞许

赞赏的目光，会心的微笑，许可的点头……这就是赞许，但却未引起人们应有的重视。

首先，从教育方式看，表扬是"大雨"，赞许是"细雨"。表扬较为强烈，赞许较为柔和。就大多数情况而言，表扬是将肯定对象置于群体中来考虑，对其行为给予较高评价，引导鞭策被肯定对象和他人今后要这样做；赞许的方式较多，通过目光、表情、动作、书面等方式对受教育者的行为表示赞同与许可，以引导激励受教育者个体继续这样做。

其次，从适应受教育者身心发展规律看，赞许比表扬更顺乎自然。心理学告诉我们，人类有一种行为动机在于取悦别人，如果一个人做了 A 件事得到别人称赞就会感到满足，这类动机就叫赞许动机。当这种动机得到满足，这个人就愈加爱做 A 件事一类的事。表扬和赞许都是通过满足动机来实现教育目的的，但运用表扬的教育方式在促进儿童少年身心发展的过程中表现出明显的人为的教育痕迹，而赞许则"自然遵守合适的时机"，如同辛勤的园丁在春天适时地播下将来必会开花结果的"种子"。

最后，从使用的范围看，二者具有一定的差异性，用赞许还是用表扬要因时因事因人而异。假使该赞许的却大加表扬，会影响教育效果；该表扬只赞许，受教育者便感到动机未得到满足，也达不到鼓励强化鞭策的目的。还有，赞许在教育工作和日常生活中可以随时随地灵活运用，运用时空范围比较大，而表扬要受到行为内容肯定的层次性以及群体关联性的限制，其运用范围要比赞许小得多。

综上比较可知，赞许的教育方式具有柔和、细致、顺乎自然、运用灵活等特点，用杜甫的名句"润物细无声"来概括它颇为形象贴切。这种"润物"式的教育方式，对极其需要倍加细心爱抚的正在成长中的天真稚嫩的孩子来说是十分重要的。我们中小学教育工作者应重视研究和运用它。

（本文发表于《普教研究》1990 年第 1 期）

精心组织　加强指导

江苏教育报刊社一年一度所组织的青年教师教育论文颁奖活动,对于活跃全省教研气氛,提高青年教师总结教学经验的能力,起到了很大的推动作用,受到广大教育工作者的热烈欢迎。1992年我县重视"教海探航"征文的组织和推荐工作,收获很大。下面谈些做法和体会。

一、广泛宣传,充分发动

近年来,党和政府重视教育,人民群众支持教育,我县中小学的办学条件有了很大改善。随着办学条件的改善和经济建设的发展,对教育质量提出了新的要求。

如何提高教育质量？我们认为,一是抓管理,二是搞教育科研。向管理要效益,向科研要质量。当我们看到《江苏教育·小学版》登出了举办"教海探航"征文竞赛的通知时,立即组织全室人员学习。我们向局领导做了汇报,得到了局领导的大力支持。接着我们做了三件事:一是经局领导批准,我们拟发了文件,对教育论文的组织推荐工作提出具体要求。二是利用会议大力宣传参与"教海探航"征文活动的重要意义。我们利用教育助理和分管业务的副校长来县教育局开会的机会,在会上做专题宣传。三是深入学校开专题讲座。我们组织了写作能力较强的教研员分赴学校,给教师作"怎样写教学论文"的辅导性讲座。

二、组织人员,精心评选

通过宣传发动,全县中青年教师撰写教育论文的积极性大大提高,各单位稿件源源不断送来,截至当年三月底,共收到稿件230多篇。接着,我们分门别类对稿件进行整理,组织人员精心评选。为防止有遗珠之憾,采取轮转评等、两轮筛选的评选程序,确保每篇稿子要三人过目。我们还制订了选稿的原则,下列之一者当选:①有价值,对他人的教育教学工作有启发、借鉴作用;②选题新,教改实践中迫切需要解决而目前无人研究(或很少有人研究)的问题或热点问题;③薄弱点,而又应该是加强研究的问题;④工作中一些好的做法和独特的感受。这次"教海探航"获奖的论文中,我县《体育的素质补偿练习》选题就比较新;《小学生写字的继续培养》和《发挥辐射作用,加强对村小的教研管理》等就是针对工作中薄弱环节的探讨。经过两轮筛选,反复评议,选出了32篇送评稿件。

三、加强指导,提高质量

在评选中,我们看到,选出来的不少论文存在着较为明显的缺陷。有的选题较新,但说理不够充分;有的做法很好,体会很深刻,但归类分写不实在、不具体;有的结构较为合理,但语病较多等等。针对这种情况,是原样不动推荐,还是指导作者对论文进一步修改?经过讨论,大家认为,要指导作者对论文进行认真修改。这样,一方面通过指导作者修改论文,使他们对教育教学中的问题作深一层的研究,切实提高总结经验的水平和文字表达能力;另一方面,也只有对论文做进一步的修改,才能变璞为玉,给编辑部推荐一些质量较好的稿件。于是我们分工到人,与作者一同商讨论文的具体修改意见。经过作者进一步修改,交来的论文质量明显提高,作者也感到收获很大。一位年轻教师说:"我从学校毕业不到一年,参与论文竞赛的热情很高,但怎么才能把征文写好,心中无数。这次教研室老师们给我具体指导,我很受启发。"

四、认真誊写,归类整理

抓好书写是提高稿子质量的重要一环。稿子书写工整,叫人看着舒服。编辑老师每天要看大量的稿件,工作很辛苦。如果稿件书写潦草,会给他们的工作增加难度,耽误他们的宝贵时间,同时也影响对我们所推荐的稿件质量的认识。为了提高誊写质量,我们对修改后的稿件,提出了五点誊写要求:①用规范稿纸;②字迹工整;③标题清楚;④标点正确;⑤稿面整洁。稿子收齐后,为了让编辑部分类评选方便,我们将稿件分语文、数学、德育、常识艺体、管理五类进行整理,登记造册。接着,我们派专人送往编辑部。

通过今年稿件的组织和推荐工作,我们有三点体会:一是提高了广大教师从事教育教学研究的积极性。今年我县推荐的稿子有七篇获奖,使教师们很受鼓舞,许多老师表示明年还要积极参与这一活动。二是提高了教师教学研究能力。总结教学经验、上升到理论,需要学习教育理论,需要对教学工作作深一层的思考。这就在一定程度上提高了教师的教育理论水平,并使一些好的做法得到完善。三是有助于

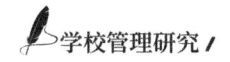

了解教育教学工作第一线的信息。从教师送来的大量稿件中,我们可以了解到哪些是当前教育教学第一线迫切需要解决的问题,这样对我们合理调整研究方向是非常有益的。

(本文发表于《江苏教育通讯》1993年1月刊)

从传授知识走向培养智慧

一、知识经济呼唤智慧型人才

当前科学技术进步已成为经济增长最重要的因素,知识经济将成为21世纪主导型经济。在这种社会形态下,智慧资本是新经济的灵魂。智慧资本的核心主要是指特定的人才和技术组合所拥有的创造力以及这种能力的持久性。有些学者认为,世界正进入智慧型人才为主流的社会。知识经济时代,要求人不仅要有知识,更重要的是必须具有智慧。所谓智慧,是指利用知识、技能、能力解决实际问题、疑难的才智。智慧是多种能力的优化组合、凝聚升华,是能力的高度发展和最高层次。智慧是人生命潜能的最佳展示,是人生存能力、创新能力的最重要的体现,是人能力素质中的最有价值的部分。人的生命因智慧而闪耀着光彩。21世纪的人才,对智慧的需求会越来越大。

二、注重培养智慧是世界教育改革的一个显著特征

世界经济正在日益全球化,国际竞争日趋激烈。经济竞争的背后是科技的竞争,而科技竞争的背后是人才的竞争,实质上是教育的竞争。为了在科技和经济竞争中取得优势,世界许多国家尤其是发达国家都积极进行教育改革,其核心是重视对人智慧的培养。早在20世纪五六十年代,一些发达国家的教育已不再偏重知识的传授,而强调发展学生的智力。当时美国教育界的一些有识之士就提出,发展不发展智力,这关系到美国今后能不能在世界上生存下去的问题。到20世纪90年代,美国的教育改革更是紧锣密鼓,在教育目标中更加重视对学生智慧的培养。日本于1996年提出了培养学生的"生存能力"的课题,而"'生存能力'不仅仅是记忆在纸上的知识,而更重要的是生存所需要的'智慧'"。由此,日本学者提出,要"从传授知识的学校向培养智慧的学校转变"。近年,我国全面推进素质教育,强调培养学生创新精神和实践能力以及收集信息的能力、获取新知识的能力、分析和解决问题的能力。各国的教育改革尽管对其培养目标表述有异,但实质都强调了对学生智慧的

培养。

三、必然选择：由传授知识向培养智慧转变

首先，科学技术的飞速发展，人类创造的知识呈指数级增加，迫使教育模式转型。据统计，20世纪90年代以来，人类的科技知识每3至5年增加1倍。显然，一个人在校学习的知识已远远不能满足他一生的需要。学校教育要把打基础和培养获取知识、创造知识的能力作为重点，使学生走上工作岗位后，能够不断学习，补充新的知识，以保证他们在未来社会中生存和发展。因此，教育不仅要让学生"学会知识"，更为重要的是使学生"会学知识"，即"学会学习""智慧学习"。其次，从传授知识转向培养智慧是对教育真谛的追求。培根有句广为流传的名言："知识就是力量。"随着对知识本质认识的深化，培根这句名言受到了质疑和挑战。这是因为：一方面，知识不等于智慧。要真正发挥知识的力量，必须把知识的观念力量转化为主体的实践力量——人的素质，即把知识转化为人的智慧。另一方面，知识是形成智慧的重要因素，但不是唯一因素。知识没有被实际地应用，就不能表现其活的生命，当然也不能显示其力量。知识的简单累积或简单地套用知识不能解决复杂的问题。传授给学生知识并不是教育的根本目的，通过传授知识，开发智力，培养人的智慧，这才是教育的真谛。教育的本质是启迪智慧，培养智慧。

传统教育的内核是知识，未来教育的视野是智慧。越来越多的有识之士指出，我国教育存在"复制有余，创新不足"，过分注重知识的灌输，而忽视科学精神和方法的培养等弊端。面对科学技术的飞速发展和知识经济的来临，我国教育要适应现代社会的要求，必须尽快实现由传授知识向培养智慧的转变。

（本文发表于《成才导报》2001年11月21日）

后　记

　　此生,有两件事始终是我的兴趣中心,一是教育工作,一是读诗和学习写诗。上月,学诗习作结集付梓,终于对陪伴我五十多年的诗神作了安置,算是了却一桩心愿。集子中的作品,乃我心路历程和学诗的印迹,故以"痕"名之。在为诗集写后记时,忽然想,教师是我的终身职业,教育是我热爱的事业,我的身心、我的年华主要投于此,它的"痕"更深刻、更丰富,我更应该认真回头看看那些凝结着我心血的长长短短的文字,将散见于旧报刊间的它们汇聚在一起,形成"军阵",或许有"沙场秋点兵"的气势,否则,它们永远是"散兵游勇",流落山林！这样,岂不是对不起它们,也对不起自己！于是,临时决定编这个集子。

　　我走上教研之路,是在江苏教育学院(现江苏第二师范学院)读书期间。时间是1988年9月至1990年7月。这是已近不惑之年圆少年梦。何由？因为年少时,初中毕业即辍学务农,没能入大学门,始终是心中一结。由是,在淮阴师范和南师(函授中文大专)毕业做了两年老师和三年中心小学校长之后,决定报考高校脱产进修。1988年夏,遂了心愿,赴江苏教育学院教育管理系学习。当时,教管系正是鼎盛时期,学风和研究的风气很浓。来进修的都是年轻的教干,朝气蓬勃,积极进取,大家在上课之余都在图书馆读书或写文章。书中第三辑,大都是这期间写的。两年里,聆听老师教诲,系统学习了教育理论,拓宽了知识视野,锻炼了研究和写作能力,为后来从事教研工作打下了基础。

　　1990年夏,我从江苏教育学院毕业回泗洪,先在教育局办公室工作,但我感兴趣的是钻研教学业务,希望去教研室工作,局领导对我很关照,1991年初我便去了教研室,分管教育科研和小学教研,从此,以教研为职业。由于在学校工作期间大多数时间教语文,所以,到教研室重点研究小学语文教学。此时,全国中小学课堂教学改革如火如荼,中心任务是推动课堂教学由填鸭式、灌输式向引导自学、讨论式转变。我和同事们先学后创。所谓先学,即学习情境教学、自学辅导教学等教学方法(教学模式),通过举办培训班、组织教学观摩研讨会、优质课观摩评奖等措施,引领广大教师更新教育观念,在课堂上摒弃灌输式教学,把课堂还给学生,让学生成为学习的主人。通过三四年的推动,全县小学语文课堂教学有了新气象。所谓后创,我们的做法是,在学习使用上述教学模式的基础上,运用教育新观念和哲学、思维学、阅读心理学等研究成果,设计"语文阅读教学'引导自控发展'模式"进行实验,构建一种有新意、有实效的课堂教学模式。此项目1996年被江苏省教育科学规划领导小组办公室批准为"九五"规划立项课题。该项研究成果《江苏教育》刊文推介,获宿迁市科学技术进步二等奖。这几年,为了对语文教学改革中的学理问题作出解释,我还探讨了语文教学心理、作文教学等问题。

随着对教学认识的不断深入,我探讨的视野逐步扩大,开始思考教育层面的问题。原因有二:其一,长年深入教育"现场",加之期刊上教育研究成果的启发,我逐渐认识到,现存教育存在着一些深层次问题。其二,那时正值世纪之交,为了迎接即将来临的21世纪,世界许多国家都在积极地进行教育改革。我想,面对新世纪,中国教育也要做出应答。当时,我国教育界兴起素质教育研究热潮,我以为,素质教育从实质上看,它只是全面发展教育概念的时代性转换,并未提供构建现代教育的理论思路、实践途径和有效策略。时代迫切要求教育创新。教育创新的路子何在?这个问题时常敲击心扉。

1995年,有两篇文章给我极大的启发。一篇是叶澜教授的力作《时代精神与新教育理想的构建——关于我国基础教育改革的跨世纪思考》。该文中指出,"从教育对象观的角度看,最重要的是确认生命的整体性和人的发展能动性","必须使教育者对全部教育过程的规划以对人的生命发展的能动特点的尊重和开发作为最重要的支点"。咀嚼这些精辟的论述,我顿然感到生命视域是一条教育改革的理论新思路。另一篇是封孝伦先生的佳构《从自由、和谐走向生命》。封先生是美学家,他认为,20世纪80年代后期以来,中国的美学家们"同时顿悟了生命在人类的审美活动中扮演主角"。由此,我想,人的成长实质是生命的成长,教育作为人类构建自身的活动,"生命"更应该扮演其主角。

基于上述启示,加之当时各地纷纷开展教育实验和课题研究,1996年春,我借鉴了多学科在人生命方面的研究成果,结合自己的思考,撰写了《小学生命教育实验研究方案》;5月,在泗洪县教师进修学校附属小学(现改名为人民路小学)中高年级开展实验研究,并申报省教育科学"九五"规划课题,年底评审结果出来,该课题未批,据说评委们不知此为何物。次年,省教育学会批准为立项课题,给我很大鼓舞。当年在我国内地,生命教育是一个陌生的领域,查不到任何可资借鉴的资料,我们只有"摸着石头"朝前走。在实践方面,重点开展生命性学科课堂教学策略和"生命意义"教育、"珍惜时间"教育研究,后者取得了明显成效。实验班学生时间意识明显增强,学习效率显著提高。课题组成员撰写的《珍惜时间教育的实践与思考》一文发表于《学校管理》1998年第6期。在理论方面,学习文献,采英撷华,提炼整合,从学理上探索生命教育的理论进路。我撰写了《观照生命:语文教学改革的取向》(1996年在淮阴语文教学研讨会上交流)、《语文"学导式"教学实验的生命视野》(发表于《读写算》1996年第5期)、《生命教育论纲》(发表于《江苏教育研究》1999年第3期)等文。我在《生命教育论纲》中,阐述了我对生命教育的时代意义、含义、目的及教育原则和课程等问题的一些思考。还在结题报告中,阐述了我从生命视域对教育本质、教育目的、教育对象的认识和理解。这些研究成果,虽然现在看来还很肤浅,但还是抓住了生命教育的一些真义。初步探索所取得的成效,给课题组同仁以极大的鼓舞,我们看到了生命教育的美好前景!这是第一阶段的研究概况。

2001年,在第一阶段研究的基础上,我对《小学生命教育实验研究方案》作了修改完善,申报省教育科学"十五"规划课题。2002年,该课题被江苏省教育科学规划领导小组办公室批准为省"十五"规划重点课题;2003年,全国教育科学规划领导小组办公室将该课题列为全国教育科学"十五"规划教育部规划课题。经过课题组同仁五年的努力,此项课题研究取得了可喜的进展。在理论上,归纳、提炼了生命论教育的理念,构建了生命教育校本课程框架;在实践上,开发了"热爱生命"和"爱智慧"两种校本课程,编写了相应的校本教材,研制了施教方法,构建了生命论教育学科课程教学策略。我们的研究成果引起了许多同行的关注。2004年,《江苏教育研究》第2期发表了本课题组系列成果(4篇);同年6月,南京师范大学冯建军教授、省教育厅曹世敏博士及南京外国语学校(分校)、徐州、淮安等地的同行来我县考察生命教育;南京师范大学《道德教育研究》(第3期)刊登了对我县生命教育研究的3篇成果。2005年,课题组出版了校本教材《热爱生命》《爱智慧》。随着研究的进展,实验规模不断扩大。2004年秋季实验学校由县附小扩展到6所乡镇中心小学,实验班由4个班发展到22个班,参与实验研究的教师人数由14人发展到50余人;自2005年秋始,我县各乡镇中心小学和县直小学共33所小学参与了此项研究,本市各县区和徐州、连云港、淮安、南通四市12所小学使用我们编写的校本教材开展生命教育活动。2006年，顺利结题。这是第二阶段的研究概况。

为了进一步开展此项研究，2006年底，我又申报"生命教育发展性研究"课题。2006年春，江苏省教育科学规划领导小组办公室将其批为省"十一五"规划重点课题。2007年元月，宿迁市教育局教科所在我县教师进修学校附属小学召开"全市小学生命教育研究成果推广会"。在前两阶段研究的基础上，如能乘胜而进，继续深入研究，成果是可以期望的。但由于人事变动，课题的实践变革性研究未能落实，本人仅从学理上对教育实现的生命机制和学习机制做些探讨。这是我抱憾终身的一件事！

退居二线后，2007年，我受洪翔中学之邀，担任该校教科研顾问。该校领导重视教科研和教师的专业发展。学校图书馆藏书丰富，还征订多种专业期刊，供教师阅读。我在该校十余年，该校教师主持完成省、市级课题23项，发表有质量的论文数百篇，其中20多篇发表在全国中文核心期刊或被人大复印报刊资料转载；教师参加各级教学竞赛获奖人次居同类学校前列；有两位老师被评为省特级教师和教授级中学高级教师。看着老师们的成长和发展，我很欣慰！

回顾我的教研之路，我深感自己是十分幸运的，因为二十余年我一直做着社会需要做的，又是我喜爱做的事，即谋生、事业和兴趣三者高度契合，相辅相成，这是十分难得的！其间，在县局领导的大力支持下，与本室同仁和全县广大教师一起奋斗，努力开创教育科研新局面，教研蔚然成风，课题遍地开花，得到了上级教育科研部门的肯定。2000年，泗洪县教科室荣获江苏省县级先进教科室；2006年，泗洪县教育局荣获全国教育科研先进单位。在这个岗位上，追求教育理想，做自己该做的，充实而快乐！

我要感恩这片热土，我要感恩这个好时代，我要感恩那么多好人的热心相助——我要感恩的实在太多！这里只说教研上的。

感谢江苏教育学院的老师把我领上教育研究之路；感谢县局领导的诸多关心和本室同仁及全县广大老师的密切合作；感谢省教育学会、省教育科学规划办和市教科所的支持，使我们的生命教育课题在全国率先立项；感谢《江苏教育研究》编辑部老师的厚爱，早在1999年我国内地（大陆）生命教育的萌芽期，毅然发表本人研究生命教育的论文，让这一株焕发生命活力的教育之树为更多的教育同仁关注，2004年还特设专栏推介我们研究团队的系列研究成果；衷心感谢我的恩师——江苏教育学院王铁军教授，多年来给我许多指教和鼓励，并两次不辞辛劳，为我们的书赐序；特